토론의 전사 6 - 가족 독서 하브루타

4차 산업혁명 시대에 꼭 필요한

가족 독서 하브루타

토론의 전사

6

H A V R U T A

하브루타, 가정에서 꽃피우다

Family Reading Havruta

한결하늘

추천의
글

현대의 온 가정에
『가족 독서 하브루타』를 추천합니다!

어느 매스컴의 인터뷰에서 뉴욕 대학교 전임 총장 John Sexton 박사는 디베이트(대립토론)의 중요성을 다음과 같이 강조하고 있다.

"내가 토론활동을 하며 보낸 4년은 내가 했던 모든 것에 대한 교육적 기초가 되었다. 그리고 나는 어떤 원론적인 의미로 이런 말을 하는 것이 아니다. 내가 다닌 모든 교육기관에서 받은 것 중 가장 훌륭한 교육, 4년 동안의 토론 시합들을 통해서 갖추게 된 나의 정신적인 기반, 즉 현재 내가 활용하는 지적 기능의 90% 를 차지하는 부분에 대해 말하는 것이다.
학부시절을 보내고 박사학위를 받은 Fordham University, 그리고 하버드 로스쿨은 나머지 10%만을 차지한다.

이토록 중요한 디베이트(대립토론)가 우리나라 학교 교육현장에 뿌리내리도록 심혈을 기울이고 있는 황연성 박사가 이번에 『가족 독서 하브루타』 책을 출판한다. 대립토론 교육자의 한사람으로써 축하하며, 우리나라 모든 가정에 이 책을 추천한다.

한겨레신문《황연성 교사의 디베이트 정복》칼럼니스트 황박사는 토론학습 분야의 지침서『신나는 디베이트』,『토론학습 1교시』의 저자이고, KBS 1TV《행복한 교실, 위대한 1%의 비밀》에도 출연하였다. 한편 학교 교육을 통해서 우리나라에 디베이트(대립토론)를 전파하는 일에 열정을 기울여 왔다. 특히 토론 교육 분야에서 크게 공헌하였다.

학교는 학교 나름대로 토론수업 및 토론 관련 행사, 토론 관련 교육활동이 끊임없이 이루어져야 하고, 사회에서도 토론 잘하는 사람이 리더로서 활동하며 또 계속해서 토론을 잘하는 인재를 길러내는 데 한몫을 하도록 제도 및 분위기 마련, 풍토조성이 되어야 한다.

하지만 학교 교육을 통해서 짧은 시간에 대립토론을 잘할 수는 없다.

공교육 현장인 학교에서 뿐만 아니라 가정에서도 갈등을 해결하는 길은 의사소통의 힘이라는 것을 깨닫고 이를 실천해야 한다고 황 박사는 말한다. 이러한 요구에 부합하는 최선의 방법이자 수단이 바로 '가족 하브루타'이고, 그 노력의 시작 지점은 가정이어야 한다는 것을 강조하고 있다.

요즈음 가정에서 가족 간에 오고 가는 대화의 장면을 살펴보자.

아이들은 누가 물어보면 말이 끝나기도 전에 '몰라!', '아니!'라고 툭툭 끊어서 말하는 버릇이 몸에 배어 있다. 자신의 생각을 논리적이고 체계적으로 풀어서 설명하려고 하지 않는다. 이런 대화는 말하기 훈련이나 대화법 익히기가 제대로 지도 되지 않았거나 가정에서 말하기 습관이 잘못된 데서 비롯되었다. 그리고 어른들이 이런 대화에 대하여 관심을 기울이지 않는 데서 오는 결과이다. 어렸을 때 고쳐주지 않거나 무심코 길들여지면, 서론-본론-결론의 순서로 논리정연하게 말해야 하는 토론문화에 적응하기 어렵다.

"엄마! 친구 집에서 숙제하면 안 돼요?" "왜 친구 집에서 하려고 하느냐?" "그냥!"이라고 대답한다. 이때 확산적인 생각을 말하도록 한다.

"친구 집에서 하면 무슨 좋은 점이 있니? 구체적으로 말해 보렴."

단답형으로 말하지 않고 좀 더 확산적인 생각을 말하도록 하는 것은 바로 대립토론의 기초를 가정에서 가르쳐주는 것이다.

가정이야말로 토론을 잘할 수 있는 개별적인 교육이 이루어지는 중요한 곳이다. 토론 활성화를 위해 가족 구성원들 각각의 역할이 있어야 한다. 어렸을 때부터 가정에서 자연스럽게 토론 기법, 토론을 위한 대화 방법을 익히는 분위기를 만들어가는 것이야말로 토론문화 형성에 무엇보다 중요하다.

이러한 점을 감안 할 때 『가족 독서 하브루타』는 4차 산업혁명 시대에 꼭 필요한 가정에서의 토론 교육 지침서다.

이 책에서는 하브루타의 구체적 실천방법인 '토의 하브루타'와 '논쟁 하브루타'를 설명한다. 또한 단순히 가족들이 하브루타 방법을 아는 것에 국한하지 않고 친구들끼리 혹은 직장 동료들 간에 하브루타를 하는 기술까지 알려준다. 가족 하브루타를 통해 부모와 자녀 모두 옳게 판단하는 의사결정의 힘을 향상시켜주어 자기 자신과 가족들 삶의 질을 개선시키도록 하는데 도움을 주려는 내용으로 구성되어있다. 더 나아가 학력의 향상과 진로 및 직업선택, 리더십과 팔로워십까지 증진시켜 줄 수 있으리라 본다.

또한 이 책을 통해서 가족들이 서로 들어주는 관계가 잘 형성될 것으로 기대된다. 들어주는 행동은 토론의 기초요, 대회의 근간이요, 현대인의 필요 사항이다. 가정을 되찾는 필수 요소라고 본다.

말을 할 때는 충분히 생각한 다음에 말하게 하고 끝까지 들어주는 분위기가 될 것이다.

생각하고 말한다는 것은 잘되지 않는다. 좀처럼 실행할 수 없다. 더구나 들어준다는 것은 매우 힘들다. 인내심이 있어야 하고, 마음을 열어야 하고, 그리고 내 말을 줄여야 한다. 가족들이 들어주는 관계가 되는 것은 가정에서의 대화가 왕성하게 되어가는 발판이 된다. 다시 강조하면 참고, 마음을 열고, 내가 하고 싶은 말을 줄여야만 가능하다. 논리적인 생각의 가장 큰 훼방꾼은 '나는', '내 생각에는'이라는 고집이다. 내가 말하는 동안에는 남의 말이 잘 들리지 않는다는 것을 늘 생각해야 한다. 내 목소리가 커지면 남의 말이 더욱 안 들린다.

사람은 누구나 대화를 하거나 주장하는 말을 할 때 말하려는 자기 생각에 잡혀 있으면 다른 사람의 의견, 생각, 제안을 받아들일 수 없고 객관적으로 설득력 있는 주장을 펼칠 수 없다.

부모는 늘 남의 말을 경청하는 모습을 보여 주어야 한다. 가정에서 아이들은 부모의 대화하는 모습을 보면서 자란다. 부모의 이런 모습을 보며 자란 아이들은 다른 사람들과 대화를 할 때 다른 사람의 말에 귀 기울여 듣는 행동을 하게 된다.

가정에서도 토론을 위한 대화법 활용이 필요하다.

그래서 현대사회를 살고 있는 우리들의 가정에 황연성 박사의 『가족 독서 하브루타』를 적극 추천한다.

박보영(교육학박사, 박보영토론학교 교장)

가족, 독서, 하브루타의 만남과 조화

집에서 토론을 하자는 이상한 책을 만났다.

집에서 토론을 하자는 게 이상한가? 이상하다. 왜?

과문한 탓에 그런 집안, 그런 사람을 보지 못한 까닭이다.

. 집안에 뛰어난 어르신이 밥상머리 교육으로 자식들을 훌륭하게 키
웠다거나 유대인들이 하브루타를 통해 세계적인 인물들을 키워냈다는
이야기를 풍문으로 듣기는 했다. 그거야 다, 잘난 사람들 이야기지.

누가 집에서 부부 간에 혹은 부모 자식 간에 토론을 하나.

토론은 말 그대로 싸움이고 입을 열었다 하면 돈 아니면 사랑 다툼
인 세상인데.

그런데 그 싸움을 대화와 사랑으로 바꾸자는, 바꿀 수 있다는 아니,

바꾸어야 한다는 가족 토론의 전도사가 나타났다.

그것도 책을 통해서!

가능할까?

황연성 선생님은 가능하다고 말한다.

어떻게? 해봤으니까!

오랜 세월 초등학교에서 디베이트와 하브루타를 가르쳐왔고
가족을 끔찍이 사랑하며 책을 늘 손에 붙잡고 사시니까.

그럼 다른 사람들은?
하브루타도 모르고, 가족과는 데면데면, 수불석 스마트폰인 사람들
은 어찌 하라고?

그래서 누구나 쉽고 재미있게
엄마랑 아빠랑 딸이랑 아들이랑
오순도순과 티격태격의 아슬아슬한 경계를 넘나들며
삶의 지혜와 말하기의 용기와 가족 간의 사랑을 배우는 책을 썼고
책 속에 길이 있다고!

믿지는 않겠지만,
나는 가족과의 대화가 어렵고
책을 두려워하며
하브루타라면 자리를 피하고 싶은 사람이다.
반어나 역설이 아니고 사실이다. 그런데
이 책이 내게 속삭인다. 할 수 있어?
스타벅스의 사이렌처럼 유혹하는 목소리에 끌려 이 책을 읽었고
결국 그 실천의 숙제에 빠져버렸다. 아뿔사,
큰 아들은 먼 나라에 가 있고 고3인 작은 아들은 이제 졸업이 눈앞
인데
이 책은 왜 이리도 세상에 늦게 왔단 말인가!

만시지탄의 무릎을 치고 싶지 않다면
아직 아내나 남편의 눈망울을 바라보고 싶고
반박하는 자녀의 말발에 뒤지고 싶지 않거나
부모님을 설득하는 용기와 지혜를 갖고 싶다면
이 한 권의 책이 길을 열어줄 것이다.

그 동안 딸 없는 세상을 한탄해왔는데
이 책을 읽고 막둥이 딸이라도 생겼으면 싶다.
하지만 나이가 많이 들어 어쩔 수 없으니
오호 통재라!

유동걸
(영동일고 교사, 『토론의 전사1, 2, 3』, 『질문이 있는 교실』 저자)

추천의
글

4차 산업혁명시대 가정교육 지침서
『가족 독서 하브루타』

얼마 전 강의 의뢰를 받고 부산을 내려가던 중 잠시 들렀던 휴게소에서 안타깝지만 너무 흔한 요즘 가족의 모습을 보았습니다. 제 옆자리에 식사를 주문하고 앉은 4명의 가족은 너무 당연한 듯이 각자 스마트 폰을 보면서 서로에게 눈길조차 주지 않고 있었지요. 중학생으로 보이는 자녀 2명과 부모님 모두 서로에게는 관심이 없는 듯 보였습니다. 그 모습은 식사가 나오고 밥을 먹는 동안에도 계속되었죠. 옆 자리에 앉아있는데 어쩌나 마음이 무거웠는지 모릅니다. 부모님들만 가끔 차후 여행일정에 대한 이야기를 나눌 뿐 침묵은 식사가 끝날 때까지 이어졌죠.

단 20여분 동안의 모습으로 이 가족을 판단하려고 하는 것은 아닙니다. 그저 행복하고 즐거워야 할 여행길이 조금은 삭막해 보여 안타까울 뿐이죠.

어느 순간부터 가족 간의 소통이 단절되었다는 이야기가 많이 들리고 있습니다. 가장 사랑하는 사람들로 구성된 가족들이 무엇 때문에 이렇게 소통하기 힘들고 심지어 서로에게 고통을 주는 관계가 되어버렸을까요?

가족은 성장과정에서 가장 먼저 경험하는 작은 사회입니다. 부모에게 사랑받고 인정받으며 하나의 인격체로 성장을 하게 되지요. 부모와의 관계를 형성해 가며 타인과 관계를 어떻게 이뤄가야 하는지 배우고 정서적으로 교감하는 방법을 익혀 감정과 생각을 소통합니다.

우리 아이들이 살아가야 할 4차 산업혁명시대를 공감문명사회라고 합니다. 가족 안에서 공감의 생활화는 따뜻한 마을을 만들고, 올바른 학교를 만들어 갑니다. 그러기에 4차 산업혁명시대를 준비하는 지금 우리는 가정 안에서의 밥상머리 교육이 얼마나 중요한지 절실히 느끼고 있습니다.

최근 우리 교육은 과거 학교중심의 교육에서 마을과 학교가 함께 만들어가는 교육으로 급격하게 변하고 있습니다. 그러기에 가정에서 부모들의 역할이 그 어느 때보다 중요해졌습니다.
서로를 존중해주고 공감하며, 자신의 의견을 자유롭게 표현할 수 있어야 합니다. 하지만 안타깝게도 우리는 가정 안에서 이러한 것들을 실천하는 법을 제대로 배워본 적이 없습니다.

교육현장의 일선에서 일하면서 가족 안에서 이러한 능력을 키울 수 있는 책이 없어서 아쉬웠습니다. 『가족 독서 하브루타』가 4차 산업혁명시대 가정교육의 지침서로 미래교육을 책임지리라 생각됩니다.

이강석(한국융합인재교육원 대표)

프롤로그

　'가족은 운명이다'라는 말이 있습니다. 가족은 어느 누구의 희망에 의해서 만나게 된 관계가 아니라는 뜻입니다. 그렇기 때문에 가족들끼리는 자유의지를 가지고 끊임없이 배려하고 이해하고 존중하는 대화가 이어져야 행복한 가정이 유지됩니다. 유대인들은 자녀들끼리 혹은 부모와 자녀들 간에 탈무드로부터 일상생활의 일들에까지 자신의 견해를 주장하고 상대측 주장의 모순이나 불합리한 점을 반박하는 연습을 꾸준히 해오고 있습니다. 소위 '가족 하브루타'를 하고 있습니다. 하브루타란 짝을 지어 하는 토의나 논쟁을 뜻하는 이스라엘 말입니다. 자기 생각을 말하는 데 익숙하지 않거나 다른 사람들 앞에서 자기 의견을 제대로 말하지 못하는 아이는 성인이 되어서도 논리적으로 말하지 못하는 경우가 많습니다. '질문'을 자녀 교육의 가장 중요한 덕목이라고 여기는 유대인 부모는 항상 아이에게 질문을 던집니다. 부모가 아이에게 뭔가를 가르치고 싶으면 특정 주제에 관한 질문을 던지고 아이가 직접 그 질문에 대한 답을 찾도록 유도합니다. 아이들은 부모의 질문에 답하기 위해 논리적인 방책을 여러모로 고민하는 과정에서 생각하는 힘을 키우고 지혜가 자랍니다. 아이들은 하나의 주제에만 머물지 않고 정치, 경제, 사회, 문화, 예술, 공학 등 여러 분야에서 흥미를 느낍니다. 이렇듯 유대인들은 일상생활 속에서 자연스럽게 부모와 대화하면서 자기 생각을 말하고 존중받기 때문에 자기 생각이나 의견을 펼치기를 두려워하거나 어려워하지 않습니다.

"나에게 사과가 한 개 있고 너에게도 사과가 하나 있다. 우리가 서로 사과를 맞바꾸면 여전히 일인당 한 개뿐이다. 나에게 아이디어가 하나 있고 너에게도 아이디어가 하나 있다. 그런데 이것을 맞바꾸면 일인당 두 개씩이 된다."

아일랜드의 유명한 극작가 조지 버나드 쇼의 명언입니다. 이 말에서 의사소통의 위대함 즉 하브루타의 가치와 의의를 쉽게 찾을 수 있습니다.

"진짜 알고 싶다면 질문하라, 진짜 안다면 대답해 보라." 어느 지역의 교사들이 하브루타 협력학습 확산에 앞장서기 위해 내건 캐치 프레이즈입니다. 하브루타 교육은 공교육 현장인 초·중·고등학교 및 대학교에서도 빠르게 확산중입니다. 심지어 교육청 직원, 종교계, 일반 회사에서도 하브루타 열풍이 한창입니다.

'하브루타 수업'이란 여럿이 함께 서로 짝을 지어 질문하고 대화하고 토론하고 논쟁하는 수업방법입니다. 이 방법은 전 세계 인구의 0.25%밖에 안 되는 유대인들이 노벨상 수상자의 30%를 배출하는 유대인들 특유의 교육방법으로 유명합니다. 즉 질문과 토론이 살아 숨쉬는 역동적인 수업, 배움이 즐거운 학습방법입니다. 최근들어 이 방법에 관심을 보이는 교사들과 학부모님들이 많아지고 있습니다. 특히 입학시험에서 면접과 논술의 비중이 커지면서 중·

고등학교 교사들이 이 방법을 수업에 적용하고자 많은 관심을 보이고 있습니다.

우리 사회의 모든 분야에서 하브루타가 강조되는 이유는 사람들 사이의 관계를 평등하고 민주적으로 만들어 주기 때문입니다. 나이나 권력, 지식, 돈이 아니라 논리력과 합리적인 설득력이 우선인 사회여야 합니다. 하브루타가 활발한 사회에는 논리 정연한 자녀의 말을 받아들일 줄 아는 부모가 많으며 학생의 주장에 귀 기울이는 선생님들이 늘어납니다. 설득력과 논리력에 기반한 사회적 동의를 강조하면 사회는 합리 · 평등 · 민주 · 수용의 원칙에 의해서 움직여집니다.

뿐만 아니라 최근 기업조차도 제대로 질문할 줄 아는 인재를 원하고 있습니다. 국내 기업뿐 아니라 글로벌 기업에서도 질문을 잘할 줄 아는 인재를 열심히 찾고 있습니다. 구글이나 애플, 아마존 닷컴, 페이스북 등에서는 입사 지원자들에게 독특한 질문을 던져 그들의 문제해결력을 평가합니다. 구글은 '왜 맨홀 뚜껑이 둥글까?', '1조까지 세는데 시간은 얼마나 걸릴까', '연필 한 다스가 있다. 본래 연필 기능 외에 10가지는 무엇인가?'를 물어봅니다. 아마존 닷컴에서는 '당신이 화성인이라면 어떻게 문제를 풀 것인가?'에 대한 응답의 수준을 가늠하고, 애플에서는 '인생에서 가장 자랑스러웠던 일은 무엇인가?'를 알아본다고 합니다. 페이스북에서는 '러시아 갱에게 납치됐을 경우 생존할 확률'을 묻는다고 합니다. 기업에서 이런 질문을 하는 것은 정답을 듣기 위해서가 아닙니다. 전혀 예상하지 못한 질문을 들었을 때 그것을 어떻게 해결하는지, 면접자에게 낯

선 질문을 던졌을 때, 상대가 문제를 어떻게 해결하는지, 역량을 알아보려고 하기 때문입니다.

초등학교 저·중학년 때까지 오매불망 부모들을 그리워하고 따랐던 자녀들이 초등학교 고학년 이후로 부모와 점점 대화하기를 꺼리다가 중학교 2학년 때 쯤부터 방문을 잠그기 시작합니다. 할 이야기가 있어서 방문에 노크를 하면 "왜 그러시는데요?"라는 목소리가 들려옵니다. "너에게 할 말이 있다."고 하면 "무슨 말인지 밖에서 말씀하세요."라는 답이 돌아오기도 합니다. 여러 가지 핑계를 대고서야 비로소 얼굴을 마주보고 대화를 할 기회를 가질 수 있습니다.

이렇게 자신만의 세계로 독립해버린 자녀는 틈만 나면 스마트폰을 붙들고 게임과 웹툰, 힙합 그룹 등에 빠져버립니다. 자녀들의 인간관계는 친구가 우선시됩니다. 친구들과 끊임없이 카톡을 주고받으면서 키득키득 웃고 즐기는 모습을 보고 있노라면 부모님의 입장에서는 화가 머리끝까지 치밀어 오릅니다. '저렇게 놀면서 공부는 언제 할까?'라는 걱정이 앞서기 때문입니다. 어렵사리 충고를 하면 "제가 알아서 잘 할게요."라는 말을 되풀이 합니다. 외계인들처럼 대화가 전혀 안 통하는 가족들도 생겨났습니다. 많은 학부모님들은 자녀들이 대학생이나 사회인이 되어도 자녀들의 사춘기 이전에 있었던 가족들끼리 단란한 대화는 쉽게 찾아볼 수 없는 현실이 슬프다고 푸념을 늘어놓습니다.

하브루타를 잘 하기 위해서는 상대방의 말을 경청하며 상대방을 설득하는 기술인 '수사(修辭)'를 잘해야 합니다. 그리스의 철학자

아리스토텔레스는 상대방을 설득하는 방법으로 세 가지를 제시했는데 이는 지금까지도 변함이 없습니다. 첫째는 에토스 즉, 말하는 사람과 듣는 사람의 '유대감 쌓기'입니다. 독일 역사상 네 번 연속 총리로 재임 중인 앙겔라 메르켈은 모든 시민과 이해집단을 배려하고 가식이 없으며 겸손합니다. 반대 입장에 선 진보정당의 정책을 공개적으로 칭찬하기도 합니다. 자신과 생각이 다르더라도 상황에 따라 받아들이는 태도가 바로 에토스입니다. 둘째는 로고스로 듣는 사람을 '이해시키는 논리'입니다. 말을 하는 사람은 자신이 목표로 삼은 결론이 올바를 뿐만 아니라 필수 불가결하다는 것을 증명해야 합니다. 아리스토텔레스에 의하면 가장 효과적인 주장은 듣는 사람이 스스로 이해하도록 하는 것이라고 합니다. 즉 말하는 사람이 결론을 말하기 전에 듣는 사람이 먼저 결론을 내리게 유도하는 힘입니다. 이렇게 된다면 듣는 사람은 "결론에 다다르는 지점을 기대하면서 스스로 즐거움을 느낀다"고 합니다. 셋째는 파토스인 '마음 움직이기'이고 감정에 대한 호소입니다. 파토스는 흥분, 두려움, 사랑, 애국심, 즐거움 등 모든 감정에 호소하기입니다. 설득의 삼총사인 에토스, 로고스, 파토스는 완전히 분리될 수 없습니다. 효과적인 설득을 위해서는 말하는 사람과 듣는 사람들 사이에 서로의 감정이 공유되도록 해야 합니다.

마법인지 현실인지 구분하기 어려울 정도로 급격하게 변화하며 발전하는 4차 산업혁명은 '컴퓨터 혁명' 혹은 '디지털 혁명'을 기반으로 21세기와 동시에 시작됐습니다. 이것은 인공지능(AI)과 사물인터넷(IoT)을 연결고리로 물리학, 디지털, 생물학 분야까지 자동화와 연결성의 급격한 발전으로 인한 사회적 변화를 말합니다. '혁명(革命)'으로 정의하는 이유는 우리 인간이나 사회에 미치는 영향과 변화의 폭이 그만큼 커서입니다. 영국의 천재 물리학자 스티븐 호킹 박사는 2017년 3월 11일 영국 더 타임스와의 인터뷰에서 "인공지능(AI)을 통제하기 위해 세계정부를 구성해야 한다."고 주장했습니다. 그는 "인공지능이 급성장하면서 사람의 힘으로 통제 불가능한 시점이 빠르게 다가오고 있다.", "통제 가능한 지금 인공지능(AI) 기술을 통해 발생하는 잠재적인 위협을 규정하고 세부적인 지침을 만들어야 한다."며 이같이 밝혔습니다. 앞으로 5년간 선진국과 신흥국 15개국에서 일자리 710만개가 사라질 것이라는 무서운 경고도 있습니다. 경제와 산업 구조가 급변하고 노동의 본질까지 변화시킬 수 있다고 합니다.

4차 산업혁명 시대를 살아가는 우리들이 모두가 조화롭고 가치 있는 삶을 유지하기 위해서는 개개인의 강력한 힘과 함께 대타협을 위한 '의사소통'이 키워드여야 합니다. 국가적으로 기술 경쟁력을 높인다 해도 대타협이 없다면 사회는 더 끔찍해지기 때문입니다. 특히 4차 산업혁명 시대에는 단순 노동자는 살아갈 자리를 박탈당합니다. 정규직과 비정규직 간의 격차 문제보다 더 심각한 노동문제와 사회 갈등이 심화될 수 있습니다. 기술 발전이 노동 소외를 불러오고 소비를 위축시켜 경기 침체가 이루어지며 이는 다시 노동자 소외로 이어지는 최악의 악순환이 지속될 수도 있습니다.

그러한 악순환을 선순환으로 바꾸는 데 가장 중요한 동력이 바로 의사소통입니다. 갈등이 있는 주체들끼리 상대방의 입장이나 처지를 이해하고 배려하며 존중하는 대타협은 비단 자본과 노동의 관계에만 국한되지 않습니다. 세대가 다른 가족 구성원, 신생 산업과 전통 산업, 대기업과 중소기업, 건물주와 세입자, 공무원과 민원인, ……. 대타협으로 풀어야 할 갈등 요소가 사회 구석구석에 널려 있습니다. 공교육 현장인 학교에서 뿐만 아니라 가정에서도 갈등을 인식하고 대안을 제시하기 위해 필요한 의사소통의 힘을 깨닫고 실천해야 하는 것은 이 시대가 요구하는 지상명령이기도 합니다. 이러한 요구에 부합하는 최선의 방법이자 수단이 바로 '가족 하브루타'입니다. 그 노력의 시작 지점은 가정이어야 합니다.

이 책에서는 하브루타의 구체적 실천방법인 '토의 하브루타'와 '논쟁 하브루타'를 설명했습니다. 토의 하브루타는 주제를 가지고 서로 평등한 입장에서 자신의 의견을 말하고 상대방의 의견을 들으면서 최선의 문제해결법을 나누거나 학습하는 것을 말합니다. 논쟁 하브루타는 주제를 가지고 하브루타 주체들이 찬성과 반대의 입장에서 자신의 의견이나 주장에 대해 근거를 가지고 타인을 설득하면서 보다 완성도 높은 해결책을 찾아가는 것을 말합니다.

또한 단순히 가족들이 하브루타 방법을 아는 것에 국한하지 않습니다. 친구들끼리 혹은 직장 동료들 간에 하브루타를 하는 기술까지 알려줍니다. 가족 하브루타를 통해 부모님, 자녀들 모두 옳게 판단하는 의사결정의 힘을 향상시켜주어 자기 자신과 가족들 삶의 질을 개선시키도록 하는데 도움을 줍니다. 더 나아가 학력의 향상과 진로 및 직업선택, 리더십과 팔로워십까지 증진시켜주는 원동력이 됩니다.

가족 하브루타가 활발하고 성공적으로 펼쳐지도록 하브루타의 성공적인 실행을 도와주는 디딤돌인 10가지의 기본적이고 필수적인 내용들을 간추려 제시했습니다. 그런 다음 하브루타 주체들인 엄마, 아빠, 자녀의 역할과 롤 모델들을 예를 들어서 설명했습니다. 가족들이 실제로 활용하기 쉽도록 가족 토의 하브루타와 가족 논쟁 하브루타에 관한 실제 사례들을 실었습니다. 4차 산업혁명시대를 이끌어갈 핵심역량을 키워주는 것들로 주제를 선정했습니다. 10개의 실제 사례들은 논쟁 하브루타 주제 5개, 토의 하브루타 주제 5개로 구성되어 있습니다. 논쟁 하브루타 안내 뒤에는 논쟁 하브루타 실제 사례들을 실었습니다. 토의 하브루타 해설 다음에는 토의 하브루타 실제 사례들을 소개함으로써 쉽게 적용하도록 했습니다.

　하브루타는 4차 산업혁명 시대를 살아갈 우리 자녀들에게 필요한 핵심 역량인 의사소통, 자기관리, 창의성, 지식정보처리, 공동체 역량을 기르는 데 매우 유용한 방법입니다. 이 책의 내용이 모두 일정한 책의 내용을 바탕으로 하는 것이 아님에도 제목을 '가족 독서 하브루타'라고 한 것은 현대적 의미의 독서는 단지 책을 읽는 것만을 의미하지 않는다고 생각했기 때문입니다. 대화, 여행, 인터넷 검색, 영화나 연극 감상, 영상매체가 모두 텍스트가 되고 정보나 지식을 수용하며 자신을 변화시키는 모든 활동이 독서활동입니다. 부족한 원고를 섬세하게 교정해 주신 인경화 선생님과 한결하늘 출판사 가족에게 감사드립니다.

2017년 12월

이 책을 이렇게 읽으면 가족 독서 하브루타가 잘 됩니다

1. 하브루타는 지구촌 사람이라면 언제나, 어디서나, 누구나 해야 하는 글로벌 대화법입니다. 소위 지속가능한 메가트렌드입니다. 하브루타를 시도하는 가정에서는 우리 가정도 하브루타 대열에 합류했다는 자부심을 가져도 좋습니다.

2. 가족 독서 하브루타를 가볍게 접근해 봅시다. 가족들끼리 아무리 작은 이야기라도 근거를 가지고 말하는 연습을 하길 권하고 싶습니다. 그와 함께 상대방의 말을 들을 때에도 어떤 근거를 가지고 자신의 주장을 펼치고 있는지 생각하면서 듣는 연습을 하거나 관심을 가져 보세요. 이렇게 근거를 가진 생각을 우리들이 흔히 많이 들어온 '논리적 사고'라고 합니다. 논리적인 사고라는 말을 하지 않고서라도 근거 있는 의견을 말하고 듣는 훈련이 가족 독서 하브루타의 출발점입니다.

3. 1부에서는 성공적인 가족 독서 하브루타의 전제 조건들에 대해 살펴봤습니다. '가족 독서 하브루타 성공을 위한 10가지 디딤돌'을 요약해서 제시했습니다. 가능한 구체적이고 객관적인 내용들을 담도록 노력했습니다.

4. 2부에서는' 성공적인 가족 독서 하브루타를 위해 가족구성원들인 엄마와 아빠 그리고 자녀는 어떤 역할이 있고 어떻게 해야 하는가?'에 대해서 설명했습니다. 가족들은 자신의 역할만 알

고 있어서는 곤란합니다. 아빠는 엄마와 자녀의 역할에 대해, 엄마는 아빠와 자녀의 역할에 대해 알아야 합니다. 자녀는 물론 아빠와 엄마의 역할에 대해 정확하게 이해해야 성공적인 가족 독서 하브루타를 합니다. 가족 하브루타는 멤버들의 콜라보레이션(공동작업, 협업)이 잘 되는 TV 인기 장수 프로그램들처럼 협업이 잘 이루어져야 성공합니다.

5. 3부에서는 4부에서 다루게 될 가족 논쟁 하브루타 실제 사례들을 쉽게 이해할 수 있도록 논쟁 하브루타 이론에 대해 깊이 있고 폭넓게 설명했습니다.

6. 4부에서는 가족 논쟁 하브루타 5가지 실제 사례들을 다루었습니다. 같은 주제를 가지고 가족 논쟁 하브루타를 하는 방법에 대해 정확하게 알지 못하는 가정의 대화하는 모습을 가상해서 살펴보았습니다. 그런 다음 온 가족들이 한번쯤은 생각해 볼 주제들을 가지고 제대로 된 하브루타 방법으로 진행된 가족 논쟁하브루타 사례들을 소개했습니다. 가족들이 역할을 나누어 소리 내어 읽다보면 가족 논쟁 하브루타를 하는 요령을 알게 됩니다.

7. 5부에서는 6부에서 다루게 될 5가지 가족 토의 하브루타 사례들을 쉽게 이해할 수 있도록 토의 하브루타를 하는 방법에

대한 요령을 해설했습니다. 그 후 가족 토의 하브루타 실제 사례들을 읽으면 이해가 훨씬 잘되고 시도하기가 쉬울 것입니다.

8. 6부에서는 가족 토의 하브루타의 실제 사례들을 안내했습니다. 처음부터 모범적인 사례들을 접하게 되면 토의 하브루타를 하는 방법이 쉽게 다가오지 않습니다. 같은 토의 하브루타 주제를 가지고 훈련된 하브루타 방법이 아닌 일반가정에서 이루어질 것 같은 가상의 가족 간 대화 사례를 간단히 소개했습니다.

그런 다음 가족 원탁 하브루타, 가족 시사 하브루타, 인성카드 이용 하브루타의 모델이 될 만한 사례들을 실었습니다. 사례들을 가족들끼리 역할을 나누어서 읽다 보면 익숙하게 실천할 수 있습니다.

9. 〈부록 1〉부터 〈부록 4〉까지는 가족 논쟁 하브루타 사회자 멘트와 참가자들이 메모할 자료, 가족 원탁 하브루타 사회자 멘트와 참가자들이 메모할 자료를 실어놓았습니다.

가족 독서 하브루타 **1부** ....

성공을 위한
10가지 디딤돌

가족과의 삶은 인간에게
가장 큰 행복의 원천이다.
Family life is the source of
the greatest human happiness

- 로버트 헤비거스트 -

하브루타란?

이스라엘에서는 주변 사람들과 대화를 나누는 것을 하브루타라고 합니다. 하브루타의 어원인 하베르는 '짝'을 일컫는 말로 대화를 함께 하는 짝이나 친구, 즉 파트너 자체를 일컫는 말이었습니다. 대화는 질문하고 토의하고 주제에 대해 다툼이 있을 때에 논쟁하는 것을 말합니다. 그러던 것이 짝을 지어 질문하고 토론하고 논쟁하는 교육 방법을 일컫는 말로 넓혀졌습니다. 하브루타를 통해서 가족이나 친구, 선생님과 함께 공부를 하면서 현상이나 사물에 대해서 자신의 생각이나 의견을 확실하게 하고 새로운 정보나 지식을 알아가게 됩니다. 이 때 상대방에게 어떤 것을 가르치기도 하고 배우기도 합니다. 중요한 것은 하브루타를 하는 사람들이 자신의 주장만을 상대방에게 설득하는 데 힘쓰기 보다는 서로 파트너로서 가장 수준 높은 아이디어를 끌어내는데 최선을 다하는 데 있습니다.

유대인들은 오랜 세월동안 옆에 있는 사람들과 함께 토라와 탈무드를 연구해왔습니다. 만약 두 사람이라면 함께 본문을 큰소리로 읽으며 토론하고 분석합니다. 이제까지 읽었던 다른 내용들이 담긴 글들과 어떻게 연결되어 있는지 살펴보고 그것과 관련된 정보와 자료를 찾아보면서 현재 자신들의 삶과 사회를 연결시켜 생각해 봅니다. 파트너끼리 하브루타를 하다가 주장에 동의하지 못할 때는 자신의 주장이나 의견에 대해 근거를 차근차근 자세히 제시합니다. 대화를 진지하게 나누다보면 질문과 대답이 일어납니다. 거기서 더 깊고 넓어진 수준으로 바뀌면 토론이 되며 보다 첨예한 상태로 나아가면 논쟁이 됩니다.

엄마가 아이를 임신했을 때 엄마와 아빠가 아이에게 책을 읽어 주고 이야기를 들려주는 것도 하브루타입니다. 가정에서 식사를 하면서 가족들끼리 서로 질문하고 답변하는 것도 하브루타이고 자녀들이 잠들기 전에 부모님이 동화나 이야기를 들려주면서 대화를 나누는 것도 하브루타입니다. 가족들이 자신의 일이나 공부에 대해 암기하고 이해를 잘하기 위해 움직이면서 스스로 묻고 답하는 것도 하브루타입니다. 교육현장에서 두 명의 친구들끼리 혹은 네 명이 짝이나 모둠을 지어 서로 가르치면서 토론하는 것도 하브루타이고 선생님이 학생들에게 공부한 내용에 대해 질문을 하면서 수업을 하는 것도 물론 하브루타입니다. 공원에서 오래된 친구와 만나서 자신의 일상적인 고민거리나 시사 내용에 대해 대화를 나누는 것도 하브루타입니다.

학교 현장에서 18년 째 토의와 토론수업을 즉 하브루타 수업을 진행해 본 경험을 통해 얻은 교훈이 있습니다. 하브루타 수업은 학생들의 인성이나 학력을 마법처럼 너무도 놀랍게 변화시킵니다. 즉 다양한 견해와 관점, 시각, 입장을 갖게 하고 상대측의 주장을 이해하며 부족한 점들을 지적해 주면서 함께 공부하게 해 줍니다. 4차 산업혁명시대에서 가장 중요한 덕목이 바로 '창의성'입니다. 창의성이란 다르고 새롭게 생각하는 능력입니다. 그러한 창의성을 기르는 최고의 방법이 바로 하브루타입니다. 왜냐하면 하브루타는 기본적으로 다른 사람과는 다르거나 새로운 생각을 요구하기 때문입니다. 우리들이 알고 있는 탈무드 자체가 바로 랍비와 현명한 사람들의 토론과 논쟁을 모아놓은 것입니다. 그렇게 전문적인 사람들의 의견에 대해서도 다른 견해나 주장을 갖게 하는 것이 하브루타입니다.

하브루타는 의사소통능력 및 경청과 설득 능력, 즉 수사학이 담고 있는 중요한 능력을 기르는 데 가장 효과적인 방법입니다. 우리 사회는 소통이나 타인들과 관계의 중요성이 더욱 더 강조되고 있습니다. 지능지수가 아무리 높더라도 감성지수가 그에 걸맞게 높지 못하면 결코 중요한 일을 하는 사람으로서 생활할 수 없습니다. 아무리 멋진 아이디어와 주장을 갖고 있더라도 그것을 다른 사람들에게 설명하지 못하고 설득하지 못하면 쓸모가 없습니다.

하브루타가 잘 되기 위해서는 좋은 질문을 해야 합니다. 하브루타는 질문으로 시작해서 질문으로 끝난다고 해도 지나친 말이 아닙니다. 질문을 잘해야 생각의 수준이 높아집니다. 호기심이나 의문을 갖게 되면 지혜가 생겨납니다. 많이 알게 되면 알수록 의문이 생겨나고 질문이 늘어납니다. 질문을 많이 하면 질문을 해결하려는 욕구로 인해 생각의 수준이 높아집니다. 사람은 생각이 멈추면 성장이 멈춥니다. 끊임없는 질문은 끊임없는 발전과 성장을 가져다줍니다.

수사학의 대가인 그리스의 철학자 아리스토텔레스가 말한 것처럼 하브루타나 토론, 논쟁은 하나의 도구입니다. 이러한 도구를 이용해서 지식이나 지혜를 쌓아갑니다. 토론수업을 연구해 오면서 토론 수업을 하기 전에 토론주제에 대해 자신의 입장에서 자료와 정보를 충분히 준비해야 한다는 것을 알았습니다. "토론의 수준은 자료의 수준을 넘지 못한다."라는 말이 있습니다. 유대인들이 하는 하브루타 수업이 잘 되는 이유는 공부할 내용을 집에서 충분히 준비해오기 때문입니다. 토론수업을 하는 우리나라의 학교나 유대인 학교에서도 집에서 공부할 내용을 충분히 알아오고 그것을 바탕으로 서로 질문하고 토론하면서 자신이 미처 알지 못했거나 생각하지 못했던 부분에 대해 더 잘 알게 됩니다. 영국의 유명한 공리주의 철학자인 존 스튜어트 밀이 주장했던 것처럼 토론이나 논쟁을 함으로써 불완전한 자신의 이론이나 생각이 더 정교해지고 완성도가 높아집니다. 논제에 대해 토론을 함으로써 여러 가지 관점이나 안목을 갖게 됩니다. 철저하게 준비해 오지 않으면 자신 있게 토론이나 논쟁을 할 수 없습니다. 둘씩 짝을 지어 토론할 때 자신이 준비해오지 않으면 공부 자체가 진행 되기 어렵습니다. 이렇게 하다 보면 스스로 찾아서 공부하고 생활하는 자기주도적 학습이 저절로 이루어집니다.

　현대적 의미의 독서는 단지 책을 읽는 것만을 의미하지 않습니다. 대화, 여행, 영화나 연극 감상, 영상매체 시청 등과 같이 정보나 지식을 수용하고 자신을 변화시키는 모든 활동을 말합니다. 토의 하브루타나 논쟁 하브루타를 준비하는 과정에서 하는 자료 검색과 구성원들끼리의 소통 또한 독서에 해당합니다. 따라서 하브루타의 준비, 진행 과정 모든 것이 독서 하브루타라고 정의할 수 있습니다.

부모님이 해서는 안될 말들

교 육계에서 가장 많이 알려진 격언이 있다면 어떤 것일까요? "아이들은 부모님들이 시키는 것을 하기보다 부모님들이 하는 것을 따라서 한다."라는 말입니다. 가족 하브루타를 하기에 앞서서 먼저 부모님들과 자녀들, 부부 관계가 정상적인 모습을 가지고 있어야 합니다. 그러기 위해서는 관계를 나쁘게 만드는 다음과 같은 말들은 최소한 피해야 합니다.

다음 두 개의 자기점검표에서 '자주 한다'가 한 개라도 있으면 관계가 좋지 않은 편입니다. '가끔 한다'가 1~2개 정도 있으면 관계가 그다지 나쁘지 않은 것으로 볼 수 있습니다. '안 한다'가 모두이면 더 이상 말할 것도 없이 최상의 가족 관계를 유지하고 있다고 여겨도 됩니다.

자녀와의 관계를 악화시키는 말들

설문 내용	자기 점검		
	자주 한다	가끔 한다	안 한다
· 너는 왜 하는 일마다 그 모양이니?			
· 네가 제대로 하는 것이 뭐가 있니?			
· 넌 왜 커가면서 미운 짓만 하니?			
· 네가 잘못했잖아. 빨리 잘못했다고 말해!			
· 너는 형(언니)이 돼갖고 동생보다 잘하는 게 하나도 없으니 한심하다.			

부부 관계를 악화시키는 대화 태도들

설문 내용	자기 점검		
	자주 한다	가끔 한다	안 한다
· 상대방의 결점을 무리하게 바꾸려고 헐 뜯으며 비난한다.			
· 상대방에게 자기방식대로 하라고 강요한다.			
· 남편에게 체면과 자존심을 죽이는 얘기를 한다.			
· 아내를 하찮은 존재로 대하고 성의 없이 차갑게 대화한다.			
· 부부는 이신전심, 말로 표현하지 않아도 다 알 것으로 생각한다.			
· 배우자 가족도 내 식구이기 때문에 험담도 괜찮을 것이라고 생각한다.			
· 부부싸움이나 논쟁 후에는 이혼이나 별거 이야기를 꼭 꺼낸다.			

가족 독서 하브루타를 할 때
정중하게 말하기

가족 하브루타에서 가장 먼저 익혀두어야 할 것이 바로 말하기입니다. 말하기는 다른 사람에게 자기 의사를 전달하기 위하여 바르고 알기 쉽게 음성 언어

로 표현하고, 자신의 내면적 사고를 정리하여 효과적으로 발표하는 것을 말합니다. 말하기를 잘하기 위해서는 자신의 주장에 근거를 제시하는 논리적인 사고 활동을 연습해야 합니다. 표현 내용을 미리 생각하고 내용을 정리해서 발표하도록 노력하면 확실하게 발전합니다. 그러면서 오류를 수정하는 활동을 꾸준히 훈련해야 합니다. 문제 해결을 위한 자신 있는 발표력을 가지려면 말할 내용을 조리 있게 생각하는 것이 중요합니다.

메라비언의 법칙(The Law of Mehrabian)

- 커뮤니케이션에는 말의 내용, 목소리, 태도라는 세 가지 요소가 있다. 메라비언의 법칙은 호의나 반감을 나타낼 때 말의 내용, 말투나 목소리나 태도에 모순이 있으면 사람들은 말의 내용보다 목소리와 표정 및 태도를 신용하는 비율이 높다는 법칙이다.

- 말의 내용이 상대에게 주는 인상(7%)
- 말투나 목소리가 상대에게 주는 인상(38%)
- 표정과 태도가 상대에게 주는 인상(55%)

손

말하는 내용에 따라 손을 자유롭게 움직이도록 합니다. 예를 들면 '~을 올린다'는 내용이면 두 손을 위로 올리면서 말하고, '~을 나눈다'는 내용이면 오른손을 세워서 아래로 내리면서 발표합니다.

눈

눈은 여러 가족들을 바라보는 자세를 취합니다. 시선은 한 사람에게만 고정시키지 않고 가족들을 골고루 바라봅니다.

표정

표정은 상냥하게 미소 짓는 밝은 표정을 기본으로 하고 말의 내용에 따라 진지한 표정이나 안타까운 표정을 짓습니다.

기타

- 말하고자 하는 요점을 명확히 밝힙니다.
- 결론을 먼저 말하고 보기나 증거, 이유 등을 제시합니다.
- 천천히, 큰소리로, 바르게 끊어서 또박또박, 똑똑하게, 자연스럽게, 쉽게 말합니다.
- 고운말, 표준말을 사용합니다.
- '에, 응' 어' 등 군소리를 넣지 않고 말합니다.
- '~요', '그랬거든요', '그래서요' 등과 같은 유아어를 사용하지 않습니다.

가족 하브루타를 할 때
겸손하게 듣기

가족 하브루타에서 가장 중요한 예절은 바로 경청입니다. 겸손하게 듣는 요령들을 점검해 보겠습니다.

- 말하는 사람을 응시하면서 조용히 귀담아 듣습니다.
- 침착하고 자연스러운 태도로 바르게 앉아 듣습니다.
- 다른 사람의 의견을 존중하면서 끝까지 듣습니다.
- 말하는 내용이 합당하면 고개를 끄덕이거나 공감하는 표정을 짓습니다.
- 말하는 내용의 차례를 생각하면서 듣습니다.
- 이야기를 듣고 가장 중요한 부분을 찾아 그 이유를 생각하면서 듣습니다.

- 내 생각과 같은 점, 다른 점이 무엇인지 생각하면서 듣습니다.
- 발표하는 의견이나 근거, 사례가 사실인지, 관련이 있는지, 의견을 설득하기에 충분한지, 부적합하거나 문제점들이 없는지 생각하면서 듣습니다.
- 하브루타 주제에서 다루어지는 것들을 자기 측의 입장에서 뻔한 내용들이 아니라 넓은 범위의 사람들에게 도움이 되는 새로운 방안을 제시하는지 점검하면서 듣습니다.

'하나의 습관이 자리 잡기 위해서는 66일의 노력이 필요하다' 라는 연구결과가 있습니다. 어떤 한 가지 일을 꾸준히 하다보면 66일 이후에는 특별한 노력을 하지 않아도, 습관으로 자리 잡혀 자연스럽게 행동으로 이어진다는 뜻입니다. 어떤 행동도 혼자 하면 튀는 행동이 되고, 2명이 하면 유행이 되며, 3명 이상이 함께 하면 문화가 된다는 말을 되뇌어 봅니다.

가족들끼리 평소에 소통하기의 중요성

가족 하브루타가 성공하기 위해서 가족들끼리 평소에 소통하는 노력을 해야 합니다. 자녀들이 부모들보다 어리기 때문에 일단 자녀들의 의견이나 입장을 배제하거나 무시하기 쉽습니다. 가정에서 일어나는 일들에 자녀들을 참여시킨다는 것은 일의 과정이 하나 더 늘어나기 때문입니다. 가족들의 의견을 민주적으로 들어보는 것은 때때로 복잡해지고 거추장스러운 상황이 됩니다. 하지만 자녀들과 소통을 자주 하다보면 온 가족이 하나 되어 소통이 원만하고 단란한 가족을 위한 디딤돌이 되는 것을 확인할 수 있습니다.

원활한 가족 하브루타를 하려면 부모는 자녀들에게 다음과 같은 두 가지 방식으로 의사소통을 해보도록 권하고 싶습니다.

첫 번째로 가정에서 일어나는 일들을 가족들에게 알려주도록 노력합니다. 친척이 방문하기로 했다든지, 정수기 필터를 교체하러 정수기 직원이 오기로 했다든지, 아니면 세탁기나 냉장고와 같은 가전제품을 수리하러 사람이 방문하기로 했다는 일 등을 가족들에게 미리 알려줍니다. 뿐만 아니라 부모님들의 옷이나 가족들이 사용할 차 등을 구입할 때 가족들에게 사전에 알려주는 것도 그러한 경우에 해당됩니다.

두 번째로 가정에서 일어나는 일들에 대하여 가족들의 의견을 구하고 그들의 의견이나 주장에 정성껏 귀를 기울이도록 노력합니다. 10년 이상 된 차를 바꿀 때 가족들에게 의견을 구해 보면 부모님들이 미처 생각하지 못하거나 부모님들의 생각을 넘어서는 자녀들의 의견을 확인하면서 놀랄 수도 있습니다. 예를 들어 구입하려는 차의 넓은 뒷 좌석이나, 자전거나 스키를 실을 수 있는 지붕틀이나, 선루프와 같은 장치들에 대해 자녀들이 의견을 내기도 합니다. 자신의 의견을 충분히 주장하게 한 가족들은 어느 누구라도 최종선택에 만족하고 일체감을 가질 가능성이 훨씬 높아집니다.

이렇게 가정에서 일어나는 많은 일들에서 가족들의 의견을 구한다면 모든 가족들이 가족의 일원임을 자각하게 됩니다. 그렇게 느끼게 해주는 일이 얼마나 중요한 차이를 만들어내는지 가족 하브루타를 해보면 확인할 수 있습니다.

말을 잘 하지 않는 자녀들을
말할 수 있게 하기

가정에서 자녀들과 가볍게 대화를 했을 때 아이가 말을 잘 하지 않는 경우가 있는데 이런 경우도 가족 독서 하브루타가 잘 안되는 요인에 해당합니다.

결론부터 말하자면 말하지 않는 자녀가 있을 때 다른 가족들이 그를 문제아로 생각하지 않으면 가족 하브루타는 큰 문제가 없습니다. 그럼에도 불구하고 말하지 않는 자녀들이 있다면 나머지 가족은 한사람의 침묵으로 인해 가족 하브루타에 방해를 받는다고 느낄 수 있습니다. 그렇게 되면 나머지 가족들은 좌절감과 긴장, 원망 등의 감정을 가지게 됩니다. 심한 경우 "왜 말을 안 해, 벙어리야?" 라는 말을 할 수 있습니다. 웃으며 대화를 하려고 말을 건넸는데 자녀가 아무런 반응을 보이지 않으면 화가 나고 무안해서 그렇게 말할 수도 있지 않을까요? 그렇지만 자녀의 입장에서 이런 말을 들을 경우 더욱 더 마음을 굳게 닫을 수 있습니다.

자녀가 말을 하지 않는 이유는 물어본 사람들에 대한 믿음이 부족한 경우나 말할 필요성을 느끼지 못하는 경우가 많습니다. 이런 이유도 모른 채 '벙어리'라고 불쑥 말해버리면 자녀는 큰 상처를 받게 되고 '벙어리라는 소리까지 들었으니 이제 말을 안 해도 되겠지'라고 생각하는 무서운 결과를 초래할 수도 있습니다.

고등학교 1학년생인 자녀가 이렇게 말했을 때는 어떻게 해야 할까요?

"엄마는 알 필요 없어."

엄마나 아빠라고 해서 자녀에 대한 모든 것을 반드시 알아야 하는 걸까요? 자녀는 성장하면서 언젠가는 자신만의 공간을 찾아 독립하는 것이 당연합니다. 자녀가 대화를 피한다면 부모가 먼저 다가서려고 노력해야 합니다. 이런 경우에도 자녀가 마음의 문을 쉽게 열지 않는다면 꾸중하거나 화를 내지 말고 자녀가 대화에 나서는 그날까지 믿고 노력하면서 기다리는 것이 현명합니다.

내성적인 자녀의 경우 말하는 행동 자체가 매우 부담이 되는 경우가 있습니다. 이럴 때 말을 하지 않는 자녀와 함께 산책을 하거나 흥미 있어 하는 게임이나 운동을 함께 하도록 권하고 싶습니다.

대화를 독점하는 사람 말리기

가족 독서 하브루타에서 가족 중 어느 한사람이 계속 대화를 독점하는 경우 하브루타가 정상적으로 이루어질 수 없습니다. 대화의 독점자를 잘 다루지 못할 경우 가족 독서 하브루타에서 충분한 정보를 가질 수 없고 다른 가족들과 관계형성이 어려워집니다. 가족들이 하브루타에서 대화 독점자에게 어느 정도 한계를 설정해주지 못한다면 가족들은 점점 무기력함과 짜증 및 분노를 느끼고 결국에는 독점자가 말하는 내용에 무관심해집니다.

대개 가족 하브루타의 독점자들은 두 가지 종류로 나누어 볼 수 있습니다. 첫 번째 유형은 단순히 새로운 상황에 적응하는 것이 불편한 사람들입니다. 이런 사람들은 다른 가족들이 올바로 개입하면

대체적으로 반응을 잘 하게 됩니다. 두 번째 유형은 대화의 내용을 통제하려드는 사람들입니다. 다른 가족들이 매우 단호한 입장을 취하지 않는 한 변하지 않는 아주 고약한 경우에 해당합니다.

가족 하브루타를 할 때 대화를 독점하는 행동의 원인과 이유는 무엇일까요? 흔히 독점하고자 하는 행동의 또 다른 면에는 자신의 의견을 수용 받고자 하는 욕구나 자신의 의견이 배척당할 지도 모른다는 두려움이 있습니다. 때로는 독점하는 행동 속에 과거 경험에서 오는 두려움이 있을 수 있고, 어느 한편으로는 독점적인 행동이 독점자 개인의 행동이 아니라 가족으로부터 위임된 행동일 경우도 있습니다. 또한 도움을 구할 수밖에 없는 상황에 있는 불안함과 가족 하브루타에서 오는 불안함 때문에 독점하는 행동이 나타날 수도 있습니다. 이런 경우 다른 가족들은 합의를 해서 주제를 바꾸거나, 보다 비공식적인 접근을 한다든지, 유머를 사용하는 것도 또 다른 해결 방법이 될 수 있습니다. 그리고 대화를 독점하는 사람 자신의 사적인 경험담을 들어주거나, 다른 가족들에게로 초점을 돌림으로써 가족 하브루타에 방해가 안 되도록 조정할 수 있습니다.

특히 독점자의 행동이 그의 통제적인 성격 요인에서 나올 경우 다른 가족원은 가족 하브루타의 초기에 지적해서는 안 됩니다. 왜냐하면 하브루타의 초반부에 지적하면 분위기가 굳어져서 원활한 분위기가 만들어지지 않기 때문입니다. 그럴 경우에는 개별적인 대화를 통해 다루는 것이 바람직합니다.

일방적인 대화를 줄이거나 없애기

가족 독서 하브루타를 할 때 걸림돌이 되는 요인들 중에 어느 한 사람이 일방적으로 이야기하는 경우가 있습니다. 앞에서 이야기한 하브루타의 독점자와는 약간 다른 경우입니다. 하브루타를 독점하는 것은 어느 정도 다른 사람들에게 말할 기회를 주는데 반해 일방적으로 이야기하는 경우는 거의 자기 말만 하는 경우라고 해석해야 합니다. 자기 말만 하는 엄마나 아빠 때문에 삶 자체가 불행해지는 자녀도 있습니다. 어린 자녀가 부모 때문에 힘겨워하고 있는데, 부모는 자녀 탓만 하고 있는 현실에 절로 한숨이 나옵니다.

그런 부모의 문제는 바로 '대화의 일방성'에 있습니다. 그런데 부모들은 정작 자기 자신이 자녀들한테 얼마나 일방적인지 잘 깨달지 못하는 것이 더 큰 문제입니다. 왜냐하면 부모와 자녀와의 하브루타는 속성상 평등하게 되기가 힘들기 때문입니다.

주로 부모가 일방적으로 하브루타를 주도하는 경우가 많습니다. 부모들은 왜 민주적인 부모가 되기 어려울까요? 그러한 요소들로는 책임감, 반복되는 대화, 타이밍의 불일치 이렇게 세 가지를 짚어볼 수 있습니다.

첫 번째로 부모로서의 책임감입니다. 부모들은 자녀와 이야기할 때 자녀를 바른 길로 인도해야 한다는 책임감이 너무 앞서는 경우가 많습니다. 자녀가 잘못하면 부모인 자신의 책임이 더 크다고 여기기 때문입니다. 부모 역할 중 가장 중요한 것 중의 하나가 바로 자녀에게 올바른 삶의 가치를 전달하는 것입니다. 그러므로 부모와 자녀의 하브루타는 어려울 수밖에 없는 것이 사실입니다. 이렇게 본다면 부모들은 이 막중한 책임감 때문에 자녀와의 하브루타를 제대로 즐기지 못합니다. 그래서 하브루타가 일방적으로 흐르게 되는 경우가 많습니다. 부모로서 막중한 책임감을 가지는 건 이해가 되지만 일방적으로 이야기 하는 것보다 부모가 중요하게 여기는 가치에 대해 가족 하브루타를 통해 자녀들 스스로 깨닫고 내면화시켜 실천하게 하는 것이 더 효율적입니다.

민주적인 부모가 되는데 장해가 되는 두 번째 요인은 반복적인 말입니다. 가족 하브루타를 할 때 발표하는 말들은 자신이 모두 완벽하게 잘해서 어떤 우수사례를 발표하는 형식이 아닙니다. 자기자신과 가족들이 좀 더 완성도 높은 삶을 영위하도록 도움을 주기위해 하브루타를 하는 경우가 많습니다. 부모와 자녀들의 일상은 쳇바퀴 돌 듯 반복되는 특성을 지니고 있습니다. 각 가정마다 '숙제해라', '양치질해라', '옷 갈아입어' 등의 말이 하루에도 여러 번 반복되는 것이 사실입니다. 하지만 자녀들은 부모의 말을 제대로 듣지 않고 실천에 옮기지도 않습니다. 더 정확히 말하면 실천에 옮기지 못합니다. 결국 부모들은 한두 번 참다가 '폭발'하고 맙니다. 자신도 모르게 다음과 같은 말로 자녀를 혼내곤 합니다.

"내가 몇 번을 말했니?"
"당장 그만둬"
"다시 한 번 그러기만 해봐라"
"나쁜 자식"
"넌 누구 닮아서 맨 날 그러니?"

그런데 그렇게 말해서 자녀가 말을 들었다 칩시다. 다음에도 자녀가 말을 듣게 하려면 어떻게 하게 될까요? 내성이 생긴 자녀에게 더 크게 소리를 지르고, 더 심하게 야단을 쳐야 합니다. 그 순간 대화는 자녀와의 힘겨루기로 변하고 맙니다. 말을 듣지 않는 자녀와의 실랑이가 날이 갈수록 더해 가는 것을 힘겹게 인정하게 됩니다. 그래서 지친 부모들은 결국 일방적으로 명령하고 훈계하는 경우가 많습니다.

민주적인 부모가 되는데 장해가 되는 마지막 요인은 타이밍의 불일치입니다. 부모와 자녀와의 대화는 '파도타기' 혹은 '롤러코스터 타기'처럼 이루어질 때가 많습니다. "나는 언제나 우리 자녀와 말이 잘 통해"라고 자신 있게 말할 수 있는 부모는 거의 없습니다. 그러므로 부모들은 자신이 아무리 노력해도 자녀와 하브루타가 잘 안 되는 때가 있음을 자각하고 있어야 합니다. 대신 자녀와 가까워지는 순간을 놓치지 말고 그 순간에 멀어졌을 때 생긴 상처들을 지혜롭게 치유해야 합니다. 즉 멀어질 때 조금이라도 덜 멀어지게 하거나 가까워질 때 더 가까워지게 만드는 것, 그것이 바로 자녀와의 하브루타를 잘하는 비법입니다.

부모들은 자녀와 하브루타를 하는 법을 제대로 배워야 합니다. 상대방의 마음을 읽을 수도 없고 자기주장도 제대로 못하는 게 바로 자녀들이기 때문입니다. 그런 자녀들의 첫 상대가 바로 부모이며, 자녀는 부모를 통해 세상을 알아가기 때문에 더욱 더 필요합니다.

철학자 하이데거는 '언어는 존재의 집'이라고 말했습니다. 자녀를 잘 키우고 싶거나 내 자녀가 정말 가치 있고 행복한 존재가 되기를 원한다면 부모가 하브루타를 통해 자녀들 스스로 느끼거나 깨닫도록 도와주는 것이 당연한 일입니다. 그것은 부모가 마땅히 해야 할 사명입니다.

좋은 부모가 된다는 것은 어렵지만 매우 의미 있는 일입니다. 프레데릭 코크만은 "자녀 양육은 인생에서 가장 아름다운 모험이다."라는 말을 남겼습니다. 아름다운 모험이 되기 위해서 "아버지 학교 혹은 어머니 학교가 있어서 교육을 받아야 한다."는 말을 하는 사람들이 있을 정도입니다. 이 사회에 바람직한 부모들이 많아지면 사회적 비용을 최소화할 수 있습니다.

가족 하브루타의 분위기를 해치는 주제들

성공적인 가족 하브루타를 위해서 분위기를 해치는 주제를 피해야 합니다. 가족 하브루타를 하는 이유는 가족구성원들의 입장을 서로 이해하고 상호 간에 존중하면서 행복한 가족을 만드는 데 있기 때문입니다. 가족들끼리 하브루타를 한 번 했는데 좋은 경험이나 추억으로 남아있지 않으면 불쾌한 마음이 남아있을 수 있습니다. 그러한 경험은 서로에게 상처를 주고 깊이 있는 하브루타를 미리 차단하기 쉽습니다. 이런 현상이 빚어진 가장 큰 원인은 주제를 잘못 선정했기 때문입니다. 주제가 가족 하브루타의 방향타입니다. 주제로 다루어선 안 되는 것들을 다루다보면 가족 하브루타에 대한 좋지 않은 경험으로 남습니다.

가족 하브루타에서 다루어선 안 될 첫 번째 주제는 사람들의 절대적인 기본권 중의 하나인 '종교의 자유'입니다. 사람마다 중요하게 여기는 가치가 다르듯이 신앙도 제각각 다르기 때문입니다. 자신에게 적합한 종교라고 해서 다른 사람들에게 평안과 위안을 가져다 줄 것이라는 믿음은 오류입니다. 그럼에도 불구하고 가족들을 위한다는 명분으로 설득과 이해를 빙자한 강요가 많은 것 또한 사실입니다. 이는 하브루타의 대원칙인 '자신의 고유한 양심이나 신념을 바탕으로 수용할 자유를 보장하라'는 것과 다릅니다.

가족 하브루타를 제대로 하지 못하는 두 번째 주제는 '정치문제'입니다. 정치적인 신념이나 관점은 오랜 세월에 걸쳐서 형성된 것이기 때문에 가족 하브루타로 상대측을 쉽게 변하게 하거나 설득하기가 어렵습니다. 특히 세대차이가 많이 나는 가족들끼리는 절대로 조심해야 합니다. 정치문제를 가지고 하브루타를 하다가 자칫 어떠한 대화도 하지 못하는 좋지 않은 결과로 이어질 수도 있습니다. 하지만 정치적인 이슈를 가지고 하브루타를 하더라도 객관적인 사실이나 신문 사설, 정치평론가의 말을 인용하면서 다른 가족들의 생각을 한 번에 바꿔보겠다는 태도를 버린다면 관계를 크게 해칠 것은 없습니다. 그래도 불안한 마음은 지울 수가 없습니다.

세 번째로 가족구성원들의 단점이나 실수 등을 들춰내는 주제가 가족 하브루타를 제대로 못하게 합니다. 왜냐하면 그런 주제의 대상이 되는 가족은 다른 가족 구성들로부터 무시당하거나 따돌림을 당할 수 있기 때문입니다. 가족 하브루타를 할 때 초반부에 시작하는 주제로는 가족들이 모두 만족할 만한 긍정적인 내용의 주제가 좋습니다. 물론 가족들 전원이 잘 알고 있는 사실이나 경험했던 일들을 위주로 하브루타를 한다면 활기차고 다음에 또 하고 싶다는 마음을 가질 수 있습니다.

가족들끼리 활발하게 상호작용하기

가족 하브루타가 성공적으로 이루어지기 위해서는 무엇보다도 가족들끼리의 관계가 나쁘지는 않아야 합니다. 가족 간에 상호작용이 활발하기 않은 이유는 여러 가지로 추측해 볼 수 있습니다. 예를 들면 화가 나서 비난조로 말하거나, 상대방을 비꼬아서 자극시키거나, 특정 가족을 향해 수치심을 주거나, 과거의 잘못을 추궁하거나, 인정이나 지지 혹은 애정을 철회하는 것과 같은 경우입니다. 이러한 종류의 상호작용은 가족 하브루타의 문을 닫고, 나아가서 주제와 관련된 자신의 의견을 적극적으로 펼쳐보려는 흥미와 자신감을 감소시킵니다.

어떻게 하면 가족들끼리 활발하게 상호작용을 하게 할 수 있을까요?

첫째, 가족들 중 한 사람이 상호작용의 순서를 파악한 후 이 순서를 막기 위해 제 3자에게 질문을 하는 방법입니다. 예를 들면 아버지가 어머니를 비난하고, 어머니는 큰 딸을 비난 하는 경우 다른 가족이 큰 아들에게 질문을 하는 방법입니다.

둘째, 가족들 중 한 사람이 상호비난을 일으키지 않을 것이라고 판단되는 특정 내용에 초점을 잡아 그 내용 속으로 깊이 들어가는 방법입니다. 가족들 모두가 긍정적인 경험이나 생각 같은 내용들이 담긴 것들이 바로 그에 해당됩니다. 가족의 상황이 매우 긍정적인 상태에서 가족여행을 떠났다가 모두가 화기애애하게 놀고 돌아온 경우 그 곳의 풍경이나 맛있게 저녁식사를 한 내용들을 이야기 하면 가족 관계가 나빠지지 않습니다.

셋째, 가족 하브루타를 할 때 기본적인 규칙을 가족들이 함께 정하는 방법입니다. 예를 들면 "어머니의 입장이 충분히 이해가 갑니다만 나중에 과거에 대해 말씀하실 기회를 드릴테니까 오늘 하브루타에서는 과거의 섭섭함은 말씀하지 마시고 하브루타의 주제 중 자신의 주장을 이성적이고 객관적으로 말씀해 주실 수 있는지요?"라고 요청하는 경우입니다.

넷째, 가족 하브루타의 주제나 내용에 대해 가장 많이 알고 있는 아빠나 엄마는 말을 줄이거나 미리 결론을 내리지 말아야 합니다. 부모도 가족 하브루타의 구성원이고 가족들 중에서 가장 경험이 많은 사람으로서 자녀들에게 일방적으로 훈계하지 않고 하브루타라는 형식을 통해서 민주적으로 알려주는 데 무엇이 문제가 되겠냐고 반문할지 모르겠습니다. 오히려 쓸데없는 시간을 절약하고 그

시간에 아이들이 공부를 더 하거나 독서 시간을 더 많이 확보하는 것이 좋겠다고 생각하는 사람들도 있습니다.

만약 어떤 회사의 모 부서에서 성과가 좋아 부서회식을 하려고 할 때 부장이 한턱내겠다고 말했습니다. 그렇게 말한 뒤 중국음식점에 가서 부서원들을 향해 부장이 제일 먼저 다음과 같이 이야기했다고 하면 부서회식의 분위기는 어떻게 될까요?

"나 짬뽕 먹겠어. 다른 친구들도 자기가 좋아하는 음식을 부담 없이 마구 시켜요!"

대개의 경우 다른 부서원들은 부장의 눈치를 봐서 부장이 시킨 음식보다 더 비싼 음식을 시킬 수가 없습니다. 마찬가지로 가족들 중에 서열로 볼 때 최고 높은 자리에 있는 부모님들이 정답을 말해 버리면 섣불리 그 주장을 꺾을 수가 없는 것도 같은 이치입니다.

다섯째, 가족 하브루타를 할 때 각 발언자들의 발표시간도 중요한 포인트입니다. 가족 하브루타에서는 가족원들의 발언시간을 지켜야 공정한 대화가 진행되는 것은 당연한 원리입니다. 우리들이 대중매체를 통해 '독서토론'이나 '심야토론', '대통령이나 시장 후보자 토론'을 보면 사회자는 토론에 나온 사람들의 발언시간을 안내하고 발언시간이 끝나기 전에 여러 가지 장치를 통해 발언시간을 준수하도록 노력하는 것을 볼 수 있습니다. 인간적인 입장에서 보면 말하는 사람에게 주장을 마무리할 수 있는 시간을 너 주었으면 하는 마음이 들 수 있습니다. 하지만 하브루타를 할 때 발언시간을 준수하는 것은 매우 중요합니다. 발언시간을 동등하게 하지 않으면 공정한 하브루타가 이루어지지 않기 때문입니다. 가족 하브루타에서도 한 사람이 발언하는 시간은 2분이나 3분 정도가 적당합니다. 사회자나 시간을 알려주기로 한 사람이 종료 1분이나 30초 정도를 남겨두고 손을 흔들어 알려주거나 휴대폰 알림 기능을 이용해도 됩니다. 가족 하브루타가 성공적으로 이루어지려면 정해진 시간 내에 자신의 발언을 끝낼 수 있도록 연습을 해야 합니다. 그렇게 하다보면 자연스럽게 자신의 생각을 압축하고 정리하는 습관도 생깁니다. 날카롭게 대립되는 갈등이 생겼을 때에는 더욱 굵고 짧게 이야기할 수 있어야 합니다. 하브루타를 잘 하는 사람들은 대부분 짧은 시간 안에 자기주장을 충분히 펼칩니다.

여섯째, 가족 하브루타에서는 감정의 거리두기가 필요합니다. 모든 하브루타에서 필요한 불문율이지만 가족 하브루타를 성공적으로 하기 위해서는 감정을 앞세우지 않고 자신의 입장에서 이성적으로 발언하는 것이 대원칙입니다. '하브루타는 입장이다'라는 말을 강조하고 싶습니다. 다른 어떤 관계보다도 허물없는 사이가 가족들이기 때문에 오히려 사소한 말 한 마디에 감정이 격해질 수 있습니다. 그래서 가족 하브루타를 할 때는 공식적인 절차가 중요합니다. 역설적이게도 하브루타는 자유로울 때 보다는 절차나 방법이 엄격할 때 오히려 소통이 잘 되는 경우가 많습니다.

2부

가족 독서
하브루타에서
엄마, 아빠,
자녀의 역할

사람들은 삶이 중요하다고 말하지만
나는 대화를 더 소중하게 생각합니다.
대화는 일종의 예술입니다.
그리고 내가 믿는 바로는
대화야 말로
가장 문명된 예술이자
사람들을 문명인으로 만드는
가장 훌륭한 예술입니다.

- 마이클 오우크쇼트 -

엄마의 역할

엄마는 가정에서 가족들의 성격, 입장이나 상황을 가장 잘 알고 있습니다. 가족 하브루타의 주제 또한 엄마가 제일 많이 제기하거나 주장할 수 있습니다. 주제에 대한 자료와 정보, 앞으로의 대책에 대해 정확하게 주장할 가능성이 가장 높은 사람이 엄마입니다. 엄마들에게는 부담스런 말이겠지만 어찌 보면 가족 하브루타의 성공과 실패 여부는 엄마의 역할에 달려 있다고 해도 지나친 말이 아닙니다.

가족 하브루타를 하는 시간도 엄마가 주도적으로 정할 때가 많을 것입니다. 남편이나 자녀들이 좋아하는 텔레비전 시청시간이나 사교육 활동 시간대 등을 피해서 하브루타 시간을 엄마가 조정해야 합니다. 가족들 중 엄마가 가족들의 스케줄을 정확히 알고 있는 경우가 많기 때문입니다.

이제까지 엄마가 가족들을 위해서 악역을 자처하는 경우가 많았지만 지금은 많이 변했습니다. 가정에서 엄마와 아빠의 역할이 자녀들을 양육하는 데 가정마다 그 역할이 각각 달라졌습니다.

엄마의 입장에서는 가족들에게 가능한 빨리 해달라는 강요가 섞인 부탁을 하고 싶을 때가 있습니다. 이런 내용들을 가족 하브루타의 주제로 삼아서 하브루타를 하면 훨씬 부드럽고 실행도가 높아집니다. 많은 경우 엄마는 가족들에 대한 애정이 과도해서 감정이 섞인 훈계나 화를 낼 수밖에 없는 것이 인지상정입니다. 일방적인 혼내기로 일관하는 경우도 있습니다. 좋게 말해서 주변에서 자녀의 미래를 위해 '악역'을 자처하면서 자기만족에 빠져있을 수도 있습니다. 그러나 이것은 커다란 착각입니다. 엄마의 혼냄으로 인해 자녀의 행동이 순간적으로는 변화할 수 있습니다. 하지만 엄마의 희망이나 바람이 지속되거나 올바르게 진행되지 못하는 경우가 너무 많은 것이 현실입니다.

가족 하브루타의 주제는 가족들이 함께 정하는 것이 원칙이지만 아무래도 가족 모두를 위해 합리적으로 변했으면 하는 바람이 담긴 주제들이 많습니다. 그래서 하브루타의 주제 중에는 엄마의 의도가 담긴 것들이 많을 수밖에 없습니다. 하브루타 주제는 대부분이 현 상황에 대한 변화를 담고 있기 때문입니다.

가족 하브루타를 하는 장면을 떠올려 봅시다. 변화를 원하는 사람 쪽에서 주장할 책임을 집니다. 이것을 '입증책임(立證責任)'이라고 합니다. 대개 찬성하는 사람들이 주장을 합니다. 마찬가지로 엄마의 주장이나 의도가 담겨있는 내용들을 가족 하브루타 주제로 만드는 데 엄마가 앞장서야 할 때가 있습니다. 특히 자녀들이나 남편의 행동 중에 못마땅하거나 꼭 변화했으면 하는 내용들을 중심으로 가족 하브루타의 주제로 정합니다.

그런 주제로는 자기가 사용했던 옷들을 세탁기나 세탁 망에 넣기, 재활용 쓰레기 처리하기, 가족끼리 외식할 때 음식 정하기, 텔레비전 시청하기, 학원 정하기, 반찬 점검하기, 가족여행지 정하기 등이 있습니다.

가족 하브루타의 주제를 어느 날 갑자기 정하자고 하면 가족들이 반발하거나 불쾌감을 표시합니다. 가족 하브루타 주제를 정하기 전에 가족들이 공감할 수 있도록 잠깐씩 대화를 나누어 보면 이러한 저항이 줄어듭니다. 생각을 정리하는 데 많은 도움을 주기 때문입니다.

『유태인 가족 대화』라는 책의 저자인 슈몰리 보테악은 "부모는 가정에서 토크쇼 진행자여야 한다."라고 말합니다. 많은 가정에서 자녀들과 대화를 하려면 자녀들이 피하는 경우가 많습니다. 자녀들이 그렇게 행동하는 데는 부모의 책임이 큽니다. 왜냐하면 부모가 일방적으로 하브루타 주제도 제시하고, 사회를 볼 때에도 하브루타를 가장한 지루한 훈계 혹은 꾸중을 했기 때문입니다.

자녀들과 대화를 하는 방법은 크게 두 가지입니다. 첫 번째는 바로 대화로 들어가는 방법입니다. "오늘 학교에서 무슨 일이 있었니?"라고 질문하면 "별일 없었어요. 그냥 평소랑 똑 같아요."라는 답을 듣습니다. 두 번째는 둘러가는 지름길을 택하는 방법입니다.

이 방법을 택하면 자녀들과 대화하기가 매우 수월합니다. 자녀들에게 본격적인 이야기를 하기 전 직장에서 들었던 일이나 출근과 퇴근 시 아이들에게 흥미를 불러일으킬만한 이야기를 들려주는 것입니다. 특히 많은 질문거리나 호기심을 불러일으키는 이야기면 더욱 좋습니다.

그리고 가족 하브루타가 시작되면 엄마는 가족들에게 그동안 엄마라는 위치에서 보여준 모습과는 확연히 다른 모습을 보여줘야 합니다. 그런 다음 동등한 입장에서 하브루타의 주제에 대해 의견을 나누도록 이야기하는 것이 가족들이 보다 책임감 있게 발언하고 결정된 내용들을 실천할 수 있는 포인트입니다.

가족 하브루타를 할 때 평소와 다른 엄마의 모습을 보여준다는 것은 어떤 의미일까요? 평소 엄마의 말은 약간 의무감이 섞인 강요나 훈계의 성격을 띠는 경우가 많습니다. 하지만 가족 하브루타를 할 때는 엄마의 주장에 대해 합리적인 근거나 사례를 통해 설득해야 함을 말합니다.

가족 하브루타를 시도할 때 자녀들을 위해 엄마들에게 특별한 미션을 권하고 싶습니다. 엄마는 자녀들과 수준이 똑같아야 한다는 것이 아니라 자녀들에게 눈높이를 맞추고 어려움이 있을 때 은근히 도와주어야 한다는 말입니다. 예를 들면 초등학생 자녀들이 의견을 발표할 때 말하고자 하는 의도나 단어가 떠오르지 않아 힘들어할 때 자녀의 자존심에 상처가 되지 않도록 부드럽게 도와주면 가족 하브루타가 활발해집니다. 또는 자녀들이 말을 시작하기 전 머뭇거리는 상황에서 엄마로서 도움을 주는 일이 가족 하브루타

촉진자로서의 엄마 역할입니다.

가족 하브루타를 할 때 간식을 준비해 두면 매우 좋습니다. 제철 과일이나 아이스크림, 팥빙수, 과자 등의 간식을 먹으면서 하브루타를 진행해 봅시다. 또한 하브루타의 내용을 메모하면서 말하거나 들을 수 있도록 간단한 양식의 종이를 마련해서 나누어 주는 것도 좋습니다. 가족 하브루타가 더욱 알차게 진행될 뿐만 아니라 끝나고 결정된 사항들을 지키는 데 긍정적인 영향을 줍니다.

가족 하브루타를 진행할 때 엄마가 절대로 해서는 안 되는 행동이 있습니다. 자녀들보다 더 잘하는 친구들이나 형제들의 사례들을 언급하는 것입니다. 그렇게 하면 자녀들의 사기와 자신감이 떨어져서 가족 하브루타를 하는 내내 당사자들이 고통스러워하고 대화의 분위기가 무거워집니다. 심리학자인 알프레드 아들러는 "인간이 불행하게 되는 큰 원인은 다른 사람과 수직적으로 비교하는 행동 때문이다."라고 주장했습니다. 자신보다 잘난 사람과 비교해서 스스로를 불행하게 한다는 뜻입니다. 모든 인간의 내면 깊숙이 인정을 받고 싶은 욕구가 들끓고 있습니다. 이 대원칙을 지키도록 노력해야 합니다.

본격적인 가족 하브루타를 시작하기 전 분위기를 편안하게 해 주는 방법들에는 어떤 것들이 있을까요? 부드럽게 하브루타를 할 때의 자세에 대해 미리 이야기를 나누거나 유행하는 노래를 부르는 것도 좋은 하브루타 분위기 조성에 도움이 됩니다.

가족 하브루타의 관리자이자 안내자 역할의 적임자가 바로 엄마입니다. 왜냐하면 대개 엄마는 가정교육의 총책임자요 리더이기 때문입니다. 엄마를 중심으로 알맞은 크기의 종이나 우드락에 '가족 하브루타를 할 때 이렇게 하면 좋아요'라는 내용의 매뉴얼(설명서)을 가족들끼리 협의해서 만들기를 권합니다.

가족 하브루타를 할 때 이렇게 하면 좋아요.
- 집중해서 눈을 보고, 그 어떤 대답도 막지 않는다.
- 주장을 뒷받침할 수 있는 다양한 근거와 사례, 경험들을 말한다.
- 자신이 알고 있는 각종 통계, 속담, 명언 등을 인용한다.
- 어려운 내용도 쉬운 용어로 질문해 생각하게 한다.
- 말하는 사람의 입장이나 의도를 파악하려고 노력한다.
- 지시나 요구, 설명을 하기보다는 질문을 많이 한다.
- 틀린 답을 말해도 정답을 알려주지 않고 다시 질문으로 답한다.

가족 하브루타를 할 때 엄마로서 쓸데없는 자존심이나 권위의식이 드러나지 않도록 노력해야 합니다. 엄마로서 이제까지 살아온 삶이 정직하고 성실하다고 할지라도 자신만 옳은 것은 아니라 상대방도 그 입장에서는 옳다고 보는 시각을 갖는 것이 정말 필요합니다. 더욱 중요한 것은 가족들과 항상 절충하고 타협하며 융통성 있는 사고와 태도를 가지려는 노력입니다.

컴퓨터 게임, 휴대폰, MP3, 텔레비전 등과 같은 매체들을 지나치게 애용하는 습관을 줄이거나 끊고 가능한 많은 시간동안 가족들과 소통하기 위해 대화하도록 노력해야 합니다. 가족 하브루타에서나 일상 가족들 간의 관계에서 현명한 '사랑의 실천자'로서 엄마의 역할이 중요합니다.

가족 하브루타로 자녀를 바꾼 엄마의 롤 모델
로즈 케네디 여사

미국의 35번째(44대) 케네디 대통령은 자신의 오늘 모습은 어린 시절 식사 시간에 만들어졌다는 말을 자주 했습니다. 미국 역사상 최연소로 대통령에 당선된 존 F. 케네디는 대통령이 된 후 어머니(로즈 케네디)에 대해 이렇게 이야기했다고 합니다.

"대통령이 되기 위한 준비 단계란 없다. 다만 내가 남에게 배운 것 중에서 도움이 될 만한 것이 있다면 그것은 모두 어린 시절 어머니가 가르쳐주신 것이다"

엄마의 영향은 이렇게 지대한 것인가 봅니다. 케네디를 포함해 9남매(4남 5녀)를 길러낸 로즈 여사의 자녀교육법 중 눈에 띄는 것은 식탁을 자녀교육의 장으로 적극 활용했다는 점입니다. 케네디 가문의 자녀교육 비결은 식탁에 있다고 해도 지나치지 않습니다. 무엇보다도 아이들은 식사 시간을 반드시 지켜야 했고 그 시간은 식구들의 하루 일과를 함께 앉아 점검해 보는 시간이었습니다.

어머니 로즈는 아이들이 눈에 띄기 쉬운 곳에 게시판을 마련해 두고 신문, 잡지 등에서 좋은 글이 있으면 오려서 붙여놓았습니다. 그리고 식사 때가 되면 그 기사를 화젯거리로 삼아 그 문제에 대해 더욱 깊이 생각하도록 질문도 하고, 자신의 의견을 말하기도 했습니다. 각자의 의견을 발표하고, 듣고, 그 생각들을 받아들이는 민주적인 정신을 실천했습니다. 또 아이들은 누가 시키지 않아도 자발적으로 대화에 참여하면서 재미있어했다고 합니다.

어머니 로즈는 아이들의 대화가 핵심도 없이 잡담으로 흐를 때는 질문을 하거나 한마디씩 던지면서 대화가 정상적으로 이어지도록 유도하는 역할을 했습니다. 예를 들면 플로리다가 이야기의 주제로 등장할 때 케네디의 어머니는 플로리다 주(州)는 어떻게 해서 그러한 이름을 갖게 되었는지, 그 뜻은 무엇인지, 그 단어는 어느 나라 말에서 유래했는지 하는 식으로 질문을 유도해 나갔습니다. 그런 교육을 반복한 결과, 처음에는 대답을 잘 못하던 아이들도 다시 비슷한 문제를 접했을 때는 척척 대답할 수 있게 되었다고 합니다.

로즈 여사는 보스턴 시장 자리에 두 차례나 올랐던 아일랜드계 출신 피츠제럴드 존 F(일명 '허니 피즈')가의 장녀였습니다. 어려서부터 외국을 드나들었고, 훗날 '미국의 어머니'라고 불릴 만큼 아름답고 지적인 여성이었으며 자식 교육에 있어서 철저했습니다. 그녀는 어머니와 할머니가 쓰던 방법을 좇아 집에서 아이를 낳고, 모유로 길렀으며, 가르침은 엄하여 나쁜 짓을 저지른 아이에게는 즉석에서 매를 들었습니다. 또한 엄청난 부자였음에도 불구하고 아이들 스스로 용돈을 마련하게 할 정도로 검소하게 키웠습니다. 거기에는 할아버지로부터 아버지로, 아들로, 손자로 이어지는 '공동운명체'라는 정신이 형성되어 있었습니다. 그 정신이 '케네디가의 전통'으로 자리 잡았다고 합니다.

아빠의 역할

가족 하브루타에서 엄마만큼 중요한 역할을 해야 하는 사람이 바로 아빠입니다. 자녀들의 사회성을 키워주는 데 아빠의 역할이 매우 중요합니다. 아빠의 표정이나 마음가짐에 따라 가족의 분위기가 크게 달라집니다. 자녀들 중에는 아빠의 말에 순종하는 자녀들도 있고 마음속으로 저항하는 자녀들도 얼마든지 있습니다.

젊은 세대의 대다수 아빠들은 자녀들에게 친구처럼 부드럽게 대합니다. 그렇기 때문에 가족 하브루타를 할 때 거부감이 적은 편입니다. 그렇지만 연령대가 많은 40대 후반 이후의 아빠들은 다를 수 있습니다. 자녀들을 자신과 수평적인 관계로 대하지 않는 경우가 많습니다. 자신들이 그랬던 것처럼 자녀들이 아빠인 자신의 말에 순종하면서 자신의 의견이나 충고에 맞추어서 움직여 주기를 바라는 태도를 지니고 있습니다.

아빠는 가족 하브루타를 할 때 정답을 말하는 경우가 많습니다. 그렇기 때문에 가능한 먼저 말을 하지 않도록 노력해야 합니다. 처음 두세 차례가 지나면 사회자 역할도 자녀에게 맡겨 자녀들에게 눈높이를 맞추면 가족 하브루타가 쉽게 진행되고 성공할 확률이 높아집니다.

가족 하브루타를 할 때 지켜야 할 가장 기본적인 사항이 있습니다. 하브루타 주제에 대해 각 단계마다 가족원들의 발언 시간이 동일해야 합니다. 그래야 민주적으로 가족 하브루타가 진행됩니다.

어떤 문제를 해결하는 데 가족 하브루타는 매우 효율적인 방법입니다. 다양한 사물이나 현상, 문제들에 대해 가족들이 어떻게 바라보고 생각하는가에 대해 알 수 있기 때문입니다. 하브루타는 각자의 수준에서 문제를 해결하는 지혜를 제공합니다. 그리고 내 생각과 다른 가족들의 생각이 다를지라도 결코 틀린 것이 아니라는 것을 인정하는 태도를 지니게 해줍니다.

아빠가 자녀들에게 질문을 할 때는 자녀의 수준과 상황에 알맞게 되도록 짧고 간략하게 하는 것이 좋습니다. 아빠는 말하는 중간중간에 혹시 자녀들이 놓치고 있는 것들과 핵심적인 이야기들을 공감하거나 짚어주는 역할을 해 주어야 합니다. 이렇게 되면 훨씬 수준 높은 하브루타가 진행됩니다.

가족 하브루타가 진행될 때 자녀들 중 자기순서에서 말을 해야 되는데 잘 못하고 뜸을 들이는 경우에는 어떻게 해야 할까요? 이럴 때아이에게 질문을 하고 몇 초만 기다려줍시다. 자녀들이 자신의 질문에 곧바로 대답하지 못할 때 아빠들은 조바심이 생겨 빨리 이야기하라고 독촉하기 쉽습니다. 그럴수록 자녀는 입을 다물어 버립니다. 자녀가 충분히 생각하고 대답하도록 기다려주는 여유가 필요합니다.

- 부모가 인내심을 가지고 기다려주면 자녀는 좀 더 길고 자세하게 대답할 수 있다.
- 자녀들은 부모들이 하는 질문의 내용에 더 가까운 응답을 할 수 있다.
- 상대적으로 반응이 느린 자녀들도 자신의 의견을 말할 수 있는 비율이 향상된다.

가족 하브루타에서 아이들이 이야기하도록 기다려주는 것과 함께 포용적이고 허용적인 분위기를 만들어주는 것도 엄마와 함께 아빠가 해야 할 역할 중의 하나입니다. 여러 가지 질문과 대답이 수용되는 부드러운 분위기를 만들어 주어야 합니다. 이렇게 되면 자녀들의 인성과 창의성은 저절로 좋아지고 발전합니다. 자녀가 잘못된 대답을 한 경우라도 아빠는 질문을 통해 자녀 스스로 수정과 보완할 수 있는 기회를 제공해 주도록 노력해야 합니다.

"조금 다르게 생각해보면 어떨까?"
"어느 부분이 잘못됐을까?"

"어떻게 수정할 수 있을까?"

위와 같은 질문을 통해 자녀에게 열린 생각을 할 수 있는 기회를 줍니다. 때로는 가족 하브루타를 하는 과정에서 자녀들 중에 엉뚱한 질문을 하며 그 흐름을 끊을 때도 있습니다. 이 때 만약 이야기를 나눠볼 만한 질문일 경우, 충분히 대화를 하고 질문을 하면 사고력 발달에 좋습니다. 그것이 즉각 해결할 수 없는 문제일 경우에는 수첩에 기록해 놓고 나중에 찾아봐서 알아보도록 유도합니다. 당장은 필요 없어 보이는 대답이나 질문이 많더라도 그 속에서 자녀들은 창의성이 자라고 더 많은 것을 배워나갑니다. 그러나 전혀 상관없는 내용의 질문일 경우에는 어떻게 대응해야 할까요? 가족 하브루타 시간이 끝나고 나서 나중에 질문하도록 부드럽게 유도해 주면 효과가 매우 좋습니다.

가족 하브루타의 형식은 다양합니다. 그렇지만 식사 후에 이루어지는 하브루타의 형식은 상대측의 의견을 잘 듣고 자신의 생각을 효율적으로 전달하면서 문제를 해결하거나 답을 합의해 내기에 적합한 원탁 하브루타 형식을 권하고 싶습니다.

원탁 하브루타의 형식에서 아빠는 처음에는 사회자나 보조자로서 역할을 합니다. 가족 하브루타가 원만하게 진행되도록 도와주는 일입니다. 자녀들이나 아내가 주제를 벗어난다든지, 지나치게 많은 시간을 소비한다든지, 부정적인 측면만을 고집스럽게 주장하면 부드러운 의사진행발언을 통해 정상으로 되돌려놓는 역할을 아빠가 해주도록 노력해야 합니다.

가족 하브루타를 할 때 아빠가 조심해야 할 점이 있습니다. 자신의 경험을 바탕으로 아빠의 의견을 강요한다든지, 자신의 생각 쪽으로 이끌고 가는 경우입니다. 만약 그렇게 된다면 가족 하브루타를 하는 본래의 의미가 퇴색됩니다. 자녀들이 어른들에 비해 경험도 적고 지식도 부족해서 좀 답답하고 진부한 의견을 말할 가능성이 많습니다. 그렇지만 아빠가 자녀들의 입장에서 공감하고 수용하려고 노력할 때 가족 하브루타는 활기차게 지속가능해집니다.

특히 아빠가 내놓은 주제일 경우에는 자녀들이 의견을 충분히 말할 수 있도록 겸손하고 폭넓은 마음으로 경청하며 수용적일 때 가족 하브루타는 의미가 커집니다. 너무 성급하게 몰아붙이면 아이들은 가족 하브루타의 정체성에 대해 의문을 가집니다. 뿐만 아니라 짜증을 내기 시작하고 다시는 가족 하브루타를 하지 않으려고 할 것입니다.

가족 하브루타가 제대로 이루어지려면 평소에 자녀들과 아내와의 관계가 따뜻하게 형성되어야 한다는 것은 두말할 필요가 없습니다. 아버지한테 칭찬받아 본 적이 없는 남자는 결혼을 하면 역시 자신의 자녀들에게 칭찬을 해주지 않는 아빠가 된다고 합니다.

"글씨 좀 잘 써라"
"동생 좀 잘 돌봐라"
"할머니 말씀 잘 들어라"

훈계와 잔소리는 가능하면 좀 참고 칭찬을 많이 하도록 노력해야 합니다. 그것이 문제를 해결하는 방법이고 관계를 만들어가는 요령이기 때문입니다. 자녀들에게 충고와 조언은 부모님들 생각보다 그리 도움이 되지 않습니다. 가족 하브루타에서 아빠의 주장을 가능한 줄이거나 수준을 자녀들의 눈높이에 맞추도록 노력해 봅시다. 자녀들의 의견이 채택되도록 최대한 노력하면 좋습니다. 가족 하브루타에 대한 효용성과 기다림을 안겨줍시다. 그렇게 되면 앞으로도 계속 가족 하브루타를 할 수 있습니다.

올바른 칭찬의 방법

• 칭찬을 구체적으로 하라.
　예) 그림을 잘 그렸네! 눈동자가 정말 살아있는 것처럼 잘 표현했구나. 정말 표현력이 좋은걸!
• 본인 외에 가까운 사람이나 제삼자에게 칭찬하라.
　예) 미영아~. 우리 반 혜진이 알지? 혜진이는 정말 옷을 센스 있게 잘 입는데 진짜 멋있어.
• 평소의 행동을 칭찬하라.
　예) 미라는 친구들을 평소에 잘 도와주는 마음이 예쁜 사람이야.
• 존재 자체를 칭찬하라.
　예) 우리 반의 분위기를 항상 띄워주는 용재가 있어서 얼마나 좋은지 몰라.

한국융합인재교육원 『두런두런 인성이야기』

자녀들과 아빠의 관계에 대한 예화를 소개하고 싶습니다. 오바마의 부인 미셸의 아버지가 딸에 대해 한 유명한 격려 코칭 이야기입니다.

미국 최초의 흑인 퍼스트 레이디인 미셸 오바마는 1964년 미국 시카고시 상수도 펌프 운용기사였던 아버지 프레이져 로빈슨과 홈

쇼핑 잡지사에서 일했던 어머니 메리언 로빈슨 사이에서 태어났습니다. 그녀는 프린스턴 대학과 하버드 로스쿨을 졸업한 뒤에도 오랫동안 학자금 대출을 갚아야 했습니다. 서민출신의 고학생이었기 때문입니다. 틈만 나면 더 이상 공부를 하지 않고 돈을 벌어 집안에 도움을 주고 싶다고 부모님께 여러 번 이야기했다고 합니다. 그럴 때마다 미셸의 아버지는 그녀에게 이렇게 말하면서 격려를 해주었습니다.

"지금의 현실에 안주하며 살아간다면 너의 미래는 미국의 보통 흑인 여성의 삶과 크게 다르지 않을 거야. 아빠는 네가 그토록 갈망했던 꿈과 희망을 절대로 잃지 않기를 바란단다. 아빠는 너의 꿈과 희망을 신이 도울 것이라고 믿고 있으며 그 믿음을 단 한 번도 의심한 적이 없단다. 사랑한다. 나의 딸 미셸!"

평상시에도 미셸의 아버지는 매우 활기차고 유머 있는 사람이었습니다. 경제적으로는 어려웠지만 그는 유머와 여유를 잃지 않아야 꿈이 이루어진다고 말했습니다. 또한 그녀의 아버지는 그녀와 오빠에게 항상 인내심과 책임감, 자립심을 강조했습니다. 그런 아버지 덕분에 미셸은 자신감 있고 당당하게 자신의 감정을 표현할 줄 알았습니다. 자신이 이루고자 하는 목표를 달성하기 위해서는 다른 사람들보다 더 많은 노력을 해야 하는 것을 알았습니다. 미셸은 아버지의 영향으로 노력을 실천했고 자신의 목표를 이루어냈다고 그녀의 자서전을 통해 말하고 있습니다.

일반적으로 아들은 아빠를 통해 남자로서 해야 할 역할을 배운다고 알려져 있습니다. 아들뿐만 아니라 딸 또한 동성인 엄마의 칭찬과 격려보다는 이성인 아빠의 격려와 지지에 더 큰 힘을 발휘한다고 합니다. 남자인 아빠의 의견이 같은 동성인 엄마의 의견보다 더 객관적이라고 생각하기 때문입니다. 아빠의 격려와 지지는 엄마보다 더 객관적이고 강도 높은 사회적인 판단이라고 생각되기 때문에 딸에게 더 큰 격려와 칭찬으로 받아들여진다는 통계도 있습니다.

하브루타로 자녀를 바꾼 아빠의 롤 모델 1
미국 최초의 흑인 대통령 버락 오바마

〈뉴욕 타임스〉기자 조지 캔터는 그의 저서 『오바마 가족 The Obamas』에서 미국대통령 오바마는 일주일에 두 번 이상은 저녁 6시 30분에 집에서 가족과 저녁을 먹는 일관된 원칙을 지킨다고 했습니다. 오바마는 상원의원으로 당선되었을 때도 가족과 함께 살기 위해 시카고에서 워싱턴 DC까지 비행기로 1시간 30분 거리를 출퇴근할 정도로 가족과 시간을 보내도록 최선을 다했습니다. 그가 단순히 가족들과 함께 저녁식사를 하고 잠만을 자기 위해서 그렇게 했을까요? 그것은 가족들과 함께 식사하는 시간을 이용해서 두 딸과 아내와 단란한 대화를 나눈다는 소박한 목적이 있었을 것입니다. 그렇게 바쁜 상황에서도 순위에 가족 간 대화를 최우선 순위에 둔 것은 매우 현명한 판단과 실천입니다.

하브루타로 자녀를 바꾼 아빠의 롤 모델 2
19세기 영국 문학의 보석,
브론테 세 자매의 아버지 패트릭 목사

19세기 영국 문학사를 장식한 여류 작가들인 브론테 세 자매의 작품들에 대한 인기는 매우 높습니다. 브론테 세 자매는 19세기 영국 문학계의 빛나는 보석이었습니다.『제인 에어』의 저자인 샬롯 브론테(1816~1855)와『폭풍의 언덕』의 저자인 에밀리 브론테(1818~1848) 그리고『애그니스 그레이』의 저자인 막내 앤 브론테(1820~49)입니다.

브론테 자매들은 위로 두 언니가 일찍 죽는 바람에 샬롯과 에밀리, 앤만이 살게 되었습니다. 이들 세 자매는 감수성이 뛰어나 그들이 써온 시를 묶어서 공동으로 시집을 펴내기도 했습니다. 세 자매는 시집의 성공 여부와는 관계없이 작품 활동을 계속하여 후에 각자 두각을 나타내게 되었습니다.

독서를 좋아했고 보수당원이었던 브론테 자매의 아버지 패트릭은 집에서 자주 정치토론을 벌였습니다. 그래서 브론테 자매는 아버지의 영향을 받아 정의감이 넘쳤고 주위의 가난한 사람들을 동정했습니다. 또 좋은 공부습관을 가지고 있었습니다. 세 자매는 자주 밤늦게까지 책을 읽거나 시와 소설을 쓰면서 시간을 보냈습니다. 당시 패트릭이 벌어들이는 수입은 지나치게 적었고, 게다가 아내도 일찍 세상을 떠났습니다. 그는 이러한 상황을 슬퍼하고 좌절하는 대신 자신의 모든 정력을 아이들 교육과 문학에 쏟았습니다. 패트릭은 시집도 두 권이나 낸 문학인이었습니다.

패트릭은 아이들과 함께 문학을 주제로 자주 하브루타를 했습니다. 이런 자연스럽고 즐거운 분위기에서 아이들은 차츰 견문을 넓혀갔습니다. 그의 서재에는 문학 서적이 무척 많았습니다. 그래서 아버지가 출근하면 아이들은 서재에 모여 책을 읽으면서 지식이란 영양분을 섭취했고, 아버지가 퇴근해 돌아오면 함께 하브루타를 하며 배운 지식을 소화했던 것입니다.

하브루타로 자녀를 바꾼 아빠의 롤 모델 3
동양인 최초 노벨문학상 수상자
타고르의 아버지 마하르시

동양인 최초로 노벨문학상을 수상한 인도의 타고르는 한국을 '동방의 등불'이라고 예찬했습니다. 타고르는 인생의 온갖 비탄과 고뇌, 사별과 좌절, 투쟁 등을 승화시켜 「기탄잘리」라는 유명한 시집을 남겼습니다.

타고르의 아버지는 여행을 떠나기 전에 자녀들에게 유익하고 재미있는 이야기를 한 보따리 준비해서 꼭 들려주었다고 합니다. 타고르는 아버지로부터 히말라야 모험여행을 가지 않겠느냐는 말을 듣고 흥분되어 3일 동안이나 잠을 제대로 이루지 못했습니다.

타고르 부자(父子)의 히말라야 모험여행 최초 숙박지는 산티니케탄이었습니다. 그 곳은 훗날 타고르가 학교를 세운 곳으로 널리 알려졌으나 당시에는 전혀 이름도 없는 벽지였습니다. 소년이 그때 거쳐 간 땅이 그의 생애에 있어 끊을 수 없는 관계를 갖고 최고의 창조적 실험의 자리로서 세상에 알려지리라고는 아무도 알 수 없었습니다. 그 땅에서 부자는 여행 최초의 삼사일을 보냈습니다. 그것은 어린 타고르에 있어서는 사랑하는 대자연의 한 가운데서 무엇에도 구속되지 않고 팔다리를 뻗고 뛰어다닌 최초의 자유체험이었습니다. 아버지는 아들이 제멋대로 하게 내버려두지는 않았습니다. 그는 산스크리트어나 벵골어와 영어 문헌에서 정선된 문학 작품을 아들과 같이 읽고 저녁에는 아들을 옆에 앉혀 놓고 좋아하는 찬가를 부르게 했습니다. 밤이 되어 인도의 밤하늘에 별들이 찬란히 빛나기 시작하면 아버지는 아들에게 천문학 이야기를 들려주었습니다. 산티니케탄에서 타고르 부자는 히말라야 서쪽 지방을 향하여 떠나서 머물 장소 몇 군데를 찾았으나 그 중에서도 시크교도의 성지인 암리사르에서 가장 오래 머물렀습니다. 타고르의 아버지인 마하르시는 시크교의 신앙에 경의를 품고 있었습니다. 거기서 아들을 데리고 황금사에 참배하고 때로는 신도들의 모임에도 끼어 찬가를 불렀습니다. 이렇게 하여 어린 나이에 타종교에 대한 존중심도 길러 준 일은 후일 그토록 광대한 영역에까지 이를 수 있었던 소년의 자비심을 키워 주는 데 큰 역할을 담당했습니다.

부자는 히말라야 산록에 위치한 바크로타의 산장에 4월 경 당도했습니다. 어린 타고르는 히말라야의 아름다움과 웅대함에 즐거울 뿐이었습니다. 쇠못을 박은 지팡이를 갖고 그는 마음 내키는 대로 봉우리에서 봉우리를 오르내렸습니다. 아버지는 아들의 행동을 눈감아 주었습니다. 아들은 이에 깊이 감사하며 훗날 다음과 같이 술회했습니다.

"아버지는 돌아가실 때까지 우리들 자립의 길을 막지 않았다. 아버지는 또 진리는 만일 빗나간다면 다시 찾을 수 있으나, 강요된 어떤 맹목적인 진리의 수용은 결과적으로 진리에의 길을 막는다는 것을 알고 있었다."

이곳에서 아버지 마하르시는 아들의 버릇과 공부에 엄한 교사였습니다. 오전과 오후에 영어를 비롯한 몇 가지 수업을 계속했습니다. 아버지와 지냈던 4개월은 어린 타고르가 소년 시절의 가장 행복한 날들이었을 뿐 아니라 젊은 날 교육의 가장 보람찬 경험이 되고 원천이 되었습니다. 실제 증거로써 캘커타에 돌아왔을 때는 어린 타고르는 이제 더는 어린아이가 아니었습니다.

타고르의 아버지처럼 히말라야 산장에서 영어와 다른 내용들을 가르칠 정도의 열정은 없을지라도 여행 중에는 아이와 많은 대화를 나누는 것이 좋습니다. 또 타고르의 아버지가 그랬듯이 여행을 떠나기 전에 아빠는 반드시 우주의 신비나 종교에 대한 이야기, 자녀들에게 유익하고 재미있게 들려줄 수 있는 이야기 자료들을 미리 준비해서 떠나 보면 어떨까요? 인간의 안목과 시야는 하루아침에 넓어지거나 깊어지지 않습니다. 이러한 경험들이 쌓여서 되는 것입니다.

타고르 아버지가 여행 경비를 아이에게 맡겼던 것도 세상 물정뿐만 아니라 돈의 씀씀이를 체험하도록 하기 위해서였습니다.

하브루타로 자녀를 바꾼 아빠의 롤 모델 4
조선의 실학사상을 집대성한 정약용의 아버지 정재원

2010년 TV 인기 드라마였던 〈성균관 스캔들〉의 한 장면에 논어 수업 첫 시간이 나옵니다. 교재 대신 요강을 들고 들어간 다산 정약용에게 던진 학생들의 첫 질문은 '성적처리를 어떻게 할 것인가'였습니다. 정약용은 기다렸다는 듯이 요강단지를 내밀며 촌지를 주문합니다. 많이 내면 성적을 잘 주겠다는 취지였습니다. 주인공인 김윤식, 문재신 등등 줄줄이 '불통'인데 촌지는 내지 않고 대신 날카롭게 질문을 던지고 문제제기를 한 이선준 유생에게만 '통'을 줍니다. 모두 놀라 얼떨떨한 가운데 정약용의 말이 이어집니다.

"진리는 답이 아니라 질문에 있다."

그리고 바닥에 떨어진 항아리의 사금파리 조각을 집어 들면서 이렇게 말합니다.

"스승이란 이렇게 쓰잘데기 없는 존재들이다."

다산 정약용은 노론이 득세하던 조선시대 정조 대왕 시기의 남인으로서, 남인은 물론 노론, 소론의 다른 정파의 학자들과 많은 소통을 통해 실학을 집대성한 것으로 알려졌습니다. 그는 성리학이나 주자학 같은 형이상학적인 학문보다 과학과 기술 같은 실천학문이 국가를 부강하게 하고 경제를 발전시킨다고 믿고 다양한 연구를 거듭했습니다.

이런 정약용을 만드는데 지대한 역할을 했던 사람이 바로 그의 아버지 정재원입니다. 어릴 때부터 총명했던 정약용이 일곱 살 되던 해 '산'이라는 시를 지어 아버지 앞에서 보여드렸습니다.

"작은 산이 큰 산을 가리었네, 멀고 가까운 것이 다르기 때문이네."

이 시를 본 아버지 정재원은 아들에게 물었습니다.

"본래 작은 것이 큰 것을 가릴 수 없거늘, 어째서 너는 작은 산이 큰 산을 가렸다고 하는 것이냐?"

이렇게 말한 까닭은 아들 정약용이 시의 내용을 제대로 알고 이야기한 것인지 알아보기 위한 반론을 제기한 것이었습니다. 정재원이 아들과 하브루타를 한 것이었습니다. 일곱 살짜리 정약용은 아버지의 물음에 대해 조금도 두려움 없이 말했습니다.

"사람들은 흔히 앞에 있는 큰 산이 뒤에 있는 작은 산을 가리었다고 말합니다. 하지만 앞산이 크게 보이는 이유는 크기가 커서가 아니라 실제로 거리가 가깝기 때문입니다. 그렇기 때문에 저는 작은 산이 큰 산을 가리었다고 말한 것입니다. 사람들은 실제로 크기를 따져보지 않고 자기의 눈에 보이는 것만 믿기 때문에 이 시를 지은 것입니다.

아버지 정재원은 아들의 말에 너무도 깜짝 놀랐습니다. 이렇게 대학자가 탄생하게 된 바탕에는 어렸을 적부터 사물이나 현상에 대해 끊임없는 질문과 대화를 통해 존중과 칭찬을 아끼지 않았던 아버지의 하브루타 교육철학이 있었기 때문입니다.

자녀의 역할

가족 하브루타를 하는 가장 큰 목적 중의 하나는 가족들이 생각하는 힘을 키워가는 데 있습니다. 아이들의 입장에서 보면 엄마나 아빠와 같이 절대적인 우위의 힘을 가진 어른들과 함께 대화를 나눈다는 것이 매우 부담스럽습니다. 그런 느낌은 어쩌면 자연스럽고 당연한 사실입니다. 그동안 자녀를 키워 준 부모님들과 동등한 입장에서 대화하기는 쉽지 않은 일입니다. 부모들은 경험과 지식도 풍부하고 자녀들을 어렸을 때부터 계속 지켜보았기 때문에 자녀들의 속성을 어느 누구보다도 잘 알고 있습니다. 그래서 자녀들이 부모님들과 동등한 입장에서 하브루타를 한다는 것은 고통스러울 수도 있습니다.

그러면 자녀의 입장에서 부모님들과 가족 하브루타를 할 때 가장 먼저 지녀야 할 태도에는 어떤 것이 있을까요? 그것은 바로 '용기'라고 생각합니다. 용기란 불균형한 입장을 가진 가족원들끼리 대화를 나눌 때 가장 중요한 요소이기 때문입니다.

자녀들이 하브루타를 잘하기 위해서는 미리 알아두어야 할 것들이 있습니다.

첫째, 자신의 의견을 또박또박 발표하는 태도와 훈련입니다. 문장을 말할 때는 끝까지 말하도록 합니다. 끝에 '~요'라든지, '~~합니까?', '~~다' 와 같이 분명하게 말하는 것입니다. 그렇게 하면 자신의 주장이 상대방에게 분명히 전달되고 토론이 활기를 띱니다.

둘째, 단순히 입으로만 말하는 것이 아니라 몸짓이나 표정과 같은 비언어적 표현도 염두에 두고 발표하는 연습이 필요합니다.

가족 하브루타를 할 때 금기가 있습니다. 어떤 주제로 대화를 할 때 그동안 서로 간에 서운했던 일들을 꺼내어 주장과 연결시키는 행위입니다. 하브루타의 본질에서 벗어나 다툼으로 변질되어 하브루타의 분위기가 험악해지거나 깨지기 때문입니다. 이러한 사례는 우리 주변에서 얼마든지 많습니다. 가족들끼리 가족 행사에 모여 대화를 하는 가운데 대화를 잘 하다가 심한 감정 다툼으로 이어지는 경우를 왕왕 봅니다. 과거의 어떤 사건이나 상황에서 있었던 서운한 감정이나 갈등의 내용들을 끄집어냈기 때문입니다. 어떤 경우에는 형제자매간의 관계에 금이 가서 아예 만나지도 않고 발길을 끊는 사례도 적지 않습니다. 혈육 간에는 서로에 대한 기대가 남보다 훨씬 더 크기 때문입니다. '지나친 기대는 실망의 어머니'라는 말이 그런 상황을 잘 대변해 줍니다. 특히 배려와 공감이 제일 어려운 사춘기 소년 소녀들은 신경을 많이 써야 하고 그 밖의 가족들도 이해하도록 노력해야 합니다.

부모님들은 경험이 많고 이해심이 발달해서 가족 하브루타를 할 때 서로 평등한 입장에서 대화를 한다는 규칙에 빠르게 적응합니다. 하지만 자녀들은 아직 미성숙한 경우가 많고 서열을 의식해서 감정을 상하게 할 때가 많은 것 또한 사실입니다.

형이나 누나, 언니들은 동생들이 자신의 권위를 해치거나 무시하는 의견을 내 놓을 때에 어떤 태도를 보여야할까요? 이성보다는 감정이 앞서서 얼굴을 붉히면서 화를 내거나 가족 하브루타의 자리에서 빠져 나올 수도 있습니다. 만약 그런 행동을 한다면 그것은 매우 불합리하고 비이성적인 태도입니다.

하브루타를 할 때에 판단의 대상은 그 사람 자체의 '인격'이 아니라 그 사람의 '입장이나 의견'이라는 사실을 인식하고 있어야 합니다. 사람의 인격과 의견을 동일시하는 어리석음을 범하지 않도록 최대한 노력하는 태도가 정말 중요하고 필요합니다. 부모님들은 자녀들의 어린 시절이나 청소년시기에 이런 태도를 갖도록 도와주어야 합니다.

가족 하브루타는 즉흥적으로 이루어지기도 하지만 미리 주제를 알고 준비하는 것이 훨씬 효과적입니다. 이럴 때 자녀들은 주제에 대해 자신의 주장과 그것을 뒷받침할 자료나 사례 등을 찾아올 수 있기 때문입니다. 부모님들은 그런 다음 자녀들이 하브루타에 임하도록 도와주면 좋습니다. 하브루타 주제 관련 자료들을 미리 준비할 뿐만 아니라 하브루타를 하는 요령도 함께 알고 있으면 금상첨

화입니다. '아는 것만큼 들리고, 아는 것만큼 보이며, 아는 것만큼 주장한다'는 말이 있습니다. '하브루타의 수준은 자료의 수준이다'라는 말과도 일맥상통합니다.

특히 연세가 많은 부모님과 하브루타를 할 때 중요한 점은 자녀들이 대화를 하려는 용기와 인내를 가지는 것입니다. 부모님은 완고한 엄마와 아버지이기도 하지만 어르신이나 노인이라는 점을 꼭 기억해야합니다. 자녀들의 입장에서 외로운 어르신들에게 예의를 갖추어서 대화를 건네는 것 또한 매우 중요한 일입니다.

자녀들에게 가정은 세상을 여행하고 탐험할 수 있는 안전기지로, 또 세상으로부터 휴식이 필요할 때에는 언제든지 돌아와서 쉴 수 있는 안전한 피난처로 여겨야 한다는 말입니다.

자녀들은 어른들과 함께 '가정에서의 시간'을 더 많이 가지도록 서로가 노력해야하고 우리사회도 제도적인 장치를 마련해야 합니다. 세계적인 복지사회를 구축한 덴마크처럼 '저녁이 있는 사회'가 빨리 실현되길 꿈꿔봅니다.

하브루타로 미국의 연구가정이 된 자녀들의 롤 모델
전혜성 박사의 6남매들

한국계 미국인으로서 자랑스런 가정이 있습니다. 전혜성 박사의 가정입니다. 그녀의 이름 앞에는 '6자녀 모두 예일대 · 하버드대 졸업', '한 가족이 모두 합쳐 11개의 박사 학위 취득', '지난 100년간 미국에 가장 많이 공헌한 한국인 100인 중 남편, 두 아들과 함께 선정' 등과 같은 수식어가 따라 붙습니다.

전혜성 박사의 저서로 널리 알려진 『엘리트보다는 사람이 되어라』라는 책에는 여섯 아이를 세계를 움직이는 리더로 키운 자녀교육 비결이 고스란히 담겨있습니다. '아이가 여섯이나 되는 대가족이 서로 보조를 맞춰가며 살아가기 위해서는 어떻게 해야 할까?' 그리고 '가정 내 문화적 차이와 세대 차이로 인한 틈을 메울 수 있는 방법은 무엇일까?'와 같은 고민을 전혜성 박사 부부는 계속했습니다. 그러한 고민을 해결하는 방안들을 세우고 용기를 내서 실천했습니다. 매주 토요일에는 도서관에 책을 빌리러 가는 일, 금요일마다 함께 텔레비전을 보는 '가족의 밤', 지하실 공부방에 모여 함께 공부하기, 아이들 머리를 깎아주며 한 사람 한 사람과 이야기를 나누는 일 등이 그것이었습니다.

전혜성 박사는 "우리 가족이 이렇게 했던 것은 누구나 자유롭게 자신의 의견을 말하고, 남의 이야기를 들어줌으로써 화목과 조화를 이루고자 함이다. 그렇지만 그 과정이 쉽지만은 않았다."고 술회했습니다.

그녀의 아이들이 성장해서 초등학교 5,6학년 정도가 된 다음부터는 아무리 바빠도 매주 토요일 아침식사 후에는 정기적인 가족 하브루타를 열었다고 합니다. 가족 하브루타 주제는 그때그때 집안에서 벌어지는 일에 대한 자유로운 의견교환이었습니다. 큰 아이들은 학교에서도 제법 리더 역할을 하여 공식적인 회의의 절차와 용어를 사용했습니다. 하브루타 도중 그녀와 남편인 고광림 박사의 의견이 빈번하고 목소리가 커지면 사회를 보던 아이가 엄숙하게 경고를 했다고 합니다.

"아버지는 말씀하실 차례가 아닙니다. 발언권을 얻어서 의견을 발표해 주시기 바랍니다."

자녀들은 회의나 하브루타의 민주성과 평등성을 익히 알고 있었기 때문입니다. 회의 형식을 무시하고 부모로서 권력을 행사하려 할 때도 더러 있었지만 그 때마다 부부는 정중하게 지적을 받곤 했습니다.

전혜성 박사 가족 하브루타 중 눈여겨 볼만한 진행사례가 있습니다. 여섯 남매와 부부 총 8명이 함께 생활하는 집에서 '쓰레기통을 비우는 것과 문단속하는 것'이 하브루타 주제였습니다. 매주 토요일 아침 식사를 같이하고 이야기를 나누는 시간에 있었던 일입니다. 전혜성 박사의 남편인 고광림씨는 집에서 함께 생활하는 사람 중 제일 연장자가 책임지고 이 두 가지 일을 해야 한다는 주장을 펼쳤습니다. 자녀들은 아버지와 다른 의견을 제시했습니다. 자녀들은 아버지와 주장하는 발언시간도 거의 평등하게 하면서 자신들의 의견을 펼쳤습니다. 어떤 아이는 자신의 것은 자신이 치워야 한다고 주장했고, 또 다른 아이는 돌아가면서 책임을 다해야 한다는 의견을 제시했습니다. 이들은 평소에 다양한 주제로 하브루타를 해 본 경험이 있었기 때문에 서로의 입장을 존중하면서 열띤 하브루타가 진행되었습니다. 옆에서 듣고 있던 엄마인 전혜성 박사가 판정을 겸해서 남편의 주장을 거들었습니다. 무조건 아빠의 주장에 따르라는 식은 아니었습니다.

어떤 근거로 그 똑똑한 자녀들이 큰 불만 없이 납득할 수 있도록 설득했을까요? 전혜성 박사는 남편인 고광림씨가 주장한 것처럼 연장자가 책임지고 집에 쓰레기통을 비우고 문단속하는 것을 강력하게 원했습니다.

"미국은 기숙학교가 많기 때문에 어차피 너희 6남매는 차례차례 가정을 떠나서 학교에서 기숙하면서 공부를 하게 된다. 그렇기 때문에 연장자가 책임을 져야한다."고 설득했습니다. 그렇게 되면 깜빡 잊어버리는 경우가 확실히 줄어듭니다. 만약 돌아가면서 책임을 지게 되면 책임을 다하지 못한 경우에 문제가 발생합니다. 쓰레기에서 나오는 고약한 냄새나 문단속을 제대로 하지 못했을 때, 도둑이 들어와서 집에 있는 물건들을 훔쳐가는 경우가 발생할 확률이 높고 가정에 피해가 많으리라고 힘주어서 강조한 것입니다.

전혜성 박사의 또 다른 저서인 『섬기는 부모가 자녀를 큰사람으로 키운다』 라는 책에서 가족 하브루타의 중요성을 다시 한 번 강조하고 있습니다.

전 박사는 자신의 어린 시절 경험 때문에 아이들한테도 미리미리 계획을 세우게 했다고 합니다. 그리고 아이들이 계획을 잘 지키도록 도왔습니다. 그녀가 자랄 때처럼 집에 찾아오는 손님이 많은 편이었기 때문에 아이들에게 그 사실을 미리 알려주었습니다. 일주일에 한 번 하는 가족 하브루타 시간을 이용해 이번 주에는 언제 손님이 오며, 엄마인 그녀가 어떤 도움이 필요한지를 미리 말해주는 식이었습니다.

그들 부부는 아이들에게 무엇을 요구하기 전에 항상 계획하고 합의하는 과정을 거쳤습니다. 매우 토요일 아침 가족 하브루타가 그런 장(場)이 되었습니다.

가족 하브루타에서 아이들은 엄마, 아빠의 스케줄도 듣고, 부모들의 입장에서는 아이들의 스케줄을 확인합니다. 누가 출장을 언제 가며, 어느 아이가 학생회장 출마를 하여 언제 선거를 치르는지 등을 알게 됩니다. 이렇게 서로가 다음 주에 일어날 일들에 대해 예측할 수 있는 상태에서 충분히 계획을 세웠으므로 온 가족들이 서로 무엇을 시키거나 부탁할 때도 부담스럽지 않았습니다.

전혜성 박사의 자녀들은 가족 하브루타에서 계획적인 생활과 함께 자연스럽게 리더의 역할을 배웠습니다. 그래서 자녀들 중 어느 누가 회장이 되었더라도 자연스럽게 그 역할을 수행할 수 있었습니다. 전 박사는 무엇보다 아이들에게 도움을 주었던 가르침은 바로 서로간의 관계에 있었다고 합니다. 여섯 아이들은 서로가 서로에게 협력자이자 경쟁자였습니다. 큰아이가 잘하면 자연스럽게 밑의 형제들도 따라 합니다. 가족 하브루타 사회도 돌아가면서 보니까 아이들은 손위 형제가 하는 것을 보고 배우고, 자기 방식대로 변형하기도 하면서 창의성을 발휘했습니다. 가족 하브루타에서도 매일 아침 식탁에서도 가족들이 돌아가면서 기도했고 서로의 관심사도 알게 되었습니다.

서로 다른 입장에서
문제를 해결하는
가족논쟁 하브루타

3부 ● ● ● ● ● ● ● ● ● ● ●

누군가 결론의 말을 해야 한다.
결론의 말이 없으면,
모든 의논은
다른 사람에 의해 뒤집힐 수 있고,
우리들은 의논을
결코 끝낼 수 없는 것이다.

- 알베르 카뮈 -

논쟁 하브루타(debate)란?

논쟁 하브루타란 다툴거리(쟁점)가 있는 한 가지 논제를 가지고 수준이 비슷한 사람들끼리 찬성 측과 반대 측, 판정인으로 나뉘어 엄격한 규칙에 의해 벌이는 말하기 듣기 활동입니다.

> 하브루타 노래
> - 각 가정에서 가족원들이 현재 유행하는 곡에 하브루타에 관련된 가사를 만들어서 부른 후 하브루타를 시작하면 재미있음.
> - 아래의 노래 가사는 10여 년 전에 학생들의 공모 작품 중 당선된 이예은 학생이 만든 것임.
> - 브라보 콘의 리듬(열두시에 만나요~~)에 맞춰 부르면 흥이 남.
> - 가사 예시
>   친구의견 잘 들어요. 하브루타!
>   비판적 사고~력 발~표력
>   가치판단~~ 길러주는~
>   창의적 문제해~결 하브루타!

논쟁 하브루타 단계별 활동내용

자기 점검	참여자 (주도권자)	시간	활동 내용 및 유의점
마음열기 (하브루타 준비)	사회자 양팀 모두	5분	하브루타 노래 부르기, 하브루타의 규칙발표 하브루타에 임하는 소감 발표
입론 (주장 펼치기)	찬성측	5분	논제 중 3~4가지 핵심 쟁점에 대해 각 주장에 대한 근거들을 제시하면서 발표
	반대측	5분	
협의 1 (작전 타임)	양팀	1분	반론에서 질문할 것이나 상대측의 예상 질문에 대한 답변 준비
반론 (주장 허물기)	찬성측	5분	입론에서 발견되는 모순과 불명확한 점에 대해 상대측에게 질문하면서 자기 측 주장의 타당성을 밝힘. 준비한 자료는 반복하여 제시
	반대측	5분	
협의 2 (작전 타임)	양팀	1분	반론을 통해 검증된 결과를 중심으로 상대측의 모순을 부각시키고, 자신의 합리성을 강조하여 최종변론을 재구성
최종변론 (주장 다지기)	찬성측	3분	반론 내용을 반드시 반영하여, 체계의 일관성을 유지하면서 논리를 재구성하여 자기 측의 주장이 옳다는 점을 확고하게 설득
	반대측	3분	
판정결과 발표	양팀	1분	판정인이 없으면 가족 구성원들끼리 자유롭게 자기 측이나 상대측의 잘된 점이나 부족했던 점에 대한 의견 교환
감상 나누기	참여자	4분	느낀 점이나 새롭게 알게 된 점에 대해 의견 교환
계		40분	

논쟁 하브루타와 리더십

사람들은 지도자를 이야기할 때 국가적인 영웅을 생각합니다. 리더십은 일반적으로 낭만적이며 영웅적인 이미지를 갖고 있습니다. 그러나 요즈음에는 리더십이 점점 더 매우 구체적이며 일상화 되어가고 있습니다.

다중지능 이론을 개발한 하버드 대학교의 하워드 가드너 교수는 "리더십이란 리더와 구성원들이 공유하는 목표를 추구하도록 집단을 이끄는 개인이 보여주는 설득의 과정이나 모범이다."라고 했습니다.

리더십에 대한 연구의 초창기에는 리더십과 비리더십의 비교가 활발했습니다. 그 이후로는 리더의 특성과 효과적인 리더십과의 관계에 대한 연구로 전환되었습니다. 효과적인 리더십을 발휘하기 위해서는 어떠한 덕목들이 있을까요?

21세기의 효과적인 리더십에 관하여 많은 학자들이 내린 특성 요인들을 개성, 동기, 능력으로 압축해 볼 수 있습니다. 이러한 것들을 키워주는 데 토론이 크게 기여하고 있는 것을 다양한 사례를 통해 확인했습니다.

21세기 리더가 지녀야 할 첫 번째 특성인 개성(personality traits)은 개인을 특정한 방식으로 행동하게 하는 상대적으로 안정된 성향을 말합니다. 리더십을 연구하는 학자들에 의하면 효과적인 리더의 특성으로 자신감과 정서적인 성숙, 성실성이 있다고 이야기 합니다.

자신감을 갖고 있는 리더들은 자신이나 구성원들에 대해 높은 목표를 세우고 어려운 과업을 시도합니다. 어려운 문제에 직면해서도 끈기를 보입니다. 논쟁 하브루타에서 판정인이나 상대측을 설득하는 목표를 세우고 의견을 주고받을 때 자신감이 없으면 승리할수 없습니다. 자신의 강점과 약점을 정확히 인식하고 자기 개선을 도모하면서 정서적으로 성숙해야 합니다. 논쟁 하브루타를 잘하기 위해서는 자기측과 상대측의 의견에 대해 가능한 많이 알고 있어야 합니다. 상대측과 실체적 진실을 찾아가는 데 있어서 파트너라는 인식을 가지고 임해야만 진실에 가장 가까운 결론을 얻을 수 있습니다. 성실성은 지도자의 행동이 정직하고 책임감이 있으며 신뢰성을 지닌 지도자로 만들어 주는 촉매제를 말합니다. 논쟁 하브루타에서는 자신이 주장하는 논점에 책임지도록 충실한 근거 자료를 가지고 의견을 성실하게 표명해야 합니다. 그래야만 판정인으로부터 신뢰를 얻습니다.

리더로서 갖추어야할 두 번째 특성인 동기는 개인의 내부에서 발생하는 일련의 에너지를 말합니다. 업무와 관련된 행동을 유발시키고 그 방향과 강도 및 지속성을 결정해 줍니다. 논제를 가지고 긴박하게 펼쳐지는 논쟁 하브루타에서는 행동이 느슨해 질 수 없고 확실한 동기를 가능하게 해줍니다. 다양한 정보를 수집하여 자신의 것으로 소화해낸 지식들의 소통이기 때문입니다. 판정에서 승패나 자신이 주장한 의견이 논쟁 하브루타 주체들에게 동의를 받았을 때의 기쁨처럼 확실한 동기부여가 또 있을까요? 감성지수 (E.Q)가 높은 사람들의 특징은 '자기 동기화'가 높다고 합니다. 자기 동기화란 스스로 자기 자신의 역량을 꾸준히 키워내는 힘입니다.

21세기 리더가 가져야 할 세 번째 특성인 능력은 직무수행과 관련된 전문적인 능력, 다른 사람을 이해할 수 있는 능력 또는 다른 사람의 협력을 얻을 수 있는 능력, 복잡한 문제해결을 위해 새로운 생각이나 개념을 활용하는 능력을 말합니다.

논쟁 하브루타를 연구하면 할수록 신비로운 매력과 힘이 느껴집니다. 그래서 '논쟁 하브루타는 마법이다'라고 말하고 싶습니다. 논쟁 하브루타는 위에서 언급한 리더십의 덕목들을 키워주는 최상의 도구이기 때문입니다.

논쟁 하브루타 역사

서양에서 교육 논쟁 하브루타는 논쟁 하브루타의 아버지라고 알려지고 있는 그리스 압델라의 프로타고라스(BC 384~411)에 의해 2400년 전에 아테네의 학생들 사이에서 시작되었습니다. 그 후에 고대의 지식인, 학자들 사이에서 퍼졌고 중세의 대학을 경유하여 칠대(七大) 교양과목 -산술학, 기하학, 천문학, 음악, 문법(변증), 논리학, 수사학- 중 하나로까지 높게 생각되었습니다. 이 중에 논리학과 수사학이 논쟁 하브루타를 하기 위헤 꼭 필요한 과목이고 변증이 들어 있는 문법 또한 관련이 매우 많습니다. 프로타고라스는 "만물은 그런 것과 그렇지 않은 것이 있습니다. 그것들은 서로 대립하고 화합하면서 발전합니다." 라는 유명한 말을 남겼습니다.

영국에서 대학 간 최초의 논쟁 하브루타는 1400년대 초기에 옥스퍼드 대학과 캠브리지 대학 사이에 도입되었습니다. 그 후에도 논쟁 하브루타는 정치가가 되기 위해서는 필수적인 트레이닝 프로그램이 되었습니다. 초등학교와 중·고등학교에서도 논쟁 하브루타 학습을 열심히 하고, 논쟁 하브루타 대회 또한 활발하게 열리고 있습니다.

미국에서는 논쟁 하브루타가 식민지시대에 도입되었습니다. 당시의 모든 지도자들이 식민지 대학이나 수많은 논쟁 하브루타 모임에서 배웠습니다. 하브루타 대회에 수많은 대학이 참가하여 연간 400회 이상의 학생 논쟁 하브루타 대회가 개최되었습니다. 제2차 세계대전 이후에는 논쟁 하브루타 토너먼트가 연례행사로 1년 동안 매년 개최되었으며 때로는 3,000명 이상의 학생이 참가하고 있다고 합니다.

논쟁 하브루타 클럽 활동도 많이 이루어졌고 유명한 인물들도 다수 탄생했습니다. 현재 미국 내 각 고교와 대학들에서 운영되고 있는 논쟁 하브루타 클럽은 카운티 주 전국 단위로 정기적으로 대회가 진행되고 있습니다. 현직 연방의원들 중 80%가 논쟁 하브루타 활동 경험이 있음은 물론입니다. 린든 존슨, 리처드 닉슨, 버락 오바마 등 역대 대통령들도 대다수 논쟁 하브루타 클럽 활동 경력을 가지고 있습니다. 특히 미국의 유명한 방송인 오프라 윈프리는 고교시절 다수의 포렌식스 수상경력이 있고 전혜성 박사의 둘째 아들인 헤럴드 고 예일 법대학장 또한 논쟁 하브루타 클럽 출신이라고 알려져 있습니다.

'포렌식스'는 주류사회에서 일컬어지고 있는 논쟁 하브루타 프로그램을 말합니다. 포렌식스 프로그램은 다양한 시사 및 역사지식을 바탕으로 자신의 주장을 남에게 설득력 있게 발표하는 능력을 키워주는 데 목적이 있습니다. 이러한 활동은 발표력을 중시하는 대학교육은 물론 능력 있는 사회인으로 성장하는데 큰 힘이 되고 있습니다. 특히 '오리지널 오라토리' 종목은 포렌식스 17개 종목 중 가장 기초적인 것으로 국내 외 가장 민감한 시사이슈를 소재로 다룹니다.

유럽이나 미국 문화를 많이 받아들였던 일본이나 인도를 비롯한 여타 아시아 국가들에서도 논쟁 하브루타가 활발하게 이루어지고 있습니다. 아시아에서는 일본의 논쟁 하브루타 역사가 상당히 오래되었습니다. 현재도 연간 50개교 이상 논쟁 하브루타 대회가 각지에서 행해지고 있습니다. 그 중에서도 봄철의 「동서대학 간 논쟁 하브루타 컨테스트」와 가을의 「전 일본 오인제 논쟁 하브루타 컨테스트」는 전국 수준의 대회로서 해마다 수많은 학생 논쟁 하브루타 참가자들이 패권을 다투고 있습니다. 이들은 물론 모두가 영어를 사용하는 대회이고 일본어를 사용하는 정식 논쟁 하브루타는 「미즈노 오피니언 콘서트」에서 행해진 관동 8대학 변론부의 대회가 시초라고 합니다.

우리나라도 일본과 미국, 영국의 논쟁 하브루타를 받아들여서 약 20여 년 전부터 논쟁 하브루타 교육을 실시하고 있으며 논쟁 하브루타 대회도 다채롭게 열리고 있습니다. 특히 2015년부터 전국 교육청과 학교에서 '질문이 있는 교실'이라는 내용으로 토의 및 논쟁 하브루타 수업이 활발하게 펼쳐지고 있습니다. 선생님들 또한 '토론이 있는 교직원회의'라는 이름으로 여러 가지 회의를 토의 및 논쟁 하브루타 방법으로 진행하고 있습니다.

논쟁 하브루타 주제 만들기

논제를 정하는 것은 논쟁 하브루타에서 가장 중요합니다. 논쟁 하브루타의 성공 비율을 100으로 볼 때 논제가 차지하는 비중은 최소한 50퍼센트 이상입니다.

교육적 효과를 극대화하고 흥미를 안겨주며 지적인 희열을 가져다주는 논쟁 하브루타 주제는 다음과 같은 기준을 가지고 구성하면 좋습니다.

첫째, 논쟁성을 지녀야 합니다. 논쟁성이란 찬성과 반대의 입장에서 다툴거리가 있어야 한다는 말합니다. '초등학교에서 경시대회는 필요하다'라는 논제는 인성교육이 가장 큰 비중을 차지하는 초등학교에서조차 경시대회를 치러야 하는지에 대해 의견이 갈릴 수 있습니다. 논쟁성이 있기 때문에 이러한 논제는 타당성이 있는 논제라고 할 수 있습니다.

둘째, 논제를 정할 때 논제는 찬성 측이 바라는 긍정적 진술로 이루어지도록 노력해야 합니다. '공립학교의 교복을 폐지하지 말아야 한다'라는 형태의 논제를 가지고 논쟁 하브루타를 하다보면 찬성 측과 반대 측의 의견이 서로 혼동을 빚습니다. 찬성 측이나 반대 측에서 자기들이 주장하는 것이 과연 논제에 대해 찬성하는 입장인지 반대하는 입장인지 헷갈리는 것을 발견할 수 있습니다. 뿐만 아니라 판정인들 조차도 공정하게 판정을 할 수 없습니다. 이러한 논제는 '공립학교의 학생들은 교복을 착용해야 한다'라는 논제나 아니면 '공립학교의 학생들의 교복착용을 폐지해야 한다'와 같이 긍정평서문으로 바꾸면 적합합니다.

그런데 학교에서나 각종 매스컴에서 다루는 논제들을 보면 의문문으로 이루어진 논제도 자주 볼 수 있습니다. 각종 TV 토론 프로그램에서 '~~해야 하나?' 혹은 '~~한가?' 와 같이 의문문 형태의 논제들이 그것입니다.

논쟁 하브루타 전문가 협회에서 정한 논제의 규정은 앞에서 소개한 것처럼 논제는 긍정 평서문으로 기술하는 것이 원칙이지만 초등학생들이나 논쟁 하브루타를 처음으로 시작하는 사람들에게는 의문형으로 기술하는 것을 허용하고 있습니다. 왜냐하면 의문문인 경우 대답을 하려고 하는 사람들의 심리적인 측면을 활용하여 초등학교 저학년이나 처음 논쟁 하브루타를 시작하는 경우에는 사용하여도 무방하다고 생각했기 때문입니다. 또한 언론사에서 제기하는 논제들이 의문문의 형태가 많습니다. 우리 사회의 뜨거운 이슈를 가지고 논쟁 하브루타 프로그램을 만들어 진행할 때 제시한 논제가 일반 대중들에게 호기심과 관심을 불러일으켜야하기 때문입니다.

셋째, 좋은 논제는 논쟁 하브루타 참가자들 모두의 관심, 필요와 목적을 고려해야 합니다. 가정의 부모님들이 반드시 잊지 말아야 하는 것으로 자녀들과 할 논쟁 하브루타 주제가 가족들끼리 다룰 수 있는 것인지 명확하게 판단해야 합니다. 지나치게 정치적이거나, 남북 간의 첨예한 이데올로기가 들어 있는 것, 개인의 주관적인 감정이 크게 작용하는 종교 문제 등은 가능한 논제로 선정하지 말아야 합니다. 판단력이 미약한 청소년들에게 혼란을 안겨주고 편향된 시각을 갖게 하는 부작용 때문입니다.

논쟁 하브루타 주제의 3가지 종류

정책논제

'초등학생들이 휴대폰을 교내에서 사용하는 것을 허용해야 한다', '초·중학교 학생들에게 전면 무상급식을 실시해야 한다' 등과 같은 논제들은 논쟁 하브루타 주제 중 사실과 가치 판단에 기초하여 행동의 변화를 추구하는 것을 대상으로 하는 정책논제에 해당합니다. 주로 새로운 정책을 계획하는 단계에서 어떤 것에 대하여 '~을 할 것인가?' 또는 '~을 하지 말 것인가?'를 묻는 형태의 논제를 말합니다. 정책논제를 다룰 때는 자신이 제 3자의 입장이 되어 논쟁 하브루타를 하므로 정체성과 인격을 보호받는다는 장점이 있습니다. 동시에 반박을 날카롭게 해도 상대측의 인격이나 감정을 해치지 않습니다. 또한 근거나 예 등의 자료를 쉽게 찾을 수 있어 가족 논쟁 하브루타 주제로 매우 적합합니다.

　정책논제를 가지고 가족 논쟁 하브루타를 할 때 찬성 측에서는 그 필요성에 대해서 설득하고 반대 측에서는 그 정책의 불필요성을 이야기합니다. 어떤 정책을 세울 때에는 그 정책이 '꼭 필요한가?'를 먼저 고려해야 하기 때문입니다. 논쟁 하브루타 주제를 가지고 '왜 이 주제가 나왔을까?'에 대해 깊이 생각해 보면 쉽게 필요성을 알아낼 수 있습니다. 정책의 필요성을 논증하려면 반대로 이러한 정책이 실행되지 않아서 해를 입고 있는 긴박한 문제의 경우를 생각해서 이야기하면 쉽습니다.

　정책의 필요성에 관하여 자세히 고찰해보면 대부분의 경우는 사례의 가치와 많은 관련이 있음을 알 수 있습니다. 예를 들면 논쟁의 영역에 해당하는 인종이나 성별, 권력의 상하에 따른 인권침해, 기아와 빈곤, 테러와의 전쟁 등이 정책의 이유나 필요가 됩니다.

　만일 찬성 측에서 정책의 필요성을 증명해 보이지 못하면 어떠한 일들이 벌어질까요? 반대 측에서 쓸 데 없는 일에 돈과 인력을 쏟아 붓는다고 공격해 올 것이 뻔합니다. 예를 들어 "4대강 유역을 개발함으로써 인근 주민들에게 경제적인 이득을 가져다주고 홍수피해를 최소화하여 실질적인 이득을 안겨준다."라고 주장을 합니다. 이 때, 반대 측에서는 "4대강 유역을 개발하는 과정이나 공사가 끝난 후에도 지속적으로 강 유역에 수천 년 동안 형성된 생태계를 파괴하게 된다."고 하면서 정책실현의 결과에 대해서 강한 회의와 비판을 합니다. 이 때 찬성 측에서는 정책의 이익뿐만 아니라 그 정책이 '그것은 무엇을 위해 반드시 필요하다'라고 강조해야 하는데,

이것은 이익에다 가치를 부여하는 작업이므로 매우 중요합니다. 즉, "4대강을 개발함으로써 생겨나는 경제적 이득은 지역주민들의 경제적인 풍요만을 위해서 쓰이는 것이 아닙니다. 4대강의 생태계가 개발 이전과 동등하게 유지되고 이러한 생태계의 보전을 통해 오히려 인간의 생명까지도 연계되기 때문에 더욱 개발의 필요성은 증대된다."고 강조하면 설득력이 더해집니다.

아무리 필요한 정책이라고 할지라도 '현실성'이 없으면 의미가 없습니다. 하고 싶어도 실현할 수가 없기 때문입니다. 그렇기 때문에 정책을 찬성하는 측에서는 자신들이 주장하는 정책이 실현가능하다는 것을 설득하는 것이 자신들이 해야 할 가장 큰 임무입니다. 정책의 실현을 가능하게 하는 '재정'이나 '예산'을 따져 봐야합니다. 정책이 아무리 훌륭하더라도 예산이 지나치게 많으면 좋지 않은 정책입니다. 예를 들면 '아마존 강 유역의 밀림 벌목을 전면적으로 금지해야 한다'는 정책이 있을 때 그렇게 하기 위해서는 천문학적인 비용이 소요되기 때문에 실현하기가 어려운 정책에 해당합니다.

비용 다음으로 '정책의 규모'가 정책논제에서 필요성의 판단 기준이 될 수 있습니다. 예를 들면 "북한에 전기 공급을 해주기 위해서 부족한 만큼의 전력을 생산해 내는 원자력 발전소를 몇 개라도 세워야 한다."는 주장은 실현하기에 어렵고 설득하기는 더욱 난해합니다. 그렇지만 정책의 규모를 너무 작게 세워놓고 문제를 다 해결할 수 있다고 하는 것 또한 좋지 않은 해결책입니다.

정책의 현실성을 가늠하는 기준으로 비용, 규모에 이어서 '실질적인 이익'이 있습니다. 모든 정책은 그 정책에 관련된 개인이나 단체들의 이익과 맞아 떨어져야 현실성이 있습니다. 현실성의 마지막 기준으로서 시간, 즉 '타이밍'을 들 수 있습니다. 만약 정책이 멀리 그리고 넓게 바라보는 시각이 없이 너무 눈앞에 있는 문제만을 해결하려고 하면 안 됩니다. 반대로 어떤 정책이 지나치게 거시적인 나머지 당장 눈앞에 펼쳐진 긴박한 일들의 불조차 끄기 힘든 경우도 있습니다. 예를 들면 북한의 빈곤을 구제하기 위해서 비료나 식량을 한 번에 많이 지원해준다고 하는 정책은 북한 가난의 근원인 기술 및 교육의 부족이나 체제의 문제를 함께 해결할 수 없기 때문에 비현실적인 정책이라고 할 수도 있습니다.

가치논제

뚱뚱한 학생이 자기에게 친구들이 '돼지'라는 별명을 불렀다고 심하게 화를 내며 자주 말다툼을 하는 경우가 있습니다. 가족들과 이러한 상황에 대해 함께 이야기 하고 논쟁 하브루타를 한다면 논제를 어떻게 정하면 좋을까요? 여러 가지로 논제를 정해볼 수가 있겠지만 다음과 같은 논제가 좋을 것 같습니다. '친구들의 별명을 불러주는 것은 친구관계에 도움이 된다'라고 말입니다. 이러한 논제로 논쟁 하브루타를 하고 나면 친구들끼리의 관계는 어떻게 될까요? 물론 관계가 좋아지게 됩니다. 논쟁 하브루타를 통해 친구들의 별명을 불러주는 것은 친구관계에 도움을 주지만 전제 조건이 있다는 것을 알기 때문입니다. 즉 친구들에게 불쾌감을 주는 별명은 관계를 나쁘게 하지만 친근한 별명은 관계가 더욱 좋아지게 된다는 것을 확인하게 됩니다.

가치논제는 무엇에 대하여 자신의 가치 판단 즉, 가치를 검증하는 논제를 말합니다. 예를 들면 '만화는 우리 사회에 매우 유익하다', '흥선 대원군의 쇄국정책은 잘 펼친 것이다'와 같이 옳고 그름이나 가치가 있는지의 여부를 생각해 보는 것입니다. 가치논제는 논쟁 하브루타 참가자의 인격과 매우 밀접한 관계가 있기 때문에 부모가 임의로 찬성 측이나 반대 측 입장을 정해 주기보다는 자녀 스스로 자신의 가치 판단에 의한 선택이 바람직합니다. 이러한 가치논제를 가지고 논쟁 하브루타를 함으로써 이제까지 자기가 지녔던 신념을 수정하거나 심화하고 발전시켜 민주시민으로 거듭나게 해주는 기회가 됩니다.

논쟁 하브루타는 정말 마력과 매력이 넘치는 도구입니다. 논쟁 하브루타를 자주 하게 되면 다른 사람의 감정을 살피고 그 사람과 좋은 관계를 맺는 능력인 '감성지수'가 저절로 좋아지는 효과를 볼 수 있습니다. 가정에서도 형제나 자매, 남매간의 다툼이 있는 것들을 자녀들과 함께 주제로 정해서 논쟁 하브루타나 원탁 하브루타를 해 보면 그들의 관계가 현저하게 좋아짐을 느낄 수 있습니다.

가치논제도 논쟁 하브루타를 하는 기준이나 요령이 있습니다. 가치논제의 필수 쟁점은 크게 세 가지로 나누어볼 수 있습니다.

첫째, 논제에서 다루는 용어의 개념과 범위를 명확하게 정의해야 합니다. 위에서 예를 들었던 논제 중 만화의 개념에는 애니메이션이나 만화와 관련된 산업도 포함되는지 먼저 살펴보아야 합니다.

둘째, 논제가 가지고 있는 다툴거리들 중에 가치관의 차이를 드러낼 수 있어야 합니다. 만화를 읽음으로써 창의성이 향상되는지 아니면 오히려 퇴화시키는지, 또는 독서습관이 강화되는지 아니면 약화되는지에 대해서 나름대로 근거를 가지고 주장을 펼쳐야 합니다.

셋째, 어떤 관점에서 볼 것인가 하는 판단 기준을 다루어야 합니다. 학생들을 기준으로 판단할 것인지 아니면 사회인 전반을 중심으로 관점을 가질 것인지 명확한 판단 기준을 가지고 다루어져야 한다는 것입니다.

가정에서 가치논제를 가지고 토의 하브루타와 논쟁 하브루타를 많이 해 보면 자녀들이 생각하고 행동하는 모습이 놀랍게 변해가는 것을 확인할 수 있습니다. 가치논제는 부모님들이나 자녀들에게 매우 유익한 생각거리들을 제공해 주기 때문입니다. '소중한 가치는 마음을 움직인다'라는 말처럼 무엇이 귀중한 가치인가를 터득하게 되면 자녀들의 인성도 크게 변화되는 것을 발견합니다.

만약 '테러를 막기 위해 테러리스트를 고문해도 좋다'라는 논제 대하여 각 측에서는 어떤 주장들을 펼치게 될까요? 찬성 측은 '민주주의'의 이념 중에 자유와 평등, 참여와 합의라는 가치를 주장할 것입니다. 반면 반대 측은 '인간의 존엄성'에 초점을 맞추어 모든 인간은 고문을 당하지 않고 다른 방법으로 테러를 방지해야 한다는 것을 주장합니다.

이렇듯 논쟁 하브루타는 자기가 주장하는 것을 뒷받침할 근거들을 가지고 증명하는데 이러한 것을 바로 '논증'이라고 합니다. 어떤 가치가 우리가 소중이 여기는 것들을 보호할 수 있는지를 증명해야 합니다. 예를 들면, '인권'처럼 아주 당연해 보이는 가치도 그것을 증명해 보이지 않으면 가치로서 인정받기가 힘듭니다. 어느 쪽도 자신들이 옳다고 생각하는 가치가 인권이나 민주주의를 저버린다고 인정하고 싶지 않기 때문입니다. 인간의 존엄성을 기반으로 한 인권이나 민주주의는 소중한 가치이기 때문에 그것을 저버린다고 인정하는 것은 자기 쪽에서 내세우는 가치가 소중함과는 거리가 멀다고 스스로 인정하는 꼴이 되기 때문입니다. 따라서 논쟁 하브루타에서는 상대측이 주장하는 긍정적인 가치를 부정하기 보다는 오히려 자신들이 주장하는 의견에 상대측의 가치가 들어맞는 내용들을 포함시키면 좋습니다. 즉 상대측이 주장하는 가치가 우리측이 주장하는 가치 안에 포함되어 있다고 주장하는 것이 유리합니다.

가치논제를 가지고 논쟁 하브루타를 할 때, 어느 측에서 승리했는지의 여부를 떠나서 논쟁 하브루타가 끝난 후 논쟁 하브루타를 마친 소감을 이야기 하면 좋습니다. 가족들은 생활 경험이 담긴 내용들을 매우 진지하고 절절한 마음으로 무엇이 자신이나 가족들에게 올바른 가치인지 서로 확인하게 됩니다.

사실논제

'미국의 F · 루즈벨트는 진주만 공격을 사전에 탐지했는데도 불구하고 방관했다' 등과 같은 것이 사실논제에 해당합니다. 이와 같이 아직 진상이 밝혀지지 않은 과거의 역사를 논제로 논쟁 하브루타를 하는 것도 흥미 있습니다. 과거에 관한 사실 이외에도 현재의 사실에 대한 논제도 좋습니다. '한국의 실업률은 높은 편이다' 혹은

'한국과 미국 간의 FTA는 한국에 많은 도움을 준다' 등이 있습니다. '한국의 실업률'이나 '다른 나라들의 실업률과의 비교', 'FTA' 와 같은 내용들을 둘러싸고 논쟁이 벌어질 것이 뻔합니다. 이외에도 '탄소에너지 배출권'이나 '한반도 고고도미사일방어(THAAD.사드) 체계 배치' 혹은 '환경문제'와 같은 시사성이 있는 논제를 가지고도 논쟁 하브루타를 할 수 있습니다.

사실논제를 가지고 가족 논쟁 하브루타를 할 때 가족들이 해야 하는 것은 논제에 대해 자기 측의 주장을 뒷받침할 수 있는 근거와 사례들에 대해 사전에 철저히 자료들을 조사해서 알고 있어야 합니다. 과거, 현재, 미래에 있어서의 '사실' 혹은 '정의'를 취급하는 것이 사실논제이지만 동시에 '원인=결과'의 인과관계에 얽혀있는 논제도 넓게 생각하면 사실논제에 해당합니다.

사실논제를 가지고 논쟁 하브루타를 할 때 주된 판단 기준이 있습니다. 그것은 주장하는 바를 뒷받침하는 '사실적 증거의 진실성 여부'입니다. 즉 논쟁 하브루타에서 주장의 옳고 그름은 사실과의 일치 여부에 달려있습니다. 역사적 사실을 가지고 논쟁 하브루타를 할 때 주의해야 할 점들은 단지 사실 문제만이 아닙니다. 그 역사적 사실의 현재적 의미나 교훈 등과 같은 가치논쟁으로 발전할 수도 있기 때문입니다. 그렇지만 사실여부에 초점을 맞춘 역사적인 사실에 대한 공격과 방어인 경우의 대부분은 사실 논제에 관한 논쟁 하브루타라는 점을 명심해야 합니다.

학교에서 아이들끼리의 다툼에서도 사실논제를 가지고 하는 논쟁 하브루타를 흔히 찾아볼 수 있습니다. 가정에서도 가족들끼리 다툴 때에도 사실적인 측면이 많습니다. 현재 학교 현장에서 흔히 일어나고 있는 학교폭력이나 집단 따돌림 현상 관련 논쟁 하브루타 또한 사실논제에 해당하는 것이 대부분입니다. 다시 말해서 자녀들끼리 분쟁이 일어나면 먼저 다툼이 일어나게 된 사실을 철저하게 알아내야 한다는 점에서 그렇습니다. 그런데 두 명이 다투게 되면 서로 자신의 입장에서 잘한 점이나 억울한 점 등을 위주로 이야기하기 때문에 제대로 판정하기가 어렵습니다. 이 때 필요한 것은 증인이나 관계서류이고, 상황에 대한 자세한 설명을 토대로 진실을 유추해 내는 힘입니다.

논쟁 하브루타 주제 제시 및 자료 조사

정확하지 않은 사실을 기반으로 형성된 가치관이나 정책수립은 모래위에 지은 집처럼 매우 불안정하고 위험합니다. 21세기에서는 말하기, 듣기, 읽기, 쓰기의 4가지 능력과 더불어 필요한 자료와 정보를 찾아내어 활용하고 새롭게 만들어내는 능력을 강하게 요구하고 있습니다. 이러한 힘은 과거, 현재, 미래의 사건들을 사실논제로 삼아서 논쟁 하브루타를 하게 되면 자연스럽게 커 나갑니다.

가족 논쟁 하브루타에서 많은 정보와 자료들을 요구하는 주제일 경우에는 논쟁 하브루타를 실시하기 일주일 전이나, 열흘, 혹은 2주일 전에 논제를 제시해 주면 좋습니다. 그렇게 해 주면 논쟁 하브루타를 준비하는 과정이 프로젝트 공부의 형태가 됩니다. 이 때 가족들은 자신이 주장하고 싶은 의견들과 자료들을 철저하게 조사하여 자신의 지식으로 만들 수 있습니다. 그렇지만 일상생활에서 다루어지는 논제들은 즉석에서 제시하고 바로 논쟁 하브루타를 할 수도 있습니다.

이처럼 즉석에서 제시해도 좋을 논쟁 하브루타 주제들이 있습니다.

'부모님의 잔소리는 자녀들의 생활에 도움이 된다'
'선의의 거짓말은 필요하다'
'빨리빨리 문화는 우리나라의 경쟁력이다'

미리 제시된 논제를 가지고 찬성 측과 반대 측의 입장에서 자료를 수집하는 계획을 세울 때에는 먼저 논제에 따른 세부 논점을 확인하고 찬성 측과 반대 측의 주장을 뒷받침하기에 알맞은 자료를 수집해야 합니다. 자료 조사방법은 먼저 온라인을 통해 자료를 찾아본 후, 인터넷상에서 자료화되어 있지 않은 것들을 오프라인 상에서 확인하는 방법이 효율적입니다. 인터넷에서 찾아낸 자료들은 신뢰성과 정확성이 떨어질 수 있으니 단행본이나 석사 및 박사 논문 등 통해 확인해 보면 더욱 확실한 자료가 됩니다. 자료 조사는 인터넷 검색 창에서 논점이 되는 핵심어로 찾고 각종 언론사의 인터넷 사이트, 토론방에서 핵심어로 찾으면 좋습니다. 도서관에서 관련 서적을 찾거나 전문가와 대담을 합니다. 또한 해당 분야의 사람들에게 설문 조사를 하거나 필요한 경우에는 관련 기관을 방문하여 자료를 요청할 수도 있습니다.

논쟁 하브루타 참가자들인 찬성 측과 반대 측 참가자들은 각자의 역할과 주장하고자 하는 논점에 따라 근거가 되는 자료를 찾고 자료 수집 카드를 만들어 정리해야 합니다. 주장에 대해서 '왜'라는 질문을 계속하면서 관련된 자료를 찾아 갑니다. 주장과 근거 간에 관련이 있으며 특히 공통적인 내용들을 확인합니다. 자신이 경험한 사례들은 사실적인 자료로 사용합니다. 상대측이 주장한 내용들 중에서 반박을 하려면 전문가의 의견이나 통계자료들을 인용하면 됩니다.

자료 카드 같은 것들도 이용하면 객관적인 자료처럼 보이고 신뢰를 얻을 수 있습니다. 자료 수집 카드를 작성할 때에는 먼저 찾아놓은 자료의 종류를 밝혀야 합니다. 단행본, 논문, 보고서, 신문 기사, 인터뷰, 설문 조사, 동영상 자료 등이 이에 해당하는데 그런 다음 자료의 출처를 적어 놓습니다. 단행본이나 논문의 경우에는 저자, 책 제목, 출판사, 발행 연도 등을 기록합니다. 신문 기사의 경우에는 신문 이름, 기사 제목, 게재 연월일 등을 메모합니다. 만약 자료의 출처가 불분명한 경우에는 오히려 자기주장의 신뢰성을 떨어뜨릴 수도 있기 때문에 정확하게 준비해야 합니다.

논쟁 하브루타 입론 - 주장 펼치기

논쟁 하브루타 주제를 가지고 찬성 측과 반대 측 그리고 판정인이 정해지면 각 측의 입장에서 의견과 근거들을 구성합니다. 그런 다음에는 본격적인 논쟁 하브루타를 하는 데 가장 먼저 이루어지는 단계를 '입론'이라고 합니다. 입론의 '입'자는 이야기를 시작한다는 '들 입(入)'자가 아니라 자신의 주장이나 의견을 내세운다는 '설 립(立)'자입니다. 원탁 하브루타의 제1차 발언 단계에 해당한다고 볼 수 있습니다. 입론단계에서 논의되는 내용들은 논쟁 하브루타의 꽃이라 할 수 있는 반론단계에서 이야기 할 내용의 토대가 되기 때문에 입론의 내용과 구성에 따라 반박을 당할 수도 있고 면할 수도 있습니다.

입론을 내세울 때에는 논제의 종류에 따라 내용이 다소 달라질 수 있지만 공통적으로 해야 할 일들이 있습니다. 논제를 정확하게 해석하여 용어의 개념이나 정의를 나타내고, 함께 이야기할 내용들이 드러나는 배경을 밝힙니다. 그래야 상대측이나 판정인이 그 논제에 대한 관심과 문제의식을 갖기 때문입니다.

입론을 구성할 때에는 꼭 다투어야 할 내용들인 '필수쟁점들'이 포함되어야 합니다. 논제에 대한 찬성과 반대의 입장이 분명하게 나뉘어 서로 간에 공격하고 방어를 할 수 있는 중심 명제, 사실, 가치가 있어야 합니다. 주장을 뒷받침하는 근거들은 최소한 세 개 또는 네 개 정도 제시하면 좋습니다. 물론 한 개의 주장을 뒷받침하는 근거들을 2~3개로 나누어서 발표해도 됩니다. 이 때 자기 측에서 주장하는 내용들에 대해 상대측에서 반론할 내용들까지 염두에 두고 주장을 하면 훌륭한 입론이 됩니다.

입론에서는 논쟁 하브루타에서 사용하는 말들에 대한 개념을 정의해야 합니다. 만약 논제에 제시된 개념 정의가 제대로 내려지지 않는다면 논쟁 하브루타의 방향이 중심을 잃기 때문입니다.

용어의 정의에 대하여는 몇 가지로 나누어 볼 수 있습니다. 국어사전에서 용어를 찾아 그대로 정의하는 사전적 정의가 있고 사회에서 적용되는 관련 법률에서 인용하여 정의하는 법률적 정의가 있습니다. 그리고 해당 분야의 전문가들이 연구한 결과를 인용할 수도 있습니다. 또한 그 분야의 논문이나 단행본, 학계나 경제계 등에서 정의한 것들을 사용해도 됩니다. 논쟁 하브루타를 하다 보면 찬성 측에서 편의상 임의로 용어의 정의를 내리는 경우가 많습니다. 이 경우에는 찬성 측뿐만 아니라 반대 측에서도 받아들일 수 있게 정의하는 것이 활발하게 논쟁 하브루타를 진행하게 해줍니다. 대개 용어의 개념을 정의하는 측은 찬성 측의 권리이므로 찬성 측에 다소 유리하게 정의를 내릴 수도 있습니다. 물론 이 때 반대 측에게 지나치게 불리하게 개념정의가 내려진 경우에는 판정에 도움이 될 수 없다는 것을 염두에 두어야 합니다.

논쟁 하브루타 입론의 시작 부분에서 논제에 대해 자기 측이 주장하려는 역사적 배경, 용어의 개념이나 의미를 이야기하고 나서 본격적으로 핵심적인 근거를 들어가면서 주장을 펼칩니다.

주장에 대해 근거를 제시할 때는 그 근거에 세부 근거와 뒷받침하는 사례들을 주장하는 것이 효율적입니다. 어떤 주장에 대한 근거를 하나 선정하고 그것을 뒷받침하는 세부 근거 및 사례, 3가지를 준비했다면 다음의 구조와 같이 말할 수 있습니다.

"~과 같은 논제에서 우리는 ~을(를) 지지합니다. 그 이유는 첫째, 근거 1이기 때문입니다. 이 근거 1은 세부 근거 1,2,3을 통해 확인해 볼 수 있습니다. 예를 들면 뒷받침하는 사례 1,2,3만 보아도 그렇습니다. 상대측은 저희 측의 근거1(또는 주장, 세부 근거 1,2,3, 사례 1,2,3)에 대해 ~하게 생각할 수 있으나 ~하기 때문에 그렇지 않습니다. 저희의 근거 1은 ~의 측면에서 더욱 참뜻이 있습니다. 또 다른 이유로 둘째, 근거 2가 있기 때문입니다. 셋째, 근거 3으로 보완할 수 있습니다."

위에서 언급한 논증 과정을 예를 들어 보겠습니다. '만화는 우리 사회에 유익하다'라는 가치논제에 대해 찬성 측의 입론 내용은 이렇게 구성되면 좋습니다.

① 저희 찬성 측은 만화는 우리사회에 유익하다고 주장합니다.

② 그 이유는 첫째, 독서하기를 싫어하는 사람들에게도 재미있고 유익한 만화책을 읽다보면 자신도 모르게 독서하는 시간이 늘어납니다.(근거 1)

③ 컴퓨터가 널리 사용되면서 활자로 된 책을 읽기 싫어하고 컴퓨터 게임을 즐겨하는 학생들이 증가하고 있는데 만화책을 읽게 되면 그 학생들조차도 자리에 오래 앉아서 독서하는 습관이 자연스럽게 형성됩니다.(사례 1)

④ 따라서 만화책으로 인해 우리 사회 구성원들이 독서하는 습관이 늘어나게 되어 만화는 우리 사회에 유익하다고 생각합니다.(근거 1의 연결고리)

이러한 예는 '주장 - 근거1 - 사례1 - 연결고리'의 구조로 이루어져 있습니다. 여기서 ③과 같은 구체적인 사례는 ②가 참이라는 것을 입증하기 위해 필요합니다. 그리고 ④는 ①과 ②가 논리적인 관련성을 갖게 하는 역할을 합니다.

주장하는 틀은 위에서 예를 든 것 이외에도 다른 방법으로 주장을 펼칠 수도 있습니다. 1~3가지 사례뿐만 아니라 더 많은 사례들을 제시하면서 논제에 대하여 자기 측의 주장을 관철할 수 있습니다. 주장하는 구조가 어떻든지 간에 주장과 근거가 서로 관련이 있음을 설명하는 연결 고리가 있어야 한다는 점은 매우 중요한 요소입니다.

주장은 핵심 단어를 포함한 두괄식의 짧은 문장으로 앞부분에 제시하는 것이 좋습니다. 왜냐하면 그렇게 해야 상대측이나 판정인에게 확실한 인상을 주기 때문입니다. 만약 주장을 뒷받침하는 근거와 사례들이 여러 개인 경우에는 시간이 제한되어 있으므로 가장 중요하고 적절한 근거를 골라 발표를 해야 합니다. 중요하고 적절한 근거란 주장을 충분히 뒷받침하면서도 상대측이 반론하기 어려운 근거를 말합니다.

통계나 전문가들의 말을 인용하면 설득력이 큰 근거가 됩니다. 근거가 사실성이 있으며 타당한 것이라고 부각되기 위해서는 검증된 통계나 그 분야 전문가의 견해 등을 인용하면 좋기 때문입니다. 혹시 검증되지 않은 통계나 견해를 제시할 경우 오히려 상대측에 의해서 거짓이라는 공격을 받아 근거의 신뢰도나 타당도가 떨어지게 되어 판정결과에 좋지 않은 영향을 줍니다. 따라서 최대한 객관적으로 검증된 통계나 사례를 제시하면서 자기 측의 주장을 정당화해야 합니다.

가족 논쟁 하브루타에서 입론 단계는 찬성 측과 반대 측 각각 5분 정도가 적당합니다. 처음 1분 정도는 논제의 배경에 대한 설명과 용어의 개념을 정의합니다. 그 다음에는 주장에 따른 구체적 사례, 예상되는 반론, 재반론이 포함된 첫 번째 근거를 설명하는 시간으로 사용합니다. 이렇게 구체적인 사례를 들어서 2~3개 근거를 제시하면 약 3~4분 정도 소요됩니다. 만약 입론 시간이 3분 정도일 경우에는 너무 많은 핵심 근거를 제시하지 않도록 주의합니다.

가족 논쟁 하브루타를 마치고 나서 부모님이나 자녀들이 서로에게 충고를 해주면서 논쟁 하브루타 기술을 익혀나가면 더욱 발전되고 활발한 하브루타를 할 수 있습니다.

가족들은 다른 가족원들에게 다음과 같은 내용들을 피드백 해

주면 좋습니다.

- 주장에 따른 근거와 사례가 적절했는가?
- 쟁점에서 벗어나 중요하지 않은 부분에서 시간을 허비하거나 충돌한 것은 어떤 것이 있었는가?

이러한 방법으로 몇 차례 논쟁 하브루타를 하다 보면 가족들은 스스로 깨우치기도 하고 가족들끼리 서로 보완해 주면서 자신감을 키워나갑니다. 입론도 일정한 형식과 방법이 있다는 것을 알게 되면 보다 효과적인 논쟁 하브루타가 이루어집니다.

논쟁 하브루타 반론 - 논리 허물기

논쟁 하브루타는 자기 측의 주장이 옳다는 점을 상대 측과 판정인에게 설득하는 것입니다. 그러면서도 상대측의 논리적인 주장 중에 오류나 부적합한 것들을 찾아서 질문을 하면서 완성도 높은 문제 해결방법을 함께 모색합니다. 이를 위해 반론이 무엇보다도 중요합니다. 어느 누구든지 완벽한 논증을 한다는 것은 사실상 불가능합니다. 그렇기 때문에 논쟁 하브루타에서 반론의 여지와 가능성은 늘 존재합니다. 그래서 논쟁 하브루타에서 반론을 논쟁 하브루타의 '백미 혹은 꽃'이라는 표현을 사용합니다.

반론을 할 때는 구체적이고 다양한 내용을 점검할 필요가 있습니다. 논쟁 하브루타는 앞에서 언급한 것처럼 어떤 전문적인 지식을 요구하는 체계라기보다는 기술이나 도구라는 표현이 더 정확합니다. 누구든지 꾸준히 노력하면 논쟁 하브루타를 잘할 수 있기 때문입니다.

다음과 같은 내용으로 반론을 진행하면 효율적입니다.

첫째, 상대측에게 질문은 짧고 명확하게 하는 것이 좋습니다. 질문에 대한 배경 설명까지 너무 길게 하면 정해진 시간을 많이 낭비하여 손해를 보기 때문입니다.

둘째, '예, 아니오'로 답변할 수 있도록 정리해서 질문해야 합니다. 만약 '~에 대하여 어떻게 생각하십니까?' 등의 형식으로 질문을 하면 상대측이 장황하게 대답을 해서 질문하는 쪽 보다 답변하는 쪽이 오히려 유리하기 때문입니다. '예, 아니오'로 답변할 수 있도록 정리해서 질문하려면 상대측의 주장 내용도 어느 정도 알고 있어야 하고 자기가 주장하고 설득하려는 것들을 정확하게 알아야 가능합니다. 바둑으로 비유하자면 상대측의 수를 최소한 두세 수 정도는 미리 알고 바둑을 두는 것과 마찬가지입니다.

셋째, 반론 단계에서는 다른 단계에서와 마찬가지로 마음을 가라앉히고 흥분하지 말아야 합니다. 논쟁 하브루타를 할 때에는 말하는 사람과 듣는 사람 모두 지극히 이성적인 태도로 임해야 합니다. 나이가 어릴수록 혹은 성질이 급할수록 조심해야 합니다. 가족들끼리도 이런 현상들이 흔히 일어납니다. 순간적으로 이성을 잃고 상대측 말의 꼬투리를 잡는다거나 윽박지르듯이 몰아세우는 경우가 왕왕 있습니다. 특히 논리를 벗어나서 자신의 주장을 펼치는 것을 '오류'라고 하는데 감정을 내세우다보면 오류가 늘어나게 되기 때문에 주의해야 합니다.

넷째, 논쟁 하브루타에서 상대측이 내린 용어의 정의가 부당하게 상대측에게만 유리할 때에는 부당성을 지적해야 합니다. 용어의 정의를 달리하면 논쟁 하브루타의 방향이 엉뚱한 데로 흘러가고 한쪽이 일방적으로 이득을 받기 때문입니다.

다섯째, 논쟁 하브루타 반론 단계에서는 주도하는 측에서 시간을 잘 안배해서 활용해야 합니다. 꼭 필요한 질문을 던지고 결정적인 답변을 하는 것도 중요한 태도입니다.

여섯째, 논증을 잘 해야 합니다. 논증은 논리적으로 증명하는 것을 말합니다. 자신의 주장 즉 결론에 알맞은 근거나 이유, 이것을 논리학에서는 '전제'라고 합니다. 논증이 제대로 되어 있는가를 알려면 다음의 세 가지 요소를 확인해 봐야 합니다.

- 주장에 대한 근거가 제대로 되어 있는지 살펴본다.
- 근거가 결론과 관련성이 있는지 알아본다.
- 근거가 결론을 지지하기에 타당하거나 확실한지 살펴본다.

일곱째, 성공적인 반론을 하기 위한 5가지 요령이 있습니다. 첫 글자 다섯 개를 모아 보면 바로 '사 · 관 · 충 · 적 · 새'가 됩니다.

사실성, 팩트입니다. 자기 측이 주장하는 바를 상대측과 판정인에게 믿음을 주는 데 첫 번째 조건은 주장하는 요소들이 사실이어야 합니다. 예를 들면 상대측이 '대한민국 국민의 지능지수는 전 세계에서 제일 높다'라고 주장하면서 그에 대한 사례를 제시했을 때 자기 측에서는 대한민국보다 더 높은 나라의 사례와 수치를 제시함으로써 상대측 주장의 진실성을 직접적으로 훼손하는 방법입니다. 다시 말해 상대측 사례의 사실성을 부정해 버립니다.

관련성, 근거와 주장과의 관계가 있어야합니다. 주장을 강화하기 위해 사용한 근거가 주장과 관련성이 없거나 약하면 주장의 설득력이 떨어집니다. '학교 내에 CCTV를 설치해야 한다'라는 논제로 찬성 측에서 주장을 한다면 교내에 설치 여부를 이야기해야 합니다. 은행이나 대형마트 등과 같은 장소에 CCTV의 설치에 대하여 이야기 한다면 논제와 관련이 없습니다. 만약 관련성이 적은 주장을 펼치면 반대 측에서는 논제에 대하여 적절한 관련성이 없음을 지적해야 합니다. 이러한 경우를 전문적인 용어로 말하면 '논점 일탈의 오류'라고 합니다.

충분성, 주장에 대한 근거의 양과 질이 부족하지 않아야 하는 것을 말합니다. 결론에 대한 전제가 결론을 확실하게 지지할 때 '전제로써 주장을 지지하는 강도가 강하다'라고 합니다. 주장하는 내용이 충분하지 않으면 '성급한 일반화의 오류'나 '흑백의 오류'를 범하게 됩니다. 하지만 논쟁 하브루타에서 상대측이 사례 두 개 정도를 들고 의견을 주장할 때 근거가 충분하지 않다고 지적하여 반론하는 것 또한 적절하지 않을 때도 있습니다. 왜냐하면 반론 시간이 10분 이상 되는 것도 아니고 5분 안팎으로 짧은 시간이 주어지기 때문에 각각의 사례에 대해 여러 개의 근거를 들 수 없기 때문입니다. 상대측이 제시한 주장이 제 기능을 못하거나 오히려 더 심각한 문제를 일으킨다고 주장할 수도 있습니다.

적합성, 관련성과 충분성을 포괄하는 뜻으로 해석해야 합니다. 근거가 사실이 아니거나, 결론과 관련이 없거나, 혹은 결론을 지지하기에 약하거나 오류가 있을 때 우리는 부적합하다고 합니다. 그래서 적합성은 관련성, 충분성에 사실성까지도 포함시켜서 생각해 볼 수도 있습니다.

새로운 방안 제시, 완성도 높은 진실을 제시하는 것을 말합니다.

논쟁 하브루타가 안겨주는 최고의 효과는 역시 사물이나 현상을 두루 살피는 비판적 사고력을 키워주는 것입니다. 반론단계에서 서로의 주장과 근거들이 과연 논제에 대해 찬성과 반대의 입장에서 제대로 주장하는 것인지 살펴봅니다. 반성하고 검토하며 틀린 것이 있으면 수정해야 합니다. 가능한 논리적 오류가 적거나 없도록 생각하는 연습을 꾸준히 해야만 합니다.

논쟁 하브루타에서 자주지적되는 오류들

순서	오류의 이름	오류의 내용	사 례
1	인신공격의 오류	의견 자체보다는 상대방을 공격한다.	여자가 뭘 안다고 그래?
2	대중에 호소하는 오류	많은 사람이 그렇게 한다는 것을 내세워 주장하거나 대중을 선동하여 주장을 관철한다.	나만 그런 것이 아니에요. 다 그래요.
3	피장파장의 오류	다른 사람의 잘못을 들어 자기의 잘못을 정당화한다.	선생님도 못하면서 우리보고 잘하라고 그러세요?
4	흑백논리의 오류	흑 아니면 백이라고 주장한다.	이것은 선이 아니므로 악이다.
5	공포에 호소하는 오류	동의를 얻기 위해 논쟁하기 보다는 위협한다.	너 자꾸 그러면 맞는다.
6	인과의 오류	원인이 아닌 것을 원인이라고 주장한다. 특히 시간적으로 먼저 일어났다고 원인이라고 주장한다.	성적이 안 좋은 것은 분명히 오락을 너무 많이 해서야.
7	성급한 일반화의 오류	적절한 증거가 부족했음에도 불구하고 성급하게 결론을 내린다.	그 사람이랑 하루 같이 지내봤는데 믿을 만한 사람이에요.
8	잘못된 유비추리의 오류	별로 비슷하지도 않은 두 관계를 비유해서 추리한다.	콩나물은 물만 먹어도 잘 자라니, 나도 물만 먹으면 잘 자라겠지.
9	애매어의 오류	여러 가지 의미로 해석될 수 있는 용어를 사용하여 혼란을 일으킨다.	꼬리가 길면 잡힌다. 그러니 꼬리가 긴 다람쥐는 잡힌다.
10	부적절한 권위에 호소하는 오류	주어진 문제와 관련이 없는 사람의 권위에 호소한다.	연예인이 신었던 운동화니까 분명히 좋을 거야.
11	동정에 호소하는 오류	동정심에 호소한다.	불쌍한 아이니 봐주세요.
12	부적절한 실행에 호소하는 오류	관습과 전통이라는 이유로 행동을 옹호한다.	그게 전통이니 따라야 해.
13	우물에 독약치는 오류	반론을 제기하는 것 자체가 부당하다고 비난하여, 반론을 아예 불가능하게 만든다.	난, 애국자야! 그러니까 내 주장에 반대하면 안 돼!.
14	목욕물을 버리면서 아이까지 버리는 오류	부분이 잘못되었다고 해서 전체가 다 틀렸다고 주장한다.	그 이유가 말이 되니? 그러니까 네 주장은 생각해 볼 것도 없이 틀렸어.

순서	오류의 이름	오류의 내용	사 례
15	무지에의 오류	무지를 증거로 하는 것. 상대방이 입증하지 못했으니 내 주장이 맞다고 주장한다.	신이 없다는 것을 증명하지 못하지? 그러니 신은 있어.
16	논점 일탈의 오류	관련이 없는 내용을 인용하면서 논제로부터 주의를 돌리거나 관련 없는 결론에 이르게 한다.	산신령님께서 그 도끼가 제 도끼냐고 물으신다면 금도끼는 쇠도끼에 비해 비실용적이라고 대답하겠습니다.
17	허수아비 공격의 오류	상대가 의도하지 않은 것을 강조하거나 허점을 비판하여 자신의 주장을 내세운다.	토론을 하라는 것이군. 말이 돼?
18	잘못된 판단에 호소하는 오류	과거에 유사한 행동이 비난받거나 비판받지 않았다는 단언에 의거하여 그 행동을 면제시킨다.	저번에 그냥 넘어갔으니까 오늘도 그냥 봐 주세요.
19	원칙 혼동의 오류	한 원칙을 맥락에 대한 고려 없이 무조건 적용한다.	거짓말하지 말라고 했으니까 도둑놈에게 보석이 있는 곳을 알려줘야지.
20	합성의 오류	부분이 참이므로 전체도 참이라고 주장한다.	코가 예쁘니까 얼굴도 예쁘겠지?
21	분할의 오류	전체가 참이므로 부분도 참이라고 주장한다.	얼굴이 예쁘니까 코도 예쁘겠지?

논쟁 하브루타 최종변론 - 주장 다지기

종변론은 논쟁 하브루타의 종류에 따라 최종 발언, 정리 발언, 최종 입장, 요약 등의 용어로도 표현합니다. 논술문의 형식에서는 결론에 해당합니다. 논쟁 하브루타에서는 찬성 측과 반대 측의 입장을 마지막으로 정리하고 마무리하는 단계입니다. 정리만 하는 것 보다는 상대측과 판정인에게 자기 측의 주장이 더 논리적이고 설득력이 있음을 최종적으로 확인시키는 역동적인 과정입니다.

최종변론 단계에서 해야 할 것들에는 반론하기, 상대측 주장 및 태도 등 우수했던 점들을 인정하고 칭찬하기, 자기 측의 입장 강조하기, 논쟁 하브루타 과정 및 발언 내용 정리하기, 예화나 비유, 인용문을 활용해서 깊은 인상 남기기 등이 있습니다.

이러한 요소들을 하나씩 자세하게 살펴보겠습니다. 먼저 부족한 반론을 마무리해야 합니다. 최종변론이기는 하지만 여전히 상대측 주장에 대해서 반론의 여지가 있다면 철저히 반론을 해야 합니다. 앞에서 이야기된 반론을 되풀이하기 보다는 반론 단계에서 반론을 제대로 펼치지 못한 것이나 재반론이 필요한 부분에 대해서 집중적으로 반박해야 합니다. 그리고 논제에 대한 상대측의 입장에서 주장한 내용과 논쟁 하브루타에 임하는 태도가 훌륭한 면이 있을 때에는 칭찬을 아끼지 말아야 합니다. 입론에서부터 최종변론에 이르기까지 진행되었던 자기 측의 주장과 근거를 간단하게 요약하면서 핵심이 되는 점들을 강조합니다. 논쟁 하브루타는 여러 단계를 통해 입장의 정당성을 검증받는 과정을 거치게 됩니다. 논쟁 하브루타 과정을 종합하여 판정인에게 자기 측의 입장과 근거를 효과적으로 다시 한 번 알릴 필요가 있습니다.

최종변론에서 자기 측의 입장과 근거를 이렇게 강조하면 좋습니다. "저희 측의 입장을 다시 한 번 말씀드리겠습니다. 저희 측은 입론과 반론에서 말씀드렸던 것처럼 ~~한 논제에 대해서 ~~한 근거와 ~~의 사례로 ~~한 입장임을 다시 한 번 강조합니다."

그리고 서로 의견이 다른 쟁점들을 중심으로 발언 내용을 정리해야 합니다. 논쟁 하브루타가 진행되는 내용과 단계가 복잡하기 때문에 판정인이 논쟁 하브루타 과정에서 각 측의 논쟁 하브루타 참가자들이 발언한 내용을 모두 정확히 이해하거나 기억할 수 없습니다. 그래서 최종변론에서는 논쟁 하브루타의 전체적인 진행 과정을 정리하여 제시할 필요가 있습니다. 이는 판정인의 이해를 도울 뿐만 아니라 논쟁 하브루타에 참여하는 모든 사람이 논쟁 하브루타의 내용을 제대로 나누어 갖기 위해 필요한 과정입니다.

논쟁 하브루타의 내용에 대해 쟁점을 중심으로 요약하되 단순한 요약에 그쳐서는 안 됩니다. 상대측보다 자기 측 주장이 더 효과적이었음을 드러내는 의도를 반영해서 정리해야 합니다. 쟁점을 정리할 때에는 상대측이 성실하게 반론하지 않은 쟁점을 내세웁니다. 논쟁 하브루타가 한쪽 방향으로 치우쳐 충분히 논의가 되지 않은 채 묻혀있는 것 중에서 중요하다고 여겨지는 쟁점에 대해서도 언급할 필요가 있습니다. 논쟁 하브루타의 전체적인 흐름 속에서 자기 측의 주장이 상대적으로 우위에 있음을 다음과 같은 형식으로 설득력 있게 발언합니다.

"저희 측이 ~한 근거에 대해서 상대측은 ~ 입장을 보여 A라는 쟁점이 형성되었습니다. 하지만 상대측이 주장한 ~한 입장에 대해서 저희 측은 ~내용을 근거로 상대측의 근거가 적합하지 않음을 지적한 바 있습니다."

또는 "저희 측에서 ~한 근거를 들어 ~한 입장을 나타냈음에도 불구하고 상대측은 여기에 대해서 명확한 근거를 들어 반박하지 못했습니다. 따라서 저희 측의 ~한 근거가 설득력이 있다고 생각합니다."

최종변론 단계에서는 신뢰도가 높은 예화나 비유, 인용문을 활용하여 판정인과 상대측에게 깊은 인상을 남기도록 노력해야 합니다. 이러한 것들을 활용하려면 평소 다양한 경험과 독서가 뒷받침되어야 합니다. 논술문을 작성할 때나 논쟁 하브루타에서 독서를 강조하는 이유가 여기에 있습니다. 그 논제와 직접적인 관련이 있는 것이나 잘 알려져 있는 내용, 존중받는 사람들의 명언이나 전문가의 견해, 정확한 통계 자료, 설득력 있는 그림 등을 제시하면서 상대측의 오류를 지적하고 자기 측의 정당성을 강조해야 합니다. '일본의 문화를 전면적으로 받아들여야 한다'는 논제로 논쟁 하브루타를 할 때 반대 측이 최종변론 단계에서 일본의 만화 중 잔인한 장면들을 직접 보여주면서 설명하면 상대측과 판정인을 보다 효율적으로 설득하는 것이 그러한 예입니다.

최종변론 단계에서는 상대측과 판정인의 이해를 돕기 위해서 친절하게 설명하듯이 말해야 합니다. 또한 앞에서 진행되었던 입론과 반론의 내용을 토대로 반론 단계에서 끝내지 못한 반론을 하고 입장을 강조하며 정리해야 합니다. 자기 측의 주장 중에 반론 단계에서 확고하게 인정받은 내용들을 강조해서 상대측의 의견보다 자기 측의 주장이 더 중요하고 우세하다는 점을 강조하는 데 힘을 쏟아야 합니다.

논쟁 하브루타 판정

판정이란 최종변론이 끝난 후 승패를 결정하는 것을 말합니다. 이 단계는 논쟁 하브루타에 흥미와 박진감을 더해 줄 뿐 만 아니라 참가한 모든 가족들에게 자신을 되돌아보게 하는 중요한 역할을 합니다. 논쟁 하브루타에 대한 평가에서 중요한 것은 승패의 결과가 아니라 가족들이 논쟁 하브루타에 어떻게 참여했느냐 하는 것이고 가족들이 보다 나은 논쟁 하브루타 능력을 갖추도록 하는데 있습니다.

판정인들이 정해지면 판정 기준표에 제시된 기준들을 자녀들과 함께 자세하게 살펴봅니다. 판정보조표의 세로 축(행)에는 찬성 측과 반대 측 가족구성원들의 이름을 각각 적고 가로축(열)에는 발표, 경청 태도, 자료 활용, 질문, 답변의 내용들을 기록하게 하면 훨씬 수월하고 객관적인 판정을 할 수 있습니다. 그런 다음 각 단계마다 개별적인 가족들의 참여정도에 따라 1점부터 3점까지 기록하여 통계를 내면 각 팀의 총점과 논쟁 하브루타 왕을 객관적이고 공정하게 판정할 수 있습니다.

판정보조표
(찬성)

순서	이 름	발표력	경청 태도	질 문	답 변	자료 활용	계

판정보조표
(반대)

순서	이 름	발표력	경청 태도	질 문	답 변	자료 활용	계

판정을 하는 구체적인 기준을 알아보겠습니다. 먼저 판정인은 각 논쟁 하브루타 참가자들이 제시하는 용어의 정의가 보편성과 타당성이 충분한지 날카롭게 판단해야 합니다. 이는 앞으로 전개할 논의의 범위와 방향을 결정짓는 주요 요소이기 때문입니다. 그리고 쟁점별 주장에 대한 타당한 근거나 이유, 정보의 활용능력을 살펴봐야 합니다. 근거나 이유도 신뢰도가 높은 자료나 권위 있는 기관이 공개한 정보를 충분히 언급한 것인지 따져봐야 합니다. 단순히 '나는 ~라고 생각한다'라든지, 어떤 한 분야만의 편벽된 주장을 이유로 들어서는 타당성이 떨어집니다.

판정을 하는 데 있어서 논쟁 하브루타 참가자들이 제시한 근거나 이유의 수는 어느 정도가 적당할까요? 앞에서 잠깐 언급을 했던 것처럼 논쟁 하브루타 주제의 종류와 성격에 따라 다르나 보통 3~4가지가 적당합니다. 근거나 이유가 지나치게 많을 경우 자칫 산만해질 수 있고, 논리적 모순에 빠질 가능성이 높아지기 때문입니다. 아무리 여러 가지 내용들을 발표했다고 해도 핵심이 되는 의견과 근거의 수를 헤아려보면 됩니다. 또한 양 팀들의 주장을 뒷받침하는 추론(논리구성)이라든가 설득력도 알아봐야합니다.

그리고 반론단계에서 효과적으로 질문하는 것을 판정기준으로 삼아야 하는 것을 잊지 말아야 합니다. "몇 년도의 자료입니까? 그 조사 자료의 오차와 대상은 무엇입니까?"와 같이 효과적인 질문을 하는 것이 이에 해당합니다. 질문에 대한 성실하고 적절한 답변 또한 하브루타에서 중요한 요소입니다. 또한 모르는 것에 대해서는 솔직하게 모른다고 하고, 질문의 뜻을 알면서도 시간을 끌기 위한 재질문 등은 날카롭게 파악해야 합니다. '그 근거 자료를 보여드리겠습니다'와 같이 질문에 대하여 성실하게 답변하는 태도를 보여주는 것도 중요한 판정 기준이 됩니다.

최종변론 단계에서 하게 될 자기주장의 타당성 부각과 근거, 이유의 재구성 능력도 판정 기준으로 중요한 부분입니다. 자신의 주장을 타당하게 하는 또 다른 증거를 발견해 내야하는 것은 상대측으로부터 받은 질문에 대해 방어적 입장에서 해야 하는 높은 수준의 활동이이기 때문에 눈여겨봐야 하는 대목입니다.

상대측 주장의 부당성과 논리적인 부조리를 부각시키는 능력을 살펴봐야 합니다. 주로 질문과 반대 증거 자료의 제시를 통하여 이루어집니다. 이 때 제시하는 증거들이 과연 상대측이 이미 제시한 증거보다 더 보편적이고 강력한가를 다음과 같이 따져봐야 합니다.

"상대측에서 예를 든 이유 중에서 ~~가 있다고 했는데, 그 반대 증거가 여기 있습니다."

팀원들끼리 유기적인 협력과 역할 분담을 확인해야 합니다. 한 사람이 주도하기보다는 팀원 모두가 역할 분담하는 팀에게 점수를 더 많이 줍니다.

발표하는 사람들의 태도나 예절 등도 판정해서 점수화해야 합니다. 발표자의 발음, 목소리의 크기, 말의 빠르기, 상대방을 압도하는 자신감 있는 어조, 예의바른 언행 등을 살펴서 점수화 하는 것은 당연합니다.

가족들끼리 논쟁 하브루타를 하고 나서 때로는 판정결과를 무승부로 해도 될까요? 결론부터 말하면 반드시 승패를 결정하는 것이 좋습니다. 왜냐하면 열심히 잘한 팀에게 승리의 기쁨을 느끼게 해주고 패배한 팀은 더욱 분발하게 해주는 것이 바람직하기 때문입니다. 다만 승패에 집착하거나 연연해하지 않도록 구체적으로 판정을 하여 다음 하브루타를 준비하는 데 도움이 되도록 하는 것이 중요합니다.

논쟁 하브루타 판정 기준표 예시

자기 점검	활동 내용 및 유의점	판정(○표)	
		찬성 측	반대 측
입론 (주장 펼치기)	1. 주요 용어 정의에 대한 보편타당성	승	승
	2. 주장에 대한 타당한 근거나 이유, 정보의 활용 능력	승	승
	3. 주장을 뒷받침하는 추론(논리구성)과 설득력	승	승
반론 (논리 허물기)	4. 상대측 용어 정의에 대한 찬성 또는 반대의 표시와 근거 확인	승	승
	5. 상대측이 제시한 근거와 자료의 출처, 옳고 그름의 점검	승	승
	6. 상대측의 주장과 이유, 근거에 대한 결정적인 반론	승	승
	7. 효과적인 질문	승	승
	8. 질문에 대한 성실하고 적절한 답변	승	승
	9. 주장과 질문, 답변의 일관성	승	승
최종변론 (주장 다지기)	10. 자기 측 주장의 타당성 부각과 근거, 이유의 재구성 능력	승	승
	11. 상대측 주장의 부당성과 논리적 부조리 부각 능력	승	승
팀 운영과 예절	12. 팀원 간 협력과 역할 분담	승	승
	13. 발음, 목소리의 크기, 말의 빠르기, 신체적 표현의 적정성과 자신감, 예의바른 언행	승	승
총점		/13	/13

가족 독서 논쟁 하브루타

독서에 관해서는 너무도 많은 명언들이 있지만 전 세계에서 20년째 최고 부자인 동시에 기부 금액 또한 최고로 알려진 미국의 빌게이츠가 한 말이 인상 깊습니다.

"좋은 독서 습관은 하버드 대학 졸업장보다 더 값지다."

독서를 하는 것도 중요하지만 그것이 습관이 되어야 합니다. 편독이나 재미만을 맛보려는 독서습관이 아니라 자신의 변화와 발전을 가져다주는 여러 분야의 책을 읽는 습관이 그 만큼 중요하다는 것을 강조하고 있습니다.

가족 독서 논쟁 하브루타를 하기 전에 책을 고르는 방법과 고르는 기준을 알고 있어야 할 것 같습니다. 독서 논쟁 하브루타를 진행할 책을 선정할 때 자녀 중심의 독서 논쟁 하브루타가 되고 독서 동기를 높이기 위해 자녀들이 직접 책을 고르도록 하는 방법이 있습니다. 실제 책을 고를 때 가족들이 함께 읽고 논쟁 하브루타를 하고 싶은 책을 정해야 합니다. 책의 내용을 소개하고 이를 통해 어떤 문제에 대해 생각을 나누고 싶은지 말하게 하면 좋습니다. 또 다른 방법은 가족들 각자 책을 고르게 합니다. 그런 다음 가족들 각자 자기가 고른 책에 대한 소개를 하고 다수결에 의해 독서 논쟁 하브루타를 진행할 책을 정합니다. 선정할 책이 자녀의 인격 형성과 교양에 도움이 되는지, 독서에 대한 흥미를 유발하는지, 가족의 수준이나 상황에 맞는지 생각해 보고 도서를 선정하면 좋습니다.

도서가 선정되면 가족 구성원들의 상황에 따라 다르겠지만 대개 1주일이나 2주일 정도의 시간을 가지고 책을 읽습니다. 책을 읽을 때에는 내용 파악도 중요하지만 생각해 볼만한 것이 무엇이 있는지 문제의식을 가져야 합니다. 그래야만 가족 독서 논쟁 하브루타가 활발하게 진행됩니다.

가족들이 책의 내용을 충분히 이해하게 하는 방법으로 독서 내용을 평가해 볼 수 있습니다. 예를 들면 책을 읽으면서 객관식 10문제, 주관식 5문제를 만들어 보는 것입니다.

우리들이 잘 알고 있는『심청전』을 읽고 독서논쟁 하브루타를 하는 단계를 알아보겠습니다.

첫째, 1단계는 배경지식 관련 발문입니다. 이 단계는 독서 발문 전체의 20%를 차지합니다. 소재 및 주제에 대해 주의나 생각 따위를 불러일으키는 내용으로 질문과 답변을 나눠봅니다. 책을 읽지 않아도 생각해 볼 수 있는 발문을 제시하여 참여자들끼리 따뜻한 관계(래포)를 형성합니다.

- 주변에서 눈이 먼 사람을 본 적이 있는가? 있다면 그 사람을 바라볼 때 느낌이 어땠는가?
- 만약 당신이 눈이 멀게 된다면 어떻게 살아갈 것인가? 또는 눈이 멀게 된다면 가장 먼저 무엇을 할 것인가?

둘째 배경 지식에 대한 발문 다음 단계는 선정된 책의 내용에 대한 발문입니다. 독서 후 발문 중 전체의 30%를 차지합니다. 책을 읽었다면 일부러 외우지 않아도 알 수 있는 내용을 중심으로 물어봅니다.

- 심청은 왜 공양미 300 석에 인당수 제물이 되었나?
- 심봉사는 이 사실을 알고 어떤 반응을 보였나?

셋째 독서 논쟁 하브루타의 마지막 단계는 독서 논쟁 하브루타의 주제를 생각해 보는 단계입니다. 책의 내용과 관련하여 생각해 볼 수 있는, 인간의 삶이나 사회에 관한 주제를 찾아 토론해 봅니다. 이 단계는 전체의 50%를 차지합니다. 가능한 찬성과 반대의 입장이 분명한 주제를 정하도록 하고, 문제점에 대한 구체적인 대안을 찾을 수 있는 논제를 설정합니다.

　- 심청의 행동은 진정한 효라고 할 수 있을까?

　- 자녀에게 무조건 효를 강요할 수 있을까?

독서 논쟁 하브루타 과정 한 눈에 보기

과 정	활동 내용
토론 전 활동	토론할 책 정하기
토론자 선정	주 토론자는 3~8명 정도가 적당. 사회자는 서로 돌아가며 겹치지 않도록 정하기
책 소개	사회자가 책 선정 배경 및 작가, 책 내용에 관해 설명하기
배경 지식 환기	책의 소재와 주제에 관해 환기할 수 있는 질문과 답변하기
내용 확인	토론할 책을 제대로 읽었는지 확인하는 단계로, 구체적인 내용에 대한 질문과 답변하기
책 내용과 관련한 주제 토론	책 내용과 관련하여 심도 깊고 창의적인 주제를 찾아 질문과 답변하기
최종 입장 정하기	최종 입장 발표하기

논쟁 하브루타 주제와 주제별 참고 도서

주제 1 : 선행학습을 금지해야 한다.
 - 사교육 없는 행복한 세상(세트)/ 비아북
 - 왜 선행학습을 금지해야 할까. 참부모회 지음/ 베이비 북스

주제 2 : 디지털 미디어는 현대인을 치매로 만든다.
 - 디지털 치매. 만프레드슈피쳐 지음/ 북로드
 - 디지털 청소년 복지. 이은교 지음/ 인간과 복지
 - 청소년 디지털 소비 실태와 대책. 나윤아 등 지음/ 한국 청소년 정책연구원
 - 창의적 생각을 키우는 IT 퍼즐. 김종훈 지음/ 다울미디어
 - 세계화와 디지털 문화시대의 한류. 홍석경 지음/ 한울아카데미

주제 3 : 노후복지는 국가가 책임져야 한다.
 - 인권. 최현 지음/ 책세상
 - 노인복지정책과 사회보장제도. 서강훈 지음/ 한국학술정보
 - 일곱 제주 사회복지사 이야기. 강인숙 지음/ 푸른복지
 - 야마토마치에서 만난 노인들. 김동선 지음/ 궁리

주제 4 : 식량의 공평한 분배로 전쟁을 막을 수 있다.
 - 음식과 먹기의 사회학. 데버러 랩틴 지음/ 한울아카데미
 - 왜 세계의 절반은 굶주리는가. 장 지글러 지음/ 갈라파고스
 - 전쟁이 요리한 음식의 역사. 도현신 지음/ 시대의창
 - 식탁위의 세계사. 이영숙 지음/ 창비

가족 역사 논쟁 하브루타

가족들끼리 역사 논쟁 하브루타를 하기는 좀 어렵습니다. 그 이유는 역사가 매우 딱딱하기도 하지만 역사를 주제로 토론할 때 한쪽은 묻고, 한쪽은 답하는 식으로 진행되는 경우가 많기 때문입니다. 모두가 알고 있는 역사적 사실을 두고 질문을 하거나 논쟁 하브루타를 하면 진짜 논쟁 하브루타가 아닙니다. 논쟁 하브루타는 정답이 없고 해답이 여러 가지가 될 때 더욱 흥미진진해지기 때문입니다.

청소년 시기는 자아의식이 강하고 정의로운 생각을 많이 하는 시기입니다. 또한 진취적인 기상이 싹트기도 하는 때이기 때문에 역사 논쟁 하브루타는 꼭 필요합니다. 사춘기부터 본격적으로 자신의 존재에 대한 고민이 시작되면서부터 자신과 세계와의 관계에 대해서 생각하게 됩니다. 자신과 이웃, 자신과 국가, 자신과 세계, 역사 속의 자신에 이르기까지 관계의 확장 속에서 자기 존재의 뜻을 생각하게 됩니다. 그래서 사춘기의 역사 논쟁 하브루타에 대한 경험은 매우 중요합니다.

청소년기에 올바른 역사인식을 가질 수 있는 기회를 가진다는 것은 더 없이 복된 일이기도 합니다. 역사적인 지식을 알고 역사과목의 시험에서 점수를 잘 얻는 것도 중요하지만, 단편적인 암기로는 자녀들의 역사의식을 성장시키기가 어렵습니다. 청소년기의 자녀들이 역사적 주체로서 바르게 서도록 하기 위해서는 역사를 여러 각도에서 접근해 봐야 하기 때문에 역사 논쟁 하브루타는 매우 좋은 수단입니다. 역사 논쟁 하브루타는 역사적 사건이나 정책, 인물에 관하여 논제를 추출하고 찬성과 반대의 입장에서 논리적으로 자신의 생각을 증명해내는 과정입니다. 이 과정에서 단편적인 지식뿐만 아니라 역사적 사건이나 인물에 대한 간접경험까지 할 수 있습니다.

독서 논쟁 하브루타가 책 속 인물의 '생각이나 행동'에서 논거를 찾는다면 역사 논쟁 하브루타에서는 상상이나 자신의 생각이 아닌 역사적 사실이나 인물의 '실제 행동'에서 근거를 찾아 전개해야 하는 것이 다릅니다.

가족들끼리 역사 논쟁 하브루타를 재미있게 진행할 수 있는 한 가지 예를 들어보면 '역할토론'을 해 보는 것입니다. 삼국통일을 주도했던 신라시대의 김춘추와 고구려의 연개소문의 대화를 예를 들어 봅시다. 신라의 김춘추가 당나라와 손잡은 것에 대한 평가가 역사 논쟁 하브루타 주제가 됩니다. 그러면 한쪽은 김춘추가 되고, 한

쪽은 연개소문이 되어 논쟁 하브루타를 해봅니다. 연개소문의 입장에 있는 가족은 김춘추가 외세인 당나라를 끌어 들인 '나당연합'의 부당함을 이야기 하게 되고, 또 다른 쪽은 신라인 김춘추의 입장에서 외세를 끌어 들일 수 밖에 없었던 정당성을 주장해 보는 방식입니다.

미국의 남북전쟁에 대해서도 가족 역사 논쟁 하브루타를 할 수 있습니다. 미국 공화당의 대표격인 링컨과 민주당의 대표인 더글러스의 입장에서 논쟁 하브루타를 하면 좋은 주제가 될 것입니다. 공화당은 중상공업을 중시하는 미국 북동부의 입장에서 노예해방을 통한 노동력 확보를 주장합니다. 민주당은 밀과 면화 농업을 주로 하는 미국 중남부의 입장에서 노예해방의 부당함과 노예가 해방되었을 때 자기 입장의 불리함을 역설해야 합니다. 1858년에 있었던 미국 일리노이주 상원의원 선거에서 링컨과 더글러스 간의 토론이 유명합니다. '노예를 해방시켜야 한다'라는 논제로 총 7번을 했는데 민주당의 대표인 더글러스가 승리해서 일리노이주 상원의원에 당선되었고 링컨은 낙선했습니다. 그 토론의 열기가 대단해서 그 뒤로 '링컨 더글러스 토론'이라는 형식이 생겨나기도 했습니다. 링컨은 상원의원에서 낙선됐지만 '노예 해방'이라는 전 국가적인 이슈를 가지고 공화당 후보가 되어 대통령에 당선되었습니다. 이어서 남북전쟁이 일어나서 북군의 승리로 노예 해방을 이루어 냅니다.

가족들끼리 해볼만한 역사 논쟁 하브루타의 주제들은 어떤 것들이 있을까요? 대한민국의 역사뿐만 아니라 전 세계의 역사에 관한 논쟁 하브루타 주제도 있습니다. 다음의 역사 논쟁 하브루타 주제들 중에서 자녀들의 발달정도에 알맞은 것을 선택하거나 논제를 자녀의 수준에 알맞도록 수정해서 논쟁 하브루타를 해보는 것을 권합니다.

역사 논쟁 하브루타를 하기 위해서는 역사적 사건이나 인물에 대한 관점이 필요할 뿐만 아니라 사회를 보는 가치관이나 유사한 역사적 사건들에 관한 풍부한 자료와 사전 조사 학습이 절대적으로 필요합니다. 역사 논쟁 하브루타를 진행할 때 역사적 사실에 대한 객관적인 눈을 가지는데 그치지 않고, 역사 수행의 주체로서의 안목을 가지고 보게 한다는 점에 주안점을 두면 좋습니다. 이런 점에서 역사 논쟁 하브루타가 훌륭한 평가를 받을 수 있습니다.

역사는 자기가 처한 상황과 위치에서 볼 수밖에 없습니다. 역사 논쟁 하브루타의 주제에 등장하는 인물의 처지와 상황을 이해하게 되면 역사를 보다 깊게 이해하고 흥미를 가지게 됩니다. 그냥 책으로 읽거나 강의를 듣는 것에서 느낄 수 없는 생생함을 몸으로 깨닫기 때문입니다.

서로 다른 입장에서
문제를 해결하는
가족 논쟁 하브루타
실제 사례

4부 ·················

창조적인 사람들은
경험들을 결합해
새로운 것을 만들어낸다.

- 스티브 잡스 -

사례 1.
논제: 인공지능은 우리에게 도움이 될까?

여러분들은 인공지능에 대해 얼마만큼 알고 있나요? 로봇을 만들어 봤거나 로봇 관련된 영화를 본 적이 있나요? 사람의 머리와 비슷한 지능을 가진 로봇들이 많아지면 우리 사회는 어떻게 될까요? 사람들에게 이로움이 많을까요, 아니면 해로움이 많을까요? 인공지능이 사람들에게 필요하고 이로움이 된다는 측과 사람들에게 많은 피해를 줄 것이라는 내용으로 대화를 나누는 치열한 논쟁 하브루타의 현장으로 가 볼까요?

논쟁 하브루타 주제 : 인공지능(AI)은 우리 사회에 도움을 줄 것이다.

논쟁 하브루타 주체 : 3인 가족 ☞ 사회자 및 판정인 - 아빠
                             ☞ 찬성 측 - 중학교 2학년 아들
                             ☞ 반대 측 - 엄마

'인공지능(AI)은 우리 사회에 도움을 줄 것이다'라는 주제를 놓고 대화하는 한 가정의 가상 대화 현장을 찾아가 보겠습니다.

아빠

알파고(AlphaGo)는 구글 딥마인드가 개발한 인공지능 바둑 프로그램으로 오직 바둑을 위해 만들어진 존재라고 해요. CPU 1200개를 장착한 슈퍼컴퓨터 알파고는 약 3천만 개의 바둑 기보를 바탕으로 하루에 수백만 판의 바둑기보를 훈련하고 스스로 학습하는 능력을 갖추고 있다죠. 오직 바둑을 위해 만들어진 존재라고 해요. 얼마 전에 이세돌 구단과 알파고의 바둑 대국이 있었지요. 결과는 엄마와 우리 아들도 알고 있는 것처럼 4대 1로 이세돌 구단이 졌지요. 기분이 좀 그렇더라구.

중학교 2학년 아들

와, 저는 정말 놀랐어요. 이세돌이 알파고에게 이길 줄 알았었는데. 4대 1로 졌다니. 인공지능이 이렇게 발달해 있었는지 미처 몰랐어요. 인공지능을 잘만 활용하면 우리 사회가 매우 편리해질 것 같아요.

엄마

헐리우드 영화 같은 것을 보면 성품이 매우 안 좋은 사람들이 이 세상을 자기 멋대로 부리기 위해 로봇을 만들어 가지고 선량한 도시인들을 죽이거나 도시 전체를 파멸시키는 것을 많이 봤어요. 혹시 인공지능을 그런 사람들이 나쁘게 이용할까봐 걱정이 많아요.

아빠

얼마 전 뉴스에서 들은 내용인데, 어떤 은행에서는 돈을 투자할 때 인공지능의 도움을 받아서 투자한 은행은 수익률이 높았고 사람이 판단해서 투자한 경우는 수익률이 낮거나 손실을 봤더라구. 뭐. 인공지능 어드바이저 펀드매니저라고 하던가.

중학교 2학년 아들

아빠와 엄마가 어렸을 때 지금처럼 스마트폰이나 네비게이션 같은 것들을 예상했었어요?

아빠

아니. 꿈도 못 꿨어요. 그렇게 생각해 보면 정말 놀랍고 무섭기도 해.

엄마

앞으로 세상은 정말 우리들의 예상을 빗나가거나 훨씬 추월해서 변할 것 같아. 우리 아들이 어른이 되었을 때에는 로봇과 정말 밀접하게 생활해야 할 걸.

아빠

인공지능 때문에 직업도 없어지거나 생겨나는 것들에는 어떤 일이 있을지 계속 연구해 봐야 할 것 같아.

엄마

며칠 전에 미국의 미래학자로서 널리 알려진 앨빈 토플러가 돌아가셨어요. 저는 그 분이 하신 말씀 중에 '미래는 예측하는 것이 아니라 상상하는 것이다'라는 말이 매우 인상 깊었어요.

중학교 2학년 아들

와우. 정말 멋진 말씀이네요. 어떻게 상상하느냐에 따라 미래는 변화할 수 있다는 뜻이네요. 이왕이면 긍정적이고 희망적인 미래를 생각해야겠어요.

▶ '인공지능(AI)은 우리 사회에 도움을 줄 것이다'라는 주제로 다음과 같은 논쟁 하브루타 사례를 소개 해 봅니다.

단계별 논쟁 하브루타 내용

사회자 아빠

안녕하세요? 요즈음 인공지능에 대한 이야기들이 우리 사회를 뜨겁게 달구고 있는 것 같아요. 1주일 전 토요일에 오늘 저녁식사를 마치고 식탁에서 인공지능에 대한 논쟁 하브루타를 하기로 했습니다. 오늘은 제가 사회를 보겠습니다.

먼저 논제를 소개하겠습니다. '인공지능(AI)은 우리 사회에 도움을 줄 것이다'입니다. 그리고 이러한 논제에 우리 아들이 찬성 측의 입장에서 주장을 하고 엄마는 반대 측의 입장에서 논쟁 하브루타를 하겠습니다. 하브루타를 하기 전 소감을 발표해 주세요.

〈1 단계〉 논쟁 하브루타를 앞두고 소감 이야기하기

찬성 측 중2년 아들

저는 아직 어리기 때문에 인공지능이 우리 사회에 가져올 부정적인 측면 보다는 긍정적인 측면에서 이야기 해 보고 싶습니다. 사실 제 친구들과 함께 인공지능에 대해 틈나는 대로 대화를 나눠 보았고 자료들도 찾아봤습니다. 엄마와 함께 논쟁 하브루타를 하게 되어 기쁩니다.

반대 측 엄마

저도 인공지능에 대해 지난 일주일 동안 신문이나 잡지, 다큐멘터리 등을 통해 자료를 얻었습니다. 인공지능의 장점과 단점이 있는데, 저는 인공지능이 우리 사회에 부정적인 영향을 주는 점에 대해 중점적으로 논쟁 하브루타를 해 보겠습니다. 우리 아들과 함께 논쟁 하브루타를 하게 되어 기분이 좋습니다.

사회자 아빠

논쟁 하브루타 방법을 말씀드리겠습니다. 그동안 우리가족들이 해온 논쟁 하브루타 형식으로 진행하겠습니다. 먼저 찬성 측에서부터 입론 5분, 그 다음 반대 측에서 5분 동안 입론을 마치고, 이어서 1분 동안 작전타임을 갖습니다. 그런 다음 공평하게 반대 측 주도로 질문과 답변하는 반론을 5분 동안 먼저 하고, 이어서 찬성 측에서 주도권을 가지고 반론을 진행하겠습니다. 그런 다음 제 2차 작전타임을 1분씩 가진 뒤 찬성 측이 먼저 3분 간 최종변론을 하고 반대 측도 같은 시간 동안 최종변론을 하겠습니다. 마지막으로 판정을 겸해서 소감을 듣는 순서를 갖겠습니다.

그럼 지금부터 '인공지능은 우리 사회에 도움을 줄 것이다'라는 논제로 논쟁 하브루타를 시작하겠습니다. 먼저 찬성 측부터 입론을 해주시고 이어서 반대 측이 입론을 하겠습니다. 정해진 시간은 양쪽 모두 5분 이내입니다.

〈2 단계〉 찬성 측 입론(주장 펼치기)

찬성 측 중2년 아들

저는 '인공지능(AI)은 우리 사회에 도움을 줄 것이다'라는 논제에 찬성합니다. 먼저 인공지능이란 무엇인지 개념을 말씀드리겠습니다. 인공지능은 스스로 학습하고 판단하는 능력을 갖춘 기계를 말합니다. 이어서 찬성하는 이유를 말씀드리겠습니다.

첫째, 인공지능(AI)에 제대로 규칙을 부여해 잘 통제하고 활용하면 인류의 삶을 더 풍요롭게 해 줍니다. 예를 들면 무인 자율 주행차가 노인과 장애인에게 새로운 이동의 자유를 보장합니다. 뿐만 아니라 사람이 하기 어려운 위험한 일들을 인공지능을 이용해서 하면 다치거나 죽는 일이 크게 줄어듭니다. 위험한 원자력 발전소를 사람들이 잘 관리해서 값이 싼 비용으로 전기를 공급하는 것처럼 인공지능 또한 현명한 사람들이 제대로 관리하게 된다면 우리 사회에 많은 도움을 줄 것이 확실합니다. 인공지능이 발달되면 의자가 사람을 알아차려서 앉는 사람이 가장 편하게 앉도록 스스로를 최적화합니다. 또한 최근에 어떤 회사는 터널이나 다리에서의 화재, 사고는 물론 걷는 사람들에게 위험한 물건들이 차에서 떨어져 걷는 사람들에게 위험한 상황을 인공지능이 알려주는 시스템을 선보였다고 합니다.

둘째, 인공지능을 이용하는 일자리가 늘어납니다. 앞으로 20년 후면 현재 있는 일자리들의 절반이 사라진다고 합니다. 물론 인공지능으로 인해 사라집니다. 하지만 우리들은 꼭 부정적인 면만을 생각해서는 안 됩니다. 인공지능을 이용해서 사람들과 함께 할 수 있는 일자리들을 생각해서 만들어 갈 수 있습니다. 사람들은 그렇게 약하거나 어리석지 않습니다. 저희들은 사람들의 현명한 힘을 굳게 믿습니다. 좀 더 보충하면 이러한 로봇을 조정하는 일자리는 사람들이 직접 하는 일들에 대해 인공지능이 빼앗아 가지 않도록 법이나 제도를 만들면 됩니다.

셋째, 농사를 짓거나 공해가 많은 일들을 인공지능이 함으로써 짧은 시간에 많은 수확을 하거나, 인체에 유해한 일들은 기계가 대신 하게 해서 사람들의 피해를 최소화할 수 있습니다. 높은 빌딩에 페인트를 칠하거나 청소를 인공지능이 대신 해줄 수 있습니다. 뿐만 아니라 철을 절단한다든지 인체에 매우 해로운 화학약품을 이용하여 물건을 만들거나 실험을 할 때 인공지능을 이용하면 사람들이 피해를 적게 봅니다.

앞으로 인공지능은 사람들의 생활을 이롭게 하는 생활 속의 기술로 자리 잡아갈 것입니다. 이상으로 찬성 측 입론을 마치겠습니다.

〈3단계〉 반대 측 입론(주장 펼치기)
반대 측 엄마

저는 '인공지능(AI)은 우리 사회에 도움을 줄 것이다'라는 논제에 반대합니다. 그 이유는 다음과 같습니다.

첫째, 인공지능을 이용해서 부자는 더 부자가 되고 가난한 사람들은 더 가난해집니다. 사회인들의 사회적 경제적 차이를 더욱 크게 합니다. 인공지능을 잘 이용하는 사람들은 수백, 수천 명에 해당하는 힘을 사용하는 반면 그렇지 못한 사람들은 기회가 줄어들거나 아예 없어질 수가 있습니다.

둘째, 힘이 강한 나라나 회사가 힘이 약한 나라의 사람들을 지배하는 일이 생깁니다. 지금도 그런 경향이 있지만 인공지능이 더 발달하면 지배력이 지금과 비교가 안 될 정도로 강해집니다. 지금 알파고를 만든 미국의 구글 같은 회사는 인공지능을 가장 열심히 개발하고 있습니다. 그런 회사가 가지고 있는 인공지능 관련 정보는 다른 회사에서는 따라가기 쉽지 않습니다.

셋째, 강한 인공지능이 등장하면 인간 사회는 비극을 맞이하게 됩니다. 인공지능은 인간을 능가하는 지적 능력을 갖고 있으면서 인간이 안고 있는 문제를 해결할 힘은 갖고 있지 않습니다. 잊어버리지도 않고, 밥도 안 먹고, 죽지도 않습니다. 인공지능이 독립성을 갖게 된다면 인간이 조정할 수 없습니다. 이상으로 반대 측 입론을 마치겠습니다.

사회자 아빠

다음은 작전타임을 갖겠습니다. 입론을 통해 경청했던 내용들을 중심으로 질문하고 답변하는 반론 시간에 필요한 생각을 정리하는 시간입니다. 시간은 1분입니다.

〈4단계〉 첫 번째 작전타임 갖기 - 1분

토론 주체들 모두가 입론에서 경청했던 내용들을 중심으로 반론단계에서 반박할 내용을 확인하고 정리한다.

사회자 아빠

1분이 되었으므로 이상으로 작전타임을 마치겠습니다. 입론은 찬성 측부터 했으니까 공평하게 반론은 먼저 반대 측의 주도로 하고 이어서 찬성 측 주도로 진행하겠습니다. 각 팀에게 주어진 시간은 5분씩입니다. 자, 반대 측부터 시작해 주세요.

〈5 단계〉 반대 측 주도 반론하기 - 5분

반대 측 질문 엄마

찬성 측에서는 인공지능을 이용하는 일자리가 늘어날 것이라고 했습니다. 물론 그런 측면도 있겠지만 인공지능은 여러 사람들이 할 일을 대신하게 되어 일자리를 뺏게 될 것입니다. 인공지능을 이용한 일자리 수보다는 인공지능 때문에 빼앗긴 일자리 수가 더 많다고 생각합니다.

찬성 측 답변 중2년 아들

앞으로 20년 이내에 현재의 직업이 50% 정도 줄어들 것이라고 합니다. 직업이 줄어든다는 것은 현재의 일자리를 말합니다. 하지만 지난 1월에 열렸던 세계경제포럼에서 당장 5년 간 세계 주요 15개 국가에서 210만개의 일자리가 생겨날 것이라고 발표했습니다.

반대 측 반박 엄마

세계경제포럼에서는 인공지능과 사물인터넷 등 다양한 기술이 합쳐지게 됨으로써 '제4차 산업혁명'이 일어나고 있다고 발표했습니다. '일자리 측면에서는 재앙'이라고 지적하면서 세계주요국가에서 700만 개의 일자리가 없어지고 210만개의 일자리가 생겨날 것이라고 예견했습니다. 즉 일자리가 만들어지는 것보다는 없어지는 것이 더 많습니다.

찬성 측 답변 중2년 아들

세계경제포럼에서 주장한 학자의 의견은 정치 경제제도가 현재와 같은 상황이라면 그렇게 됩니다. 우리나라와 미국, 그밖에 세계 여러 나라들은 경제와 일자리 문제를 해결하는 다양한 대책을 내놓고 있습니다. 청년실업이 늘어나는데 그냥 바라보고만 있지 않을 것입니다.

반대 측 질문 엄마

찬성 측에서는 인공지능에 제대로 규칙을 부여해서 잘 통제하고 활용하면 인류의 삶을 더 풍요롭게 할 것이라고 주장했습니다. 테슬라 자동차를 운영하는 세계적인 벤처기업인 엘론 머스크는 2015년 1월 천체물리학자 스티븐 호킹을 비롯한 세계적인 전문가들과 함께 '인공지능에 보내는 공개편지'를 발표했습니다. 우리 사회가 인공지능을 통해 엄청난 이득을 얻겠지만 숨어있는 위험성을 막을 방법도 깊게 연구해야 한다는 내용입니다.

찬성 측 답변 중2년 아들

반대 측이 주장한 것처럼 이렇게 우리 지구촌 사람들은 인공지능이 가져올 위험을 미리 알고 대비하고 있습니다. 다시 말해 질병과 가난을 줄일 수 있는 방법을 끊임없이 연구하고 있습니다.

반대 측 재반박 및 정리 엄마

반대 측도 찬성 측의 생각처럼 되길 바랍니다. 하지만 사람들 중에는 나쁜 마음을 가진 사람들도 있습니다. 이들이 인간의 조정범위를 벗어나거나 절대 개발해서는 안 될 인공지능을 개발하는 것이 큰 문제라고 생각합니다. 즉 인류 멸종과 같은 글로벌 재앙을 일으키는, '발달된 인공지능 기술로 인한 현재의 위험'을 사전에 파악하고 이를 없애야 하는 데 온 힘을 기울여야 하지만 그렇게 못하는 것이 안타깝습니다. 이상입니다.

〈6단계〉 찬성 측 주도로 반론하기 - 5분
찬성 측 질문 중2년 아들

반대 측에서는 강한 인공 지능이 등장하면 인간 사회는 비극을 맞는다고 주장했습니다. 반대 측에서는 혹시 '킬러 로봇 금지 캠페인'이라는 말을 들어 보셨습니까?

반대 측 답변 엄마

들어 보지는 못했지만 로봇을 개발하되 사회적 책임을 다할 수 있도록 해야 한다는 내용인 것 같습니다.

찬성 측 질문 중2년 아들

예, 비슷하게 답변해 주셨습니다. 이러한 공익단체를 이끌어 온 샤키 교수는 '정부는 로봇으로 돈을 우선시하는 데에만 힘을 쏟을 것이 아니라 사회적 위험성도 함께 고려해야 한다'고 주장하고 있습니다. 이처럼 우리 사회의 곳곳에서 인공지능을 개발하거나 이용하는 데 적절한 정책을 만들어서 사회적 책임을 강화해야 한다는 주장이 많다는 것을 말씀드립니다.

반대 측 답변 엄마

찬성 측에서 로봇을 개발하거나 이용하려는 사람들은 경제적인 목적이 많다고 했습니다. 전 세계는 자본주의화 되어 있습니다. 돈의 힘이 너무도 막강해서 양심 있는 학자들이 사람들에게 피해가 적은 로봇을 개발해야 한다고 주장할지라도 '책임질 수 있는 로봇의 기준'을 넘어서는 사례들이 많습니다.

찬성 측 반박 중2년 아들

우리 사회는 월급 처리부터 비행기 시간표 정하기, 전화선 연결, 세금 계산 같은 복잡한 작업을 컴퓨터로 자동화하는 데 성공했습니다. 그렇지만 컴퓨터 프로그램을 만들어 본 사람들은 그런 일들의 순서를 얼마나 세밀하게 정해줘야 컴퓨터가 알아듣고 일을 할 수 있는지에 대해 이야기 하고 있습니다. 이렇듯 고통스러울 정도로 세밀하게 만들어야할 컴퓨터 프로그램을 만드는 방식은 제한적이기 때문에 우리 사회에 해를 끼치는 인공지능을 만들기란 매우 어렵습니다.

반대 측 답변 엄마

『초지능』이라는 책을 쓴 영국 옥스퍼드 대학교의 인공지능 전문가인 닉 보스트롬은 아예 '다음 세기에는 인공지능이 인간을 능가할 것'이라고 내다봤습니다. 현재 뿐만 아니라 시간이 흐르면서 다가올 우리 사회의 미래까지 함께 고민하라고 주장합니다. 저는 앞으로 인공지능이 우리 삶의 어디에도 존재하는 '인공지능 유비쿼터스' 시대가 올 것이라고 확신합니다. 이상입니다.

사회자 아빠
다음은 두 번째 작전타임을 갖겠습니다. 자신의 주장을 확실하게 펼치는 최종변론 단계에 필요한 생각을 정리하는 시간입니다. 시간은 1분입니다.

〈7단계〉 두 번째 작전타임 갖기 - 1분
논쟁 하브루타 주체들 모두가 입론과 반론에서 경청했던 내용들을 중심으로 다시 생각해서 최종변론 단계에서 주장할 내용을 확인하고 정리한다.

사회자 아빠
1분이 되었으므로 이상으로 작전타임시간을 마치겠습니다. 반론은 먼저 반대 측 주도로 했고 이어서 찬성 측 주도로 진행했으므로 최종변론은 찬성 측부터 하겠습니다. 각 팀에게 주어진 시간은 3분씩입니다. 자, 찬성 측부터 시작해 주세요.

〈8단계〉 찬성 측 최종변론
찬성 측 중2년 아들
반대 측의 의견 잘 들었습니다. 반대 측에서는 인공지능이 가져올 부정적인 측면들을 중점적으로 발표했습니다. 제가 알던 사실보다 더 많은 내용들을 함께 이야기하게 되어서 기뻤습니다. 저는 반론 단계를 거쳐서 다음과 같은 면에서 인공지능은 우리 사회에 도움이 된다고 생각을 모았습니다.
첫째, 인공지능이 인간을 절대 이길 수 없는 분야를 중심으로 집중적으로 개발해야 합니다. 즉 인공지능 기술의 빠른 성장이 가져다 준 이득과 부작용을 해결하는 일은 우리 인간들이 해야 할 일입니다. 강력한 법과 제도를 만들어서 인공지능이 가져올 피해들을 최소화하는 데 온 힘을 기울여야 합니다.

둘째, 인공지능은 사람의 지시나 명령과 관계없이 스스로 작동되는 '강한 인공지능'과 사람이 입력한 프로그램에 의해서 움직이는 '약한 인공지능'이 있다고 합니다. 인간에게 나쁜 영향을 줄 강한 인공지능에 대해선 전 인류사회가 철저히 통제해야 하고, 인간이 운영하면 피해를 받는 일들을 도와주는 약한 인공지능을 중점적으로 활용하도록 하면 우리 사회에 도움을 줄 것입니다.

셋째, 구글의 공동 창업자인 데미스 하사비스는 '세상을 더 살기 좋게 만들기 위해 다양한 분야에서 노력할 것'이라고 주장하고 있습니다. 앞으로 인공지능은 어떻게 연구되고 개발되어야 하는지 똑바로 알고 최선의 노력을 기울여야 합니다. 이상입니다.

〈9단계〉 반대 측 최종변론
반대 측 엄마

찬성 측에서는 인공지능이 우리 사회에 도움이 되도록 법과 제도를 만들어야 한다고 주장했습니다. 저도 충분히 동의합니다. 하지만 다음과 같은 이유 때문에 인공지능은 우리 사회에 도움을 주기보다는 피해를 줄 것입니다.

첫째, 얼마 전에 인간 고수의 대표인 이세돌 9단과 바둑을 두어서 4대 1로 승리했던 알파고의 딥러닝은 10의 171승이라는 거의 무한대에 가까운 경우의 수를 가지고 있다고 합니다. 1997년 체스경기에서 딥블루라는 인공지능이 인간을 이겼습니다. 2011년 퀴즈대결에서 왓슨이라는 인공지능 프로그램이 인간의 언어를 완벽하게 이해하고 승리했습니다. 그리고 2016년, 바둑대결에서 인간을 무릎 꿇게 했습니다.

둘째, 인공지능은 단순히 계산만 빠르고 정확한 데 그치지 않습니다. 순간적인 판단을 하고 최고의 내용을 가진 가치망과 인공신경망으로 만들어진 인공지능은 인간처럼 생각합니다. 추론하는 능력과 추상화하는 능력, 스스로 학습하는 능력도 가지고 있습니다.

카이스트의 바이오 및 뇌공학부 정재승 교수는 인공지능이 계산하는 것을 인간이 정확하게 알 수 없다고 했습니다. 통제되지 않은 상황에서 어떤 일들을 마음대로 처리할 수 있다는 말입니다.

셋째, 인간과 골프를 함께 치는 인공지능 로봇, 오케스트라와 함께 연주하고 가수들과 함께 노래를 부르는 인공지능 로봇을 비롯해서 인간이 할 수 있는 거의 모든 분야에서 인공지능을 가진 로봇이 활동하고 있습니다. 상업주의가 늘어나는 현대사회에서 이윤이 많이 남는 일이면 물불을 가리지 않고 사업을 하는 사람이 많습니다. 따라서 그렇게 안 되었으면 좋겠지만 인공지능을 이용한 각종 로봇들이 사람들이 하는 일들을 대신하게 되어 인간의 일자리가 줄어듭니다. 이상입니다.

사회자 아빠
감사합니다. 다음은 판정인으로서 판정을 하겠습니다.

〈10단계〉 판정이유와 판정결과 발표하기 아빠
입론인 주장 펼치기 단계에서 찬성 측은 인공지능이 우리 사회에 도움을 줄 것이라는 입장에서 주장을 펼쳤습니다. 그리고 반대 측은 여러 가지 이유를 들어 도움을 주기보다는 피해가 클 것이라고 주장했습니다. 입론에서 찬성 측은 인공지능에 규칙을 줘서 잘 통제하면 우리 사회를 더 풍요롭게 해 줄 것이라고 했습니다. 그 예로 일자리가 늘어나거나 사람들이 했을 때보다 인공지능을 이용했을 때 더 효율적인 것들을 적절하게 강조했습니다.

반대 측에서는 인공지능을 이용하면 빈부격차가 심해지고, 힘이 강한 나라나 사람들이 약한 나라나 사람들을 지배할 걱정이 많다고 주장했습니다. 그리고 강한 인공지능이 등장하면 우리 사회는 비극을 맞이할 것이라고 강조했습니다. 입론에서는 양측 모두 적절한 이유를 들어서 주장을 펼쳤습니다. 그래서 점수는 비슷했습니다.

반론인 주장 허물기 단계에서는 일자리 문제에서 찬성 측이 반대 측의 질문에 잘 응답하는 것으로 생각되었지만, 반대 측에서는 찬성 측보다 더 자세한 자료들을 가지고 찬성 측을 압도했습니다. 또한 반대 측이 말한 인공지능의 위험성에 대해 찬성 측에서는 위험성을 막을 수 있는 방법을 깊게 연구해야 한다고 방어했습니다. 이에 대해 반대 측에서 발달된 인공지능 기술로 인한 현재의 위험을 줄이는 것이 어렵다고 했습니다. 현재 상태에서 인간이 인공지능 조절의 부족함에 대해 강하게 주장한 것입니다. 찬성 측에서는 '킬러 로봇 금지 캠페인'의 예를 들어 로봇의 사회적 책임을 강조했습니다. 그리고 컴퓨터 프로그램을 만드는 것이 매우 어렵다는 자료로써 우리 사회에 해를 끼치는 인공지능을 만들기란 쉽지 않다고 주장했습니다. 이러한 주장에 대해 반대 측에서는 구체적인 영국 옥스퍼드 대학교수의 말을 인용해서 그러한 주장에 반박했습니다. 찬성 측도 나름대로 질문과 답변을 잘했지만 반대 측에서는 찬성 측 보다 더 깊고 넓은 자료들을 가지고 질문하고 답변한 것이 돋보였습니다.

주장 다지기인 최종변론 단계에서는 찬성 측과 반대 측 모두 입론과 반론 단계를 거치면서 주고받았던 내용들을 한 곳에 모았습니다. 특히 상대측의 주장을 인정하면서 자기 측 주장에서 더 옳은 점들을 강조했던 모습이 좋았습니다.

이번 논쟁 하브루타에서는 논쟁 하브루타의 꽃인 반론 단계에서 찬성 측의 질문에 더 넓고 깊은 자료들을 가지고 답변을 해서 찬성 측을 설득한 반대 측이 점수를 많이 얻었습니다. 그리고 입론과 최종변론 단계에서 논리적이고 우리 사회에 대한 사랑이 듬뿍 담겨있는 주장을 펼쳤던 찬성 측도 점수를 많이 얻었습니다.

결국 입론과 최종변론 단계에서는 양측의 점수는 동일했습니다. 하지만 반론 단계에서 찬성 측보다 약간 앞섰던 반대 측이 승리했습니다. 최선을 다해 토론에 참여한 양 팀에게 칭찬을 보냅니다. 수고했습니다.

사례 2.
논제: 부조리한 현실에 타협할까, 저항할까?

사람은 사회적 동물입니다. 수많은 영화나 소설 속의 주인공들은 부조리하고 거대한 조직이나 집단에 저항하다가 승리하거나 비참하게 죽어갑니다. 이러한 집단 권력에 개인이 다른 사람들과 힘을 합쳐서 저항하는 것이 과연 올바른 판단인지에 대해 생각해 봅니다. 고등학교 1학년 아들과 아빠가 벌이는 논쟁 하브루타 현장으로 떠나 볼까요.

논쟁 하브루타 주제 : 『초콜릿 전쟁』이라는 책 속의 르노는 친구들과 힘을 합쳐서 문제를 해결했어야 했다.

논쟁 하브루타 주체 : 3인 가족   ☞ 사회자 및 판정인 - 엄마
                                     ☞ 찬성 측 - 고등학교 1학년 아들
                                     ☞ 반대 측 - 아빠

같은 주제를 놓고 대화하는 한 가정의 가상 대화 현장을 찾아가 보겠습니다.

엄마

지난번에 『초콜릿 전쟁』이라는 책을 읽고 나서 한 사람은 주인공인 르노가 친구들과 힘을 합쳐야 한다는 편에서 주장하기로 했어요. 다른 사람은 르노가 친구들과 힘을 합치지 말고 혼자서 싸우든가 아니면 야경대에 굴종해야 한다는 편에서 주장하기로 했지요? 그럼 아들은 힘을 합쳐야 한다는 편에서, 아빠는 힘을 합치지 말아야 한다는 편에서 주장하기로 해요.

고등학교 1학년 아들

저는 야경대 친구들이 너무 얄밉고 책을 읽는 내내 화가 났어요. 뭐 그런 놈들이 다 있어요. 야경대라는 불량서클을 이용하는 학교의 교감선생님도 교육자로서 처신을 잘못한 것이 확실해요. 아, 정말 짜증나요. 힘을 합쳐서 확 처단해야 하는데…….

아빠

야, 혈기부리지 마라. 나도 네 나이 때에는 그랬는데 세상이 그렇게 알량한 정의감만 가지고 해결되지는 않더라구. 어떤 일이든지 때가 있어요. 때가 말이야.

고등학교 1학년 아들

아빠가 말씀하시는 주장이 무엇인지 정확하게 말씀해 주세요.

아빠

힘이 강한 세력이 하는 행동들이 마음에 안 들더라도 그냥 따라서 하는 척하는 것이 장땡이라는 거지 뭐.

고등학교 1학년 아들

아빠, 그렇게 하면 우리 사회가 어떻게 되겠어요. 정말 사회는 썩을 대로 썩어서 쓰레기 천국이 될 걸요. 아니, 학교 선생님들과 경찰, 법원들은 눈뜬 장님인가요? 참. 정말 민주주의 사회에서 그렇게 하는 것이 말이 되나요?

아빠

요즈음 젊은 친구들을 잘못 건드렸다가는 보복 당해요. 보복이 얼마나 무서운지 알아. 그래서 눈치 보고 그러는 거지. 누가 마음을 다 바쳐서 야경대와 같은 불량 서클을 따라 가라니?

고등학교 1학년 아들

그래서 불량 서클에 눈치 볼 것이 아니라 할 수 있는 것들은 다 해봐야죠. 그래야 학교든 사회든 바로 서는 것 아닌가요. 저는 그래서 르노는 힘을 합쳐서 대항했어야 한다고 생각해요.

아빠

나는 아무리 이상이 중요하다고 하더라도 현실의 힘이 너무 세다고 생각해. 그래서 르노가 힘을 합쳐서 해결하는 것은 자신과 친구들 모두 손해라고 생각해. 아들, 괜히 아빠를 용기 없고 현실에 굴종하는 사람으로 여기지 마라. 응.

엄마

책을 읽고 나서 대화를 하는 것을 보니까 뭐 부자간에 말싸움하는 것 같아요. 옆에서 듣고 있자니 불안불안해요. 그래도 아들이나 아빠의 생각이 달라서 대화의 열기가 뜨거운 것 같았어요. 다음에도 또 해 봐요.

▶『초콜릿 전쟁』의 줄거리를 잘 들으셨습니까? 그럼. 오늘 논쟁 하브루타를 할 때 지켜야 할 일들과 하는 방법에 대해 돌아가면서 이야기 해주시겠습니다.

단계별 논쟁 하브루타 내용

사회자 엄마

안녕하세요? 2주일 전에 우리 가족 모두가『초콜릿 전쟁』이라는 책을 틈틈이 읽자고 약속했고, 오늘 일요일 아침 식사를 마치고 차와 과일을 먹으면서 즐거운 독서 논쟁 하브루타를 하기로 했습니다. 오늘은 제가 사회를 보겠습니다.

먼저 논제를 소개하겠습니다. '『초콜릿 전쟁』이라는 책 속의 르노는 친구들과 힘을 합쳐서 문제를 해결했어야 했다'입니다. 그리고 이러한 논제에 우리 아들이 찬성 측의 입장에서 주장을 해줄 것이고 아빠는 반대 측의 입장에서 논쟁 하브루타를 하겠습니다.

찬성 측 고1년 아들

논쟁 하브루타를 시작하기에 앞서서 사회자인 엄마가 오늘 함께 할 독서 논쟁 하브루타의 책 줄거리를 간략하게 말씀해 주시면 감사하겠습니다.

반대 측 아빠

저도 아들이 요구한 것처럼 사회자가『초콜릿 전쟁』이라는 책의 줄거리를 소개해 주시면 독서 논쟁 하브루타가 더욱 알차게 진행될 것 같습니다.

〈1 단계〉 논쟁 하브루타를 할 책의 줄거리를 서로 확인하기
사회자 엄마

네, 고맙습니다. 저도 사회를 보고 판정을 해서 다소 심심할 것 같았는

데 우리가 함께 읽었던 책의 저자와 이 책의 영향력 및 줄거리를 제 나름대로 이야기 해 보겠습니다. 오늘 논쟁 하브루타를 하는 두 참가자들에게 도움이 되었으면 합니다.

저자인 로버트 코마이어(Robert Cormier)는 1974년 아들이 다니는 학교의 기금 마련을 위한 초콜릿 판매 행사에서 영감을 얻어 『초콜릿 전쟁』을 썼다고 합니다. 그 뒤 청소년 소설 작가로서 더욱 주목 받았습니다. 이 작품은 미국 청소년 문학을 대표하며 학교 내 폭력과 비리를 사실적으로 묘사한 소설로서 전미 도서관 협회가 선정한 '청소년을 위한 최고의 책'이며, 1974년 뉴욕 타임즈가 '올해의 책'으로 선정했다고 합니다. 그러면 이 책의 줄거리를 말씀드리겠습니다.

가톨릭계 사립 고등학교인 트리니티의 신입생 제리 르노는 얼마 전 어머니를 잃었습니다. 그는 어머니를 여읜 슬픔과 아버지의 초라한 인생에 대한 불만 속에서 풋볼에 몰두합니다. 그의 친구들은 같은 반 학생이자 풋볼팀 동료인 구버와 베일리입니다. 그런 그들에게 '야경대'라는 학교의 비밀 서클이 '과제'를 부여합니다. 야경대는 선생님들조차 묵인하는 오래된 비밀 서클입니다. 그 서클은 '과제'라는 이름으로 일반 학생들에게 힘든 일을 시켜서 그들의 비밀스러운 권력을 유지해 왔으며 그들의 과제를 거부하는 것은 곧 고통스러운 학교생활을 의미했습니다. 야경대의 대장은 풋볼팀 주장인 카터지만, 실질적인 리더는 그 '과제'를 고안해 내는 아치입니다.

야경대는 먼저 구버에게 유진 선생의 교실에 밤늦게 잠입해 모든 집기의 나사를 건드리면 바로 쓰러질 상태로 풀어 놓으라고 지시합니다. 이튿날 유진 선생의 교실에서는 대소동이 벌어지고 그 일에 충격을 받은 유진 선생은 이후 학교에 나오지 않습니다. 그즈음 트리니티에서는 '초콜릿 판매'라는 연례행사가 벌어집니다. 학교 후원금을 모으기 위해 학생들이 학교 밖에서 초콜릿을 판매해 그 수익금을 학교에 헌납하는 것입니다. 질병으로 자리를 비운 교장선생님 대신 교감 선생님 브라더 레온이 그해의 판매를 주관합니다. 예년 보다 두 배나 많은 판매량을 목표로 잡은 레온 선생님은 병적으로 초콜릿 판매에 집착하여, 야경대의 리더인 아치에게까지 협조를 요청합니다.

야경대는 제리 르노에게 바로 이 초콜릿 판매를 한시적으로 거부하라는 과제를 제시합니다. 하지만 온갖 고통을 당하면서도 초콜릿 판매를 거부하던 르노가 야경대가 정해 놓은 기간 이후에도 계속 판매를 거부함으로써 사태는 새로운 단계에 접어듭니다. 르노는 충동적인 감정으로 초콜릿 판매를 거부했지만 그것이 레온 선생님과 야경대에 공개적인 반기를 든 것으로 인식하게된 것입니다.

그로부터 사태가 확대되어 르노의 행동에 영향을 받은 많은 학생들이 암묵적으로 초콜릿 판매에 열의를 보이지 않고 초콜릿 판매량이 급감하는 상황이 펼쳐집니다. 궁지에 몰린 브라더 레온 교감 선생님은 아치에게 야경대를 없애 버리겠다고 협박하고 야경대는 판매에 나서라는 '과제'를 르노에게 내립니다. 하지만 르노는 그것을 거부하고, 학교에는 야경대를 비난하고 저항하는 움직임이 퍼져나갑니다. 궁지에 몰린 아치는 새로운 묘수를 짜냅니다. 트리니티의 전통을 지키자는 구호를 내걸고 야경대가 전면적으로 초콜릿 판매에 나섭니다. 야경대의 대대적인 초콜릿 판매 활동과 협박, 회유 등으로 순식간에 학교의 분위기는 급반전됩니다. 잠시 영웅시되었던 르노가 왕따로 전락합니다. 르노는 보이지 않는 따돌림과 위해(危害)를 받던 끝에 아치의 사주를 받은 불량배 진저 등에 의해 집단 구타까지 당합니다.

마침내 초콜릿 판매 행사가 모두 끝나고, 아치는 자신의 능력을 과시하기 위해 마지막으로 제비뽑기를 통한 권투 경기를 개최합니다. 권투 경기에 출전한 이는 바로 르노와 불량배 진저. 르노는 아치의 부추김에 넘어가 건강이 좋지 않은 몸을 끌고 권투 경기에 나갑니다. 하지만 그것은 관중들이 적어낸 제비를 뽑아 선수들이 꼭두각시처럼 따라야 하는 비상식적인 권투경기였습니다. 복수심 때문에 경기에 참여한 르노는 이윽고 자신이 속았다는 것을 깨닫습니다. 결과적으로 그들과 똑같은 폭력적인 인간이 되어버렸음을 알게 됩니다. 경기는 르노에 대한 일방적인 폭행이 되어 버리고 르노가 큰 부상을 입은 후에야 중단됩니다. 수습 과정에서 아치는 레온 선생님의 도움으로 책임을 면하고, 야경대는 학교의 숨은 권력으로서 그 위상을 유지합니다.

〈2 단계〉 찬성 측 입론(주장 펼치기)

찬성 측 고1년 아들

르노는 친구들과 힘을 합쳐서 문제를 해결했어야 합니다. 그 이유는 다음의 세 가지입니다.

첫째, 힘을 합치면 야경대와 맞설 수 있습니다. 즉 친구들과 힘을 합치면 초콜릿 판매를 중지시킬 수 있다는 사실입니다. 한 사람이 가지고 있는 힘보다 협동의 힘은 예상보다 더 크기 때문입니다.

둘째, 구버, 베일리 등의 친구들과 힘을 합쳐서 야경대에 대항해야 합니다. 이 두 친구들은 르노의 입장을 충분히 알고 있고 억울한 입장이라는 것에 동감하기 때문에 함께 할 것입니다.

셋째, 선은 악을 이깁니다. 레온 교감선생님에게 도덕적인 명분은 없습니다. 별다른 명분이 없는데도 예년에 비해 두 배의 수익을 목표로 잡는 것부터 불합리합니다. 야경대가 교내 음성 서클 조직인 것을 알고 있으면서도 묵인하고 있는 것은 학교 경영자가 할 일은 아닙니다. 이상입니다.

〈3단계〉 반대 측 입론(주장 펼치기)

반대 측 아빠

저는 제리 르노가 친구들과 힘을 합쳐서 문제를 해결하는 것은 어리석은 판단입니다. 왜냐하면 다음의 세 가지 근거 때문입니다.

첫째, 친구들이 르노에게 도움을 주었다가는 야경대에게 당할 것입니다. 야경대는 오랫동안 그 학교에 있어온 음성서클 조직이기 때문에 그들의 이익에 반하는 행동을 했을 경우에는 어떤 방법으로든지 해악을 줄 것이기 때문입니다.

둘째, 현실적으로 구버, 베일리 두 친구들은 힘이 없습니다. 각자의 힘이 있다고 해도 전통을 가진 조직의 힘을 이길 수는 없습니다.

셋째, 개인이 구조적으로 힘을 가진 거대권력을 이길 수 없습니다. 이번 초콜릿 판매의 경우에는 학교 측의 대표인 레온 교감선생님의 후원이 있습니다. 음성적으로 몰래 그들의 이익을 위해서가 아니라 학교 측의 회유로 인해 강한 후원자를 가진 격입니다. 다윗과 골리앗의 싸움입니다.

사회자 엄마

다음은 작전타임을 갖겠습니다. 입론을 통해 경청했던 내용들을 중심으로 질문하고 답변하는 반론 시간에 대비하여 생각을 정리하는 시간입니다. 시간은 1분입니다.

〈4단계〉 첫 번째 작전타임 갖기 - 1분

논쟁 하브루타 주체들 모두가 입론에서 경청했던 내용들을 중심으로 반론단계에서 반박할 내용을 확인하고 정리한다.

사회자 엄마

1분이 되었으므로 이상으로 작전타임을 마치겠습니다. 입론은 찬성 측부터 했으니까 공평하게 반론은 반대 측의 주도로 먼저하고 이어서 찬성 측 주도로 진행하겠습니다. 각 팀에게 주어진 시간은 5분씩입니다. 자, 반대 측부터 시작해 주세요.

〈5 단계〉 반대 측 주도 반론하기 - 5분

반대 측 질문 아빠

르노가 두 친구들과 힘을 합쳐서 할 수 있는 일들에는 어떤 것들이 있을까요?

찬성 측 답변 고1년 아들

'초콜릿 판매의 순수한 목적이 변질된 것이 아닌가?'라는 질문을 레온 교감 선생님께 해야 합니다.

반대 측 반박 아빠

레온 교감선생님이 초콜릿 판매액을 예년에 비해 두 배로 잡은 까닭은 학교 내 학생들의 편의시설을 더 좋게 하기 위해서라고 답변을 했다면 어떻게 해야 하나요?

찬성 측 답변 고1 아들
'목적이 수단을 정당화 하지 않는다'라는 말처럼 아무리 정의로운 목적일지라도 트리니티 학교의 학생들과 학부모님들의 사정에 적합해야 하고 이제까지 계속해온 것처럼 전통과 예측 가능한 한도 내에서 초콜릿을 판매해야 합니다.

반대 측 질문 아빠
르노가 초콜릿 판매 거부 기간을 넘어서까지 판매거부를 한 것은 이성적인 판단이라기보다는 감정적인 생각이 앞섰고, 그로 인해 야경대에게 미움을 받고 결국에는 권투경기에서도 몸에 많은 상처를 남긴 것이 아닐까요?

찬성 측 답변 고1년 아들
르노는 평소에도 야경대라는 서클에 대해 좋지 않은 감정을 가지고 있었고 평등한 학생으로서 학교생활을 하고 싶었으나 야경대가 '한시적인 초콜릿 판매 거부'라는 과제를 제시한 것은 부당한 명령이라고 생각했습니다. 이에 용기를 내어 당당하게 맞선 것입니다. '복종이 지배를 만든다'라는 말이 있듯이 옳지 않은 권력이나 공포에 굴종한다면 더욱 더 부당한 지배와 남용이 생기기 때문에 거기에 맞섰던 매우 용기 있는 행동입니다. 다시 말하면 르노는 집단의 부당한 권력과 폭력에 반대하여 개인의 독립과 자유를 바라는 의사를 표명했음이 분명합니다.

반대 측 질문 아빠
이 소설의 구성상 야경대라는 서클은 골리앗처럼 힘이 강대한 조직이고 르노는 힘이 약한 다윗으로 비교해 볼 수 있는데요. 어떻게 하면 르노가 야경대를 조정하거나 이길 수 있다고 생각하나요?

찬성 측 답변 고1년 아들

말콤 글래드웰이 지은 『다윗과 골리앗』이라는 책에서 '약자가 강자를 어떻게 이기는가?'에 대해 이야기 한 것처럼 야경대의 약점을 정확하게 파악하고 야경대가 보복을 하지 않도록 지혜롭게 협상을 할 수 있습니다. 구체적으로 말씀드리면 야경대의 이중적인 태도는 야경대라는 멋진(?) 써클에 어울리지 않는 결정이 아닌가'라고 반문하고, 스스로 갈등을 해결하는 방법을 깨우치는 기회를 주면 좋다고 생각합니다.

반대 측 정리발언 아빠

예. 알겠습니다. 이상으로 반대 측 주도 반론을 마치겠습니다.

〈6단계〉 찬성 측 주도 반론하기-5분

찬성 측 질문 고1년 아들

르노에게 친구들이 도움을 주었다가는 야경대에게 당할 것이라고 하셨는데요. 그런 생각은 부당한 힘에 맞서는 용기보다는 굴종하는 비겁함을 강조하는 것이 아닌가요?

반대 측 답변 아빠

물론 그럴 수도 있습니다. 하지만 야경대는 엄청난 힘을 가진 써클이기 때문에 르노나 나머지 구버, 베일리 등의 친구들도 보호하는 차원에서 그렇게 이야기 했습니다.

찬성 측 질문 고1년 아들

그렇게 부조리한 현실에 적응하는 젊은이가 많으면 공정한 사회가 만들어질 것이라고 생각하시나요?

반대 측 답변 아빠

내 얘기는 부조리한 현실에 순응하는 젊은이가 영웅적이라거나 옳다고 주장하는 것이 아닙니다. 단지 그 소설 속의 등장인물들과 사건의 전개과정에서 살펴보면 그렇게 할 수밖에 없지 않겠느냐는 것입니다.

찬성 측 반박 고1년 아들
물론 토론에서 입장이 중요하다는 것은 잘 알고 있습니다. 하지만 그 입장에서 어떻게 하면 지혜롭게 문제를 해결하고 공동체의 선을 위해 봉사와 희생까지도 감수해야 하는가에 대해서도 함께 주장하는 것이 옳습니다.

반대 측 재반박 아빠
어떤 현상이든지 두 개의 입장이 존재합니다. 이상과 현실, 당위(當爲)와 현실과 같이 말입니다. 하지만 고등학생은 성인과는 달리 경험도 부족하고 지혜 또한 발달이 덜 된 나이이므로 섣불리 이상을 추구하다보면 자신이 진정으로 바라던 상황에 다가가지 못할 수 있습니다. 이 소설에서 르노는 고등학교 학생으로만 머물러 있지 않을 것이기 때문에 그러한 현실에 순응하면서도 희생을 최소화하는 지혜를 발휘해야 합니다.

찬성 측 질문 고1년 아들
반대 측은 르노가 구조적인 거대 권력에 이길 수 없다고 주장하셨습니다. 그 거대 권력에는 레온 교감선생님과 야경대라는 비밀 서클을 말합니다. 그러나 사실 학부모 단체라든지 교사들의 동의를 거치지 않은 정책에 반대하는 교사들의 모임, 교육지원청, 인권보호센터 등 더욱 강력한 거대 권력이 있다는 것에 동의하십니까?

반대 측 답변 아빠
예, 동의합니다. 그렇지만 소설 속의 거대 권력은 학교 측의 대표자인 레온 교감선생님과 학생들 사이에서 가장 힘이 강력한 야경대입니다.

찬성 측 반박 고1년 아들
소설은 현실을 바탕으로 개연적인(그럴 수도 있는) 내용을 다룹니다.

이렇게 논쟁 하브루타를 하는 이유는 갈등 상황에서 어떻게 하면 가치 있고 의미 있는 해결책을 찾아내는가에 큰 뜻이 있는데요. 제 생각에는 진정한 거대 권력은 '진실과 정의'가 아닌가 생각합니다.

반대 측 답변 아빠
탄탄한 조직을 갖추지 않은 힘은 현실적으로 힘을 발휘하지 못합니다. 르노나 르노와 생각을 같이 하는 친구들 또한 정의감 하나만으로 그러한 권력에 도전했다가는 몸도 상하고 마음도 다쳐서 어쩌면 기나긴 세월 동안 고통스럽게 생활하는 경우도 생길 수 있습니다. 아무리 옳은 일일지라도 상황에 어울리지 않게 자신을 희생하면서까지 그것을 성취하려고 노력하다가는 오히려 자기 자신과 자신이 추구했던 목표 모두를 잃을 수 있습니다.

찬성 측 질문 고1년 아들
반대 측은 결국 르노의 판단이 틀렸다는 것을 강조하고 계신건가요?

반대 측 답변 아빠
판단이 틀렸다기보다는 적과 싸울 때 필요한 '진지(陣地)'를 제대로 구축하지 못했기 때문에 매우 위험할 수도 있다는 입장입니다.

찬성 측 정리 발언 고1 아들
예. 알겠습니다. 이상으로 찬성 측 주도 반론을 마치겠습니다.

사회자 엄마
다음은 두 번째 작전타임을 갖겠습니다. 최종변론 단계에 필요한 생각을 정리하는 시간입니다. 시간은 1분입니다.

〈7단계〉 두 번째 작전타임 갖기 - 1분
논쟁 하브루타 주체들 모두가 입론과 반론에서 경청했던 내용들을 중심으로 다시 생각해서 최종변론 단계에서 주장할 내용을 확인하고 정리

한다.

사회자 엄마

1분이 되었으므로 이상으로 작전타임을 마치겠습니다. 반론은 먼저 반대 측 주도로 했고 이어서 찬성 측 주도로 진행했으므로 최종변론은 찬성 측부터 하겠습니다. 각 팀에게 주어진 시간은 3분씩입니다. 자, 찬성 측부터 시작해 주세요.

〈8단계〉 찬성 측 최종변론

찬성 측 고1년 아들

저는 르노가 부조리한 거대 권력에 맞서서 싸운 것은 정당하고 용기 있는 행동이라고 생각합니다. 반대 측에서 주장한 내용인 '멀리 보면 패배할 수밖에 없는 어리석은 행동이다'라는 것 또한 어떤 면에서는 일리가 있습니다.

하지만 친구들과 힘을 합쳐서 부당한 힘을 발휘하는 세력들에 맞설 수 있습니다. 올바름을 추구하는 교사들, 학부모님들, 교육청 등에 자신들의 입장을 호소하고 끌어들인다면 정당한 힘이 부조리한 세력에 억눌리는 안타까운 상황이 생겨나지 않을 것이라고 확신합니다. 약했던 다윗이 최강파워 골리앗의 약점을 공격해서 쓰러뜨린 것처럼 친구들과 주변 분들의 도움이 합쳐진다면 이길 수 있습니다.

이 작품 속에 개인의 저항이 갖는 희망의 메시지가 암묵적으로 면면히 흐르고 있는 것을 완전히 부인할 수는 없습니다. 뜻이 좌절된 주인공의 좌절 메시지를 전달했다고 해도 르노의 친구 구버에 대한 영향과 그의 변화하는 인식, 나쁜 등장인물인 카터가 르노의 저항에 대해 갖는 경외심과 급우들이 보내는 동정심, 그리고 아치에 대해 그들이 보이는 증오심 등에서 말입니다. 아직도 개인이 지닌 저항의 잠재력이 이 세상을 조금이라도 바꿀 수 있는 개인의 가능성에 대한 희망의 여운을 남기고 있습니다. 맨마지막 장은 지하 폭력조직의 멤버인 아치를 비롯한 자신들의 절대 권력이 힘없이 무너질 것을 암시합니다. 그 책의 일부분에는 다음과 같은 문장이 등장하는 것을 보아 알 수 있습니다.

　"아마도 다음번에는 검은 상자 - 검은 상자는 아치가 자신의 기획을 행사할 때 마다 폭력 조직이 그에게 내미는 상자로서, 상자 속에서 검은 돌을 꺼내는 순간 아치는 행사권을 잃게 된다. 아치의 권력도 변덕스러운 운명의 힘이고 영원할 수 없다는 것을 말해준다-가 쓸모 있겠지……. 아니면 르노 같은 또 다른 꼬마가 나타날지도 모르고……."

〈9단계〉 반대 측 최종변론
반대 측 아빠

'강한 자가 살아남는 것이 아니라 살아남은 자가 강한 자다'라는 말이 있습니다. 이념과 생각을 넘어서 현실을 정확히 파악하고 튼튼한 진지(陣地)를 구축하며 정교하게 싸워서 이길 수 있을 때 진정 자신의 뜻을 관철시킬 수 있습니다. 찬성 측의 피 끓는 정의감과 실천을 위한 응당한 희생에 대한 의견 또한 어느 면에서 우리 사회를 발전시킬 수 있는 원동력입니다.

하지만 우리가 읽었던 『초콜릿 전쟁』이라는 책 속에서 보면 르노와 나머지 친구들이 힘을 합친다고 해도 승리하기 보다는 패배하는 내용으로 이루어져 있습니다. 이 책의 끝부분에는 르노는 들것에 실려 가고 트리니티 고등학교가 한동안 지하학생 조직과 교감 브라더 레온의 동맹관계에서 운영될 것을 암시하며 작품은 끝납니다. 이러한 결말에 대해 영웅으로 등장하던 주인공 르노의 패배는 무엇을 시사하고 있나요?

공동체의 선을 위해서 개인이 희생되는 억울한 상황은 명분이 아무리 좋아도 옳지 못합니다. 따라서 르노가 힘을 합쳐서 문제를 해결하는 것은 어리석은 판단입니다.

사회자 엄마
감사합니다. 다음은 판정을 하겠습니다.

〈10단계〉 판정 이유와 판정 결과 발표하기 엄마

입론인 주장 펼치기 단계에서 찬성 측은 『초콜릿 전쟁』이라는 책의 주인공 르노가 친구들과 힘을 합쳐서 문제를 해결했어야 했다고 주장을 펼쳤습니다. 반대 측은 르노가 친구들과 힘을 합쳐서 문제를 해결하는 것은 어리석은 판단이라고 주장했습니다.

입론에서 찬성 측은 구버, 베일리 등의 친구들과 힘을 합치면 야경대를 이길 수 있다고 했고 선이 악을 이긴다는 점을 근거로 주장을 펼쳤습니다. 반대 측에서는 친구들이 르노에게 도움을 주었다가는 야경대에게 당할 것이고 현실적으로도 구버, 베일리 두 친구는 힘이 없다고 했습니다. 또한 브라더 레온 교감선생님의 후원이 있는 야경대라는 구조적인 거대 권력을 이길 수 없다고 했습니다.

반론인 주장 허물기 단계에서는 반대 측에서 찬성 측이 논제를 제대로 이해하고 있는지에 대한 질문을 던졌습니다. 그리고 르노가 초콜릿 판매 거부기간을 넘겨서까지 거부한 것은 감정이 앞섰고, 그로 인해 야경대에게 미움을 받고 결국에는 권투경기에서도 육체적인 고통을 받게된 것이 아니냐는 예리한 질문을 던졌습니다. 이에 대해 찬성 측에서는 르노가 순간적인 감정에 따라 그렇게 행동한 것이 아니라 부당한 권력과 폭력에 맞서서 개인의 독립과 자유를 지켜내고 추구하려는 용기를 보여준 것이라고 받아쳤습니다. 반대 측에서는 현실적으로 르노는 힘이 약한 다윗에 비유하였고 야경대는 골리앗에 비유하여서 다윗이 결투를 벌이는 것의 부당함을 물었습니다. 하지만 찬성 측에서는 말콤 글래드 웰이 지은 『다윗과 골리앗』이라는 책을 인용해서 야경대의 약점을 정확하게 파악하고 야경대가 보복을 하지 않도록 지혜롭게 협상을 할 수 있다고 답변했습니다. 특히 야경대의 정체성을 살려낼 수 있었지만 그렇지 못한 아쉬운 점을 지적했습니다. 찬성 측이 매우 놀라운 방안을 제시했습니다.

반론 단계에서 찬성 측은 친구들의 도움이 있더라도 야경대에게 당할 것이라는 반대 측의 주장에 대해 부당한 힘에 맞서는 용기보다는 굴종하는 비겁함을 강조하는 것이 아니냐는 질문을 던졌습니다. 하지만 반대 측에서는 두 친구를 보호하는 차원에서 그렇게 주장한 것이라고 답변했습니다. 찬성 측에서는 반대 측을 향해 르노가 구조적인 거대 권력에 이길 수 없다고 주장을 펼쳤습니다. 그 거대권력에는 레온 교감선생님과 야경 대라는 비밀 서클을 말합니다. 그러나 사실 학부모 단체라든지 교사들의 동의를 거치지 않은 정책에 반대하는 교사들의 모임, 교육지원청, 인권보호센터 등 더욱 강력한 거대 권력이 있다는 것에 동의하느냐는 찬성 측의 질문이 탁월했습니다. 그렇지만 반대 측에서는 찬성 측 질문에 동의한다고 하면서도 야경대 조직이 거대 권력이라고 고집한 것은 편협한 주장이라고 판단됩니다. 찬성 측에서는 르노가 친구들과 힘을 합쳐야 했지만 힘을 합쳐서 야경대 조직의 정체성을 흔드는 위험성까지 지적했고 두 친구들을 넘어서 학교 내의 단체들까지도 생각해낸 점에 높은 점수를 주고 싶습니다.

최종변론 단계에서는 찬성 측에서는 약했던 다윗이 최강 파워 골리앗의 약점을 파악해서 공격함으로써 쓰러뜨린 것처럼 얼마든지 친구들과 주변 분들의 도움이 합쳐진다면 이길 수 있다고 다른 책을 인용했습니다. 시민불복종의 전통이 승리할 수 있다는 강한 이미지로 주장을 마무리 했습니다.

반대 측에서는 '강한 자가 살아남는 것이 아니라 살아남은 자가 강한 자'라는 명언으로 현실의 중요성을 강조했습니다. 『초콜릿 전쟁』이라는 책 속에서 보면 르노와 나머지 친구들이 힘을 합친다고 해도 승리하기 보다는 패배하는 내용으로 이루어져 있다고 했습니다. 공동체의 선을 위해서 개인이 희생되는 억울한 상황은 명분이 아무리 좋아도 옳지 못하다고 힘주어 말합니다. 따라서 르노가 힘을 합쳐서 문제를 해결하는 것은 어리석은 판단이라고 주장했습니다. 입론에서부터 최종변론에 까지 흔들리지 않는 확고한 신념을 볼 수 있었습니다. 양 측 모두 적절한 근거를 가지고 자기 측의 주장을 관철시켰다는 점에서 높은 점수를 주고 싶습니다.

입론에서는 반대 측의 점수가 높았고 반론에서는 위에서 언급한 것처럼 찬성 측에서 점수를 많이 얻었습니다. 최종변론에서는 양 측의 점수가 동일했습니다.

이렇게 해서 이번 논쟁 하브루타는 찬성 측이 승리했습니다. 최선을 다해 논쟁 하브루타에 참여한 양 팀에게 칭찬을 보냅니다. 수고했습니다.

〈11단계〉 논쟁 하브루타 소감 발표하기

사회자 엄마

이렇게 해서 『초콜릿 전쟁』이라는 책 속의 르노는 친구들과 힘을 합쳐서 문제를 해결했어야 했다'라는 논제를 가지고 행했던 논쟁 하브루타를 모두 마치겠습니다. 저도 이렇게 좋은 논제를 가지고 논쟁 하브루타를 하면서 어떤 판단을 할 때 공동체의 선과 함께 개인의 안전이나 행복도 함께 보장되는지에 많은 깨달음이 있었습니다. 그러면 양측에서 논쟁 하브루타를 마친 소감을 말씀해주시겠습니다.

찬성 측 고1년 아들

저는 이번 논쟁 하브루타를 통해 이상(理想)과 현실에 대해 다시 한 번 생각할 기회를 갖게 되었습니다. 섣부른 이상은 오히려 자신이 진정으로 원하는 현실을 절대로 만들어 낼 수 없다는 깨우침을 얻었습니다. 힘을 합치더라고 반대 세력을 제어가능한 구체적인 권력을 구축하는 작업을 진지하게 해야 한다는 지혜 또한 알게 되었습니다. 또한 르노를 통해 배운 점이 있습니다. 집단의 권력과 폭력에 반대하여 개인의 독립과 자유를 희구하는 용기입니다.

그리고 아빠가 보수적으로 기존의 생각들을 주입하거나 따르라는 명령을 주로 하시는 분인줄 알았었는데, 이번 논쟁 하브루타를 통해 아빠는 당신의 주장에 합당한 근거를 가지고 말씀하신다는 것을 알았고 앞으로도 아빠의 말씀을 경청하기로 다짐했습니다.

반대 측 아빠

개인의 봉사와 희생으로 공동체의 선이 이룩되는 경우가 드물다는 것에 대해 안타깝게 생각했습니다. 그래서 힘이 없는 학생들이 힘을 모아서 개인의 권리와 자유를 펼치기 위해 거대 권력의 폭력에 도전하는 것이 얼마나 무모하고 어리석은가에 대한 입장에서 주장을 펼쳤습니다. 단지 힘을 합치는 것에 강조점을 두기보다는 진실과 정의라는 가치가 있는 협력이라면 현실적으로 이루기 어렵더라도 매우 의미 있는 행위임을 깨달았습니다. 그리고 어떤 조직이든지 가능한 전체 구성원들의 이익을 위해 행동하는 양심을 지닐 수 있도록 노력하는 것이 중요합니다.

특히 고등학교 1학년인 아들의 생각이 이렇게 멋지게 성장한 것에 대해 논쟁 하브루타를 하는 내내 놀랍고 즐거웠습니다. 앞으로도 아들과 함께 논쟁 하브루타를 하는 기회를 많이 있었으면 좋겠습니다.

사회자 겸 판정인 엄마

아빠와 아들이 논쟁 하브루타를 하는 모습이 매우 재미있습니다. 우리 가족들에 대해서 든든한 마음을 갖게 됐습니다. 어떤 근거를 가지고 생각하고 주장하는 이성적인 태도를 보면서 더욱 더 많은 신뢰를 갖게 되었습니다. 사회를 보는 내내 양쪽 입장에서 최선을 다해준 두 사람에게 감사하다는 말씀을 전해 드리고 싶었습니다. 수고 많으셨습니다. 이상으로 독서 논쟁 하브루타를 마치겠습니다. 감사합니다.

사례 3.
논제: 심청이는 불효녀인가?

예로부터 부모님께 효도는 모든 행동의 기본이 된다고 했습니다. 고전소설로 매우 유명한 『심청전』에 나오는 주인공인 심청이의 행동을 보고 과연 심청이가 효녀인지 생각해 볼 필요가 있습니다. 아들이나 딸로서 부모님께 어떻게 하는 것이 효도일까요? 심청이의 행동을 놓고 가족들끼리 효녀라고 생각하는 가족과 불효녀라고 생각하는 가족들이 있습니다. 그럼 오늘은 『심청전』의 주인공 심청이는 효녀인가, 불효녀인가에 대한 주제로 벌이는 치열한 논쟁 하브루타 현장으로 가볼까요?

논쟁 하브루타 주제 : 심청은 불효녀다

논쟁 하브루타 주제 : 4인 가족   ☞ 사회자 및 판정인 - 엄마
　　　　　　　　　　　　 ☞ 찬성 측(불효녀팀) - 아빠
　　　　　　　　　　　　 ☞ 반대 측(효녀팀) - 초등4학년 딸
　　　　　　　　　　　　　　　　　　　　 초등6학년 아들

　같은 주제를 놓고 대화하는 한 가정의 가상 대화 현장을 찾아가 보겠습니다.

　엄마
　우리 아들딸과 아빠는 심청전에 나오는 심청이가 효녀인지 아닌지 생각해 봤을까요?

　초등 6년 아들
　글쎄요. 어떻게 보면 효녀 같고 다르게 보면 불효녀 같아서 정확히 모르겠어요.

　초등 4년 딸
　심청이는 당연히 효녀지요. 아니 어떤 딸이 아빠의 눈을 뜨게 해 주기 위해 자신의 생명을 던지겠어요. 효녀도 대단한 효녀에요.

　아빠
　심청이가 아빠를 생각하는 마음만은 칭찬해야지. 그런데 꼭 자신의 생명을 버리면서까지 아빠를 위해야 했을까? 도대체 이해가 안 돼, 안 된다구.

　엄마
　그럼 아들과 아빠는 심청이가 효녀인지 아닌지 정확히 모르겠다는 것

인가요? 효녀면 효녀다. 아니면 아니다 라고 분명히 밝혀줄 수 있겠어요?

초등 6년 아들

엄마가 물어보시니까 말씀드릴게요. 심청이는 생각이 짧았던 불효녀입니다. 일단 아빠의 입장에서 보면 딸이 죽어 세상에서 사라지고 나면 자신이 눈을 뜬들 어떤 기쁨이 있을까요. 정말 고통스러울 것 같아요.

아빠

나도 우리 아들처럼 심청이의 행동을 보면 해서는 안 될 일을 했기 때문에 불효녀라고 생각해요. 아니. 심청이가 이 세상에 없어지면 심학규인 아빠는 어떻게 살라고 그런 끔찍한 생각을 해서 실천한 것인지 도대체 이해가 안 돼요.

초등 4년 딸

심청이가 자기 자신만을 위해 인당수에 몸을 던졌다면 불효를 저지른 것이지만 오로지 아빠의 눈을 뜨게 해 드리겠다는 아름다운 마음으로 몸을 판 것이기 때문에 효녀 아닌가요? 그리고 그동안 아빠에게 해 온 행동을 전부 봐야 합니다. 얼마나 기특한 효녀입니까? 심청이에게 너무 그러지 마세요. 정말. 아~~

엄마

우리 딸이 흥분한 것 같네. 뭐 생각은 사람마다 다를 수 있으니까요. 아무튼 재미있었어요. 앞으로 우리 가족들 중 어느 누구든지 함께 대화할 것 있으면 이렇게 주제를 놓고 이야기 했으면 해요.

▶ '심청은 불효녀다'라는 주제로 다음과 같은 논쟁 하브루타 사례를 소개합니다.

단계별 논쟁 하브루타 내용

사회자 엄마

안녕하십니까? 온 누리에 목련꽃과 벚꽃이 만발하게 피어 아름다움을 뽐내는 찬란한 봄날에 이렇게 우리 가족들끼리 독서 논쟁 하브루타를 시작하게 되어 기쁩니다.

지난 번 안내해드린 대로 오늘은 특별히 우리 가족들이 우리의 전래동화인 『심청전』을 읽고 토론을 합니다. 2주 전부터 우리 가족 4명 모두가 『심청전』을 돌아가면서 읽었습니다. 제 개인적인 생각에는 고전작품들을 여러 번 읽었는데 읽을 때마다 진한 감동을 받은 경험이 있습니다.

그러면 제가 『심청전』의 줄거리를 구연해 보겠습니다. 잘 들으면서 오늘 논제에 대한 자기의 의견에 대해 생각해 보는 시간을 가지길 바랍니다..

옛날 아주 먼 옛날에 황해도 황주 도화동에 심학규라는 장님이 살고 있었습니다. 그가 결혼하여 딸을 낳아서 이름을 청이라 지었는데 그만 청이 엄마는 청이를 낳은 지 며칠 후 죽고 말았습니다. 그래도 청이는 동네 아주머니들의 젖을 얻어먹으며 무럭무럭 자라서 아버지를 봉양하고 살았습니다.

어느 날 아버지가 청이를 마중 가다가 물에 빠진 후, 자신을 구해준 스님과 약속을 했습니다. 자신의 눈을 뜨려면 공양미 삼백 석을 부처님께 바치면 된다고 하기에 그렇게 하기로 했던 것입니다.

심청이는 인당수에 빠져 죽으면 그 대가로 쌀 삼백 석을 준다는 뱃사람의 말을 듣고 아버지 몰래 약속을 하여 결국 인당수에 빠졌습니다. 그런데 살아나서 왕비가 되고 소경잔치를 베풀어 아버지를 만나 심봉사가 눈을 떴다는 이야기입니다.

〈1 단계〉 논쟁 하브루타 주제를 정하게 된 배경과 논쟁 하브루타를 할 때 주의할 점 발표하기

사회자 엄마

『심청전』에 대한 줄거리 잘 들으셨습니까? 그럼 이야기 속에서 논쟁 하브루타 주제를 정한 이유나 배경을 설명드리겠습니다. 효녀에 대한 생각은 옛날과 오늘날 시대적으로 생각하는 관점이 다르기 때문입니다.

그럼. 오늘 논쟁 하브루타를 할 때 지켜야 할 일들과 논쟁 하브루타를 하는 방법을 돌아가면서 이야기 해주시겠습니까?

찬성 측 아빠

제가 논쟁 하브루타를 할 때 지켜야 할 일들에 대해 말씀드리겠습니다. 민주적인 태도로 서로 존중하고 내용을 명료하게 밝힙니다. 예의바른 태도와 말씨를 사용해야 합니다. 가장 중요한 것은 발표하는 사람의 입장을 존중하면서 자신의 생각과 비교하면서 듣습니다.

사회자 엄마

오늘 논쟁 하브루타의 사회자인 제가 논쟁 하브루타하는 방법을 말씀드리겠습니다. 그동안 우리가족들이 해온 논쟁 하브루타 형식으로 진행하겠습니다. 먼저 찬성 측에서부터 각각 5분씩 입론, 그 다음 반대 측에서 입론을 마치고 이어서 1분 동안 작전타임을 갖습니다. 이어서 반론을 5분 동안 양 측에서 하겠습니다. 공평하게 반론은 반대 측 주도로 질문을 먼저하고 찬성 측이 답변합니다. 다음에는 찬성 측에서 주도권을 가지고 반론을 진행하겠습니다. 그런 다음 제 2차 작전타임을 1분씩 갖겠습니다. 반대 측부터 3분씩 최종변론을 하겠습니다. 그리고 판정결과를 발표하고 이어서 소감을 듣는 순서를 갖겠습니다.

반대 측 초등 4학년 딸

저도 학교에서 책을 읽고 나서 논쟁 하브루타를 해 봤습니다. 오늘도 부족하지만 열심히 논쟁 하브루타에 참여하겠습니다.

반대 측 초등 6학년 아들

저도 동생과 함께 반대 측의 입장에서 '심청이가 효녀이다'라는 주장을 펼쳐보겠습니다.

사회자 엄마

그럼 입론을 시작하겠습니다. 먼저 찬성 측부터 입론을 해주시고 이어서 반대 측이 입론을 하겠습니다. 정해진 시간은 각 측 5분 이내입니다.

〈2 단계〉 찬성 측 입론(주장 펼치기)

찬성 측 아빠

저는 심청이는 불효녀라고 생각합니다. 그 이유는 다음과 같습니다.

첫째, 심청이가 가난하지만 아버지의 눈을 뜨게 하는 방법으로 공양미 삼백 석 외에 다른 방법을 생각하지 않고 너무 쉽게 부모님이 주신 생명을 버렸기 때문입니다.

둘째, 심봉사의 입장에서는 자신의 눈이 멀어서 안 보이는 것보다 자식인 심청이 죽은 것을 알고 마음이 너무 슬펐을 것입니다. 효도라는 것은 부모님을 기쁘게 해드리는 것인데, 아버지에게 엄청난 괴로움을 안겨준 심청이의 행동은 잘못입니다.

셋째, 심청이가 불효녀인 이유는 위의 두 가지 이유 이외에도 또 있습니다. 열다섯 살이나 된 심청이가 자신이 죽고 난 뒤에 돌볼 사람도 없이 혼자서 힘들게 살아가실 아버지를 생각하지 않았기 때문입니다. 효도는 어느 한 순간만 부모님을 편안하게 해드리는 것이 아니라 부모님의 마음을 지속적으로 행복하게 해드리는 것입니다.

이상 세 가지 이유 때문에 심청이는 불효녀라고 주장합니다. 찬성 측 입론을 마치겠습니다.

〈3 단계〉 반대 측 입론(주장 펼치기)

반대 측 초등 6학년 아들

『심청전』의 '심청이는 불효녀다'라는 논제에 반대합니다. 즉 심청이가 효녀라고 주장하고 싶습니다. 그 이유는 다음과 같습니다.

첫째, 심청이가 자신의 즐거움이나 좋아하는 것을 위한 목적이 아닌 아버지의 눈을 뜨게 해드리기 위해서 자신의 가장 귀한 생명을 바쳤기 때문입니다.

둘째, 최근에 우리 담임 선생님을 통해 들은 이야기를 들려주고 싶습니다. 어떤 아들이 아픈 엄마를 안 돌보고 바닷가에 버려서 결국 바닷물에 빠져 돌아가셨다는 이야기를 들었습니다. 이런 사람도 많은데 심청은 아버지를 위해 자신에게 하나밖에 없는 목숨을 던짐으로써 자신을 희생했습니다.

반대 측 초등 4학년 딸
같은 반대 측인 오빠의 두 가지 주장에 이어서 말씀드리겠습니다.

셋째, 『심청전』이라는 고전소설을 보면 인당수에 빠졌다가 살아나서 왕비가 된 심청이 맹인잔치를 열면서까지 아버지를 계속 찾아서 하늘이 감동하여 눈까지 뜨게 했다는 이야기가 나옵니다. 결국 심봉사가 눈을 뜬 것으로 봐서 심청이의 행동은 옳았습니다. 이상입니다.

사회자 엄마
다음은 작전타임입니다. 입론을 통해 경청했던 내용들을 중심으로 질문하고 답변하는 반론 시간에 필요한 생각을 정리하는 시간입니다. 시간은 1분입니다.

〈4 단계〉 첫 번째 작전타임 갖기 - 1분
하브루타 주체들 모두가 입론에서 경청했던 내용들을 바탕으로 반론 단계에서 반박할 내용을 확인하고 정리한다.

사회자 엄마
1분이 되었으므로 이상으로 작전타임을 마치겠습니다. 입론은 찬성 측부터 했으니까 공평하게 반론은 먼저 심청이가 효녀라고 주장하는 반대 측 주도로 하고 이어서 찬성 측 주도로 진행하겠습니다. 각 팀에게 주어진 시간은 5분씩입니다. 자, 반대 측부터 시작해 주세요.

〈5 단계〉 반대 측 주도 반론하기 - 5분
반대 측 질문 초등 6학년 아들

찬성 측이 주장하는 불효녀라는 주장에 한편으로 이해하고 동의하고 싶습니다. 그러나 현실적으로 생각해 보세요. 설사 심청이의 생명 값인 공양미 삼백 석으로 아빠의 눈을 떴다고 한들 아빠인 심봉사는 진정 딸에게 고마워했을까요? 아니면 미안하고 괴로워했을까요? 찬성 측에서 대답해 주세요.

찬성 측 답변 아빠
괴로워했을 것 같습니다.

반대 측 질문 초등6학년 아들
심봉사는 왜 괴로워했을 것이라고 생각하십니까?

찬성 측 답변 아빠
심봉사는 외동딸인 심청이가 인당수에 빠져죽었을 때부터 얼마나 많은 세월을 두고 고통스럽게 살았겠습니까? 아무리 눈을 떴어도 괴로운 것은 괴로운 것입니다.

반대 측 질문 초등 4학년 딸
아까 찬성 측에서 심청이가 아버지보다 먼저 죽는 불효를 저지르고 원하지 않는 일을 했기 때문에 불효녀라고 주장했습니다.

찬성 측 답변 아빠
예, 심청이는 불효를 저질렀습니다. 심청이가 희생하기를 바라며 심봉사가 약속을 한 것도 아닙니다. 심청이가 없어지면 외롭고 슬픈 아버지는 혼자 살게 됩니다.

반대 측 반박 및 정리 초등 6학년 아들

그것은 결과론적으로 보면 그렇지만 자신에게 하나밖에 없는 생명을 던져서 아빠의 눈을 뜨게 해주려는 것이 어찌 불효녀입니까? 행동자체는 문제이지만 그 동기는 너무 갸륵하지 않습니까? 심청이의 행동에 문제가 있다는 것을 저도 인정합니다. 하지만 효도를 하는데 이것저것 다 따지면 언제 효도를 합니까? 아버지를 위해서 자신의 목숨을 버린 심청이의 효도는 조금도 의심할 필요가 없습니다. 그리고 심청이는 아버지를 극진히 사랑했기 때문에 자기의 목숨까지 바쳐 효도했다고 생각합니다.

〈6 단계〉 찬성 측 주도 반론하기 - 5분

찬성 측 질문 아빠

아까 반대 측에서 심청이가 효녀라고 주장하셨습니다. 효녀의 개념을 정의해 주시기 바랍니다.

반대 측 답변 초등 4학년 딸

효녀란 부모님의 마음을 편하게 해드리는 딸입니다.

찬성 측 질문 아빠

그러면 과정이나 동기가 중요한가요? 아니면 결과가 더 중요하다고 생각하나요?

반대 측 답변 초등 4학년 딸

과정과 결과 모두 중요합니다.

찬성 측 질문 아빠

그러면 결국 심청이가 죽고 심봉사가 눈을 떴다고 했을 때 과연 아까 반대 측에서 효녀에 대한 개념을 정의한 것처럼 심청이가 아버지의 마음을 편하게 해드렸는지 다시 한 번 생각해 보기 바랍니다.

반대 측 답변 초등 6학년 아들
예, 부모의 가슴 속에 묻는다고 들었습니다.

찬성 측 질문 아빠
그 말의 뜻은 무엇일까요?

반대 측 답변 초등 6학년 아들
부모로서 가장 슬픈 것은 자식의 생명이 이 땅에서 없어졌다는 뜻입니다.

찬성 측 반박 및 정리 아빠
그렇습니다. 아무리 딸이 자신의 생명을 던져서 아버지의 눈을 뜨게 해드렸다고 한들 과연 아버지의 마음이 평화로웠겠냐는 말씀입니다. 다시 말해 아버지를 더욱 고통스럽게 만든 불효를 저질렀다고 주장합니다. 이상입니다.

사회자 엄마
다음은 두 번째 작전타임을 갖겠습니다. 자기가 주장할 내용들을 다시 생각해서 자신의 주장을 확실하게 펼치는 최종변론 단계에 필요한 생각을 정리하는 시간입니다. 시간은 1분입니다.

〈7 단계〉 두 번째 작전타임 갖기 - 1분
논쟁 하브루타 주체들 모두가 입론과 반론에서 경청했던 내용들을 중심으로 다시 정리해서 최종변론 단계에서 주장할 내용을 확인한다.

사회자 엄마
1분이 되었으므로 이상으로 작전타임을 마치겠습니다. 반론은 먼저 반대 측 주도로 하고 이어서 찬성 측 주도로 진행했으므로 최종변론은 찬성 측부터 하겠습니다. 각 팀에게 주어진 시간은 3분씩입니다. 자, 찬성 측부터 시작해 주세요.

〈8 단계〉 찬성 측 최종변론

찬성 측 아빠

자식은 부모의 희망이라고 합니다. 부모님들께서도 항상 저에게 '너는 아빠, 엄마의 희망이야'라고 말씀하셨습니다. 그런데 심청이는 바다에 빠져 죽었습니다. 아버지를 슬프게 만들고 희망을 사라지게 했으니 마땅히 불효녀입니다. 앞을 못 보는 상처를 가진 아버지에게 외동딸 심청이를 잃게 되는 깊은 상처를 주었기 때문입니다.

심청이가 바다에 빠지지 않았어도 가난하지만 행복하게 아버지와 잘 살 수 있었습니다. 하지만 아버지가 눈을 떠도 아버지는 자기 때문에 심청이가 죽었다는 것으로 매일매일 슬픔에 빠질 수 있습니다. 심청이가 죽으면 아버지에게는 더 큰 마음의 상처가 되기 때문에 심청이가 바다에 빠진 것에 대한 저의 생각은 심청이가 불효녀라고 생각합니다. 즉 자기의 목숨을 버리지 않고 아버지께 계속 효도하며 화목하게 생활할 수 있는데 목숨을 버렸기 때문입니다.

〈9 단계〉 반대 측 최종변론

반대 측 초등 6학년 아들

심청이가 효도하는 가장 절실한 방법은 아버지의 눈을 뜨게 하는 것이고 그래서 인당수에 빠졌습니다. 심청이가 인당수에 빠져 죽는 것은 무섭지만 아버지의 눈을 뜨게 하는 방법이 이 길밖에 없다고 생각했기 때문입니다.

그리고 심청은 어렸을 때부터 아버지를 잘 봉양해 왔습니다. 아버지를 잘 보살펴 달라고 끝까지 부탁하고 죽었습니다. 그래서 저는 심청은 효녀라고 생각합니다.

반대 측 초등 4학년 딸

심청은 왕비가 되어서도 자기만 편하게 살지 않고 아버지를 계속 찾았습니다. 눈이 안 보이고 초라한 아버지가 남편이나 다른 사람에게 창피할 수도 있는데 자신만 편하게 살려고 하지 않고 아버지를 계속 찾았기 때문입니다. 이와 같은 이유에서 심청이는 효녀입니다. 이상입니다.

〈10 단계〉 판정이유와 판정결과 발표하기 엄마

입론인 주장 펼치기 단계에서 찬성 측은 심청전에 나오는 심청이가 불효녀라는 입장에서 주장을 펼쳤습니다. 그리고 반대 측은 심청은 효녀라는 주장을 펼쳤습니다.

입론단계에서 찬성 측은 자식이 죽은 것은 부모님의 마음을 오히려 더욱 아프게 하는 잘못된 결정이므로 불효녀라고 주장했습니다. 반대 측에서는 오히려 심청이가 어려서부터 아버지 봉양에 힘썼고 자신에게 하나밖에 없는 생명을 바쳐가면서 까지 아버지를 위했기 때문에 효녀라는 근거를 가지고 주장을 펼쳤던 것이 인상적이었습니다.

반론인 주장 허물기 단계에서는 찬성 측에서 효녀의 개념 및 과정, 결과 중 어느 것이 더 중요한가? 그리고 자식이 죽으면 부모의 어디에 묻는다고 들었는지에 대해 질문했습니다. 이에 대해 반대 측에서 답변하는 가운데 반대 측의 모순을 깨닫게 하는 질문법이 돋보였습니다. 결국 정확한 효도의 정의랄까, 아니면 개념을 깨우치려는 집요한 노력이 좋았습니다.

반대 측에서는 심청이가 목숨을 던져서까지 아버지를 위해 희생하는 심청이의 효도를 강조하고 있습니다. 동기가 너무 갸륵하다는 점을 부각시키려고 노력했습니다. 그렇지만 찬성 측이나 판정인을 설득하기에는 미약한 주장입니다. 심청이가 한 행동이나 방법에 문제가 있다고 찬성 측 스스로 인정했습니다. 어찌 보면 자기모순에 빠져있습니다. 반대 측에서는 어려서부터 효성이 지극했고 목숨까지 바쳐 아버지께 효도를 실천했을 뿐만 아니라 죽어서 다시 환생해서 왕비라는 신분으로도 아버지를 그리워하고 찾아내려는 슬기를 발휘하여 마침내 아버지의 눈을 뜨게 하는 효성을 강력하게 주장했어야 합니다. 시종일관 심청이의 효성에 대해 끈을 놓치지 말아야 했습니다. 죽음으로 아버지의 마음을 아프게 한 것은 전체가 아니라 부분이라는 점을 강조하면서 밀고 나가야만 했다는 말입니다. 왜냐하면 어차피 『심청전』 이라는 고전소설 속의 캐릭터인 심청이의 효녀 여부를 생각해 보는 것이 논제의 초점이기 때문입니다.

최종변론에서 찬성 측은 목숨을 버리지 않고서도 얼마든지 효도를 할 수 있었음을 아쉬워하며 결국 불효를 했다고 주장했습니다. 반대 측은 입론에서나 반론에서 다하지 못한 것들을 보충했습니다. 어려서부터 죽은 후 환생한 단계까지 효성을 부각시킨 점에서 놀라운 논리 재구성 능력을 보여주었습니다.

이제 판정을 하겠습니다. 입론 단계에서는 양측 모두 동일한 점수를 얻었습니다. 최종변론 단계에서는 반대 측이 심청이가 효녀라는 강력한 메시지를 전달하기 위해 입론과 반론단계를 거치면서 훨씬 탄탄한 논리 재구성 능력을 보여준 것으로 반대 측에 손을 들어주고 싶습니다. 그렇지만 논쟁 하브루타에서는 반론이 백미입니다. 반론 단계에서 반대 측의 집착력이 약화되어 논리가 흔들리는 모습을 보여주었습니다. 찬성 측에서는 법정에서 검사가 피의자를 치밀하게 심문하듯이 반대 측을 몰아부쳤습니다. 찬성 측의 주장을 더욱 확실하게 밀어붙이는 슬기로운 방법을 보여주었습니다.

이렇게 해서 이번 논쟁 하브루타는 찬성 측이 승리했습니다. 최선을 다해 논쟁 하브루타에 참여한 양 팀에게 칭찬을 보냅니다. 수고했습니다.

〈11 단계〉 논쟁 하브루타를 한 소감 발표하기
사회자 엄마

이렇게 해서 '심청이는 불효녀다'라는 논제를 가지고 진행했던 논쟁 하브루타를 모두 마치겠습니다. 저도 이렇게 좋은 논제를 가지고 논쟁 하브루타를 하면서 어떻게 부모님께 효도를 해야 하는지 생각해 보게 되었습니다. 그러면 논쟁 하브루타를 마친 소감을 한마디씩 해주시겠습니다.

아빠 찬성 측

예로부터 '효는 모든 행실의 근본'이라고 했습니다. 우리 조상들은 효를 중요하게 여겼습니다. 하지만 '효'도 시대나 처한 환경에 따라서 '효도의 방법'은 달라져야합니다.

초등 4학년 딸 반대 측

저는 이번 논쟁 하브루타를 통해 오늘 내가 할 수 있는 효도가 무엇인지 생각하고 실천해 보겠다는 다짐을 했습니다.

초등 6학년 아들 반대 측

효도는 자녀들이 부모의 입장에서 부모의 마음에 흡족하도록 하는 행동입니다. 우리 부모님들께서 친할머니와 할아버지, 외할머니와 외할아버지에 대해 항상 생각하시는 것을 보고 들어왔습니다. 저도 늘 우리 부모님들을 진정으로 생각하고 부모의 기대에 실망을 드리지 않도록 생활해야겠다고 다짐했습니다.

엄마 사회자 겸 판정인

저는 이번 논쟁 하브루타를 통해 효도도 '자기의 형편대로 현명하게 해야 되겠구나' 하는 생각을 하였습니다. 그리고 우리 가족들 뿐만 아니라 이 지구상에 존재하는 모든 부모와 자식들의 관계에 대해 다시 한 번 생각해 보니 매우 흐뭇했습니다. 감사합니다.

사례 4.
논제: 홍길동은 벌을 받아야 할까?

『길동전』의 주인공인 홍길동은 법을 어겨서 처벌받아야 하는 죄인일까요? 아니면 방법은 틀렸지만 올바른 일을 했기 때문에 죄인으로 취급해서는 안 되는 것일까요?

이야기에 등장하는 주인공 홍길동을 죄인으로 취급해야 하는지, 아니면 방법은 잘못되었지만 목적은 정의로운 것이기 때문에 죄인으로 취급하면 안 되는지에 대해 대화를 나누고 있는 치열한 논쟁 하브루타 현장으로 가 볼까요?

논쟁 하브루타 주제 : 홍길동은 벌을 받아야 한다.

논쟁 하브루타 주제 : 3인 가족 ☞ 사회자 및 판정인 - 아빠

☞ 찬성 측 - 초등 6학년 딸

☞ 반대 측 - 초등 5학년 아들

홍길동은 벌을 받아야 한다'라는 주제를 놓고 대화하는 한 가정의 가상 대화 현장을 찾아가 보겠습니다.

아빠
우리 아들과 딸들은 홍길동에 대해 어떻게 생각하고 있을까?

초등 6년 딸
저는 홍길동은 법을 어겼기 때문에 죄인이고 벌을 받아야 한다고 생각해요.

초등 5년 아들
저는 홍길동이 올바르게 재물을 모으지 않은 탐관오리들의 재물을 뺏어서 어려운 사람들에게 나누어 주었기 때문에 죄인이 아니에요.

초등 6년
야, 동생. 그러면 어느 누구나 옳지 못한 방법으로 재물을 모은 사람들의 것을 빼앗아서 어려운 사람들에게 나눠주면 벌을 줘서는 안 되는 것이니?

초등 5년 아들
아빠가 우리들에게 물어 보신 것은 현대 사회에서 일어나는 일들이 아니라 홍길동이라는 특정한 사람에 대해 물어 보신 것이라고 생각해. 누나

는 홍길동 보다는 일반적인 경우를 생각하는 것 같은데.

초등 6년 딸
홍길동이건 누구건 법을 어기는 사람들이 많아지면 사회는 어떻게 되겠니? 한번 생각해 봐. 정말 끔찍할 것 같은데. 그리고 홍길동을 가장한 사람들이 여럿이라면 어떻게 할래?

초등 5년 아들
누나는 홍길동 개인보다는 사회를 생각하는 것 같아. 나는 홍길동이라는 '정의로운 도적'에 대해 이야기 하고 싶어.

아빠
나도 아들 말처럼 홍길동에 대해 물어 본 것인데. 우리 딸은 더욱 넓게 생각하는 것 같은데.

초등 6년 딸
아빠는 동생 편을 드는 거예요? 정말 저 서운해요. 아빠.

아빠
아니야. 정말 아니야. 나는 누구 편도 드는 것이 아니고 단지 홍길동의 행동에 대해 물어 보고 너희들의 의견을 들어 보고 싶었어. 오해하지 마라. 응.

▶ '홍길동은 벌을 받아야 한다'라는 주제로 다음과 같은 논쟁 하브루타 사례를 소개합니다.

단계별 논쟁 하브루타 내용

〈1 단계〉 논쟁 하브루타 주제를 정하게 된 배경 및 줄거리 소개와 논쟁 하브루타를 할 때 주의할 점 발표하기
사회자 아빠
안녕하십니까? 이번 논제는 소설에 등장하는 사람의 행동에 대해 알아봅니다. 먼저 홍길동전의 줄거리를 알아보겠습니다.
우리 아들과 딸은 우리나라의 유명한 고전소설인 『홍길동전』에 대해 얼마나 알고 있나요? 혹시 알지 모르겠지만 오늘 논쟁 하브루타가 원활하게 진행되도록 아빠가 줄거리를 요약해 볼게요.

주인공 홍길동은 홍판서와 노비 춘섬 사이에서 태어나 늘 천대를 받고 자랍니다. 그는 총명한 재주에 학식이 뛰어나 마음대로 자신의 몸을 감추거나 변장하는 둔갑술을 알고 있었지요. 그러나 집안사람들의 무시를 참지 못하여 집을 뛰쳐나와 도둑들이 사는 곳에 들어갑니다. 그곳에서 우두머리가 되어 가난한 사람들을 도와주는 단체인 활빈당을 조직하게 돼요. 각 지방의 탐관오리들과 강한 힘을 가진 사람들인 토호들의 옳지 못한 재물을 빼앗는 행동을 합니다.
이렇게 나쁜 양반계급을 괴롭히고 가난한 백성들을 돕는 홍길동을 당시 임금과 신하들이 의논하여 설득합니다. 길동은 마지못해 어쩔 수 없이 형조판서까지 되었습니다.
그러나 조상 때부터 살아온 자기 나라를 떠나서 난징으로 가다가 율도국에 정착해 사람들이 살기 좋은 이상적 왕국을 건설합니다.

먼저 오늘 논쟁 하브루타를 할 때 지켜야 할 일들과 하브루타하는 방법에 대해 발표하겠습니다. 논쟁 하브루타를 할 때 지켜야 할 일들에 대해 말씀드리겠습니다. 민주적인 태도로 서로 존중하고 내용을 분명하게 밝힙니다. 예의바른 태도와 말씨를 사용해야 합니다. 가장 중요한 것은 발표하는 사람의 입장을 존중하면서 자신의 생각과 비교하면서 듣기 입니다.

이어서 오늘 논쟁 하브루타를 하는 방법을 말씀드리겠습니다. 그동안 우리가족들이 해온 논쟁 하브루타 형식으로 진행하겠습니다. 먼저 찬성 측에서부터 5분 입론, 그 다음 반대 측에서 5분 입론을 마치고 이어서 1분 동안 작전타임을 갖습니다. 이어서 양 측에서 5분 동안 반론을 하겠습니다. 공평하게 반론은 반대 측 주도로 질문을 먼저하고, 찬성 측이 답변합니다. 다음에는 찬성 측에서 주도권을 가지고 반론을 진행하겠습니다. 그런 다음 제 2차 작전타임을 1분씩 갖겠습니다. 찬성 측, 반대 측의 순서로 3분씩 최종변론을 하겠습니다. 그리고 판정결과를 발표하고 이어서 소감을 듣는 순서를 갖겠습니다.

찬성 측 초등 6학년 딸
저는 홍길동이 벌을 받아야 한다는 입장에서 논쟁 하브루타를 하겠습니다. 좋은 시간되길 바랍니다.

반대 측 초등 5학년 아들
저는 누나와는 반대되는 입장에서 홍길동은 왜 벌을 받아서는 안 되는지 논제에 대한 반대 측의 입장에서 말씀드리겠습니다. 누나와 함께 하브루타를 하면서 제가 미처 몰랐던 내용들을 배우겠다는 자세로 의견을 나누어 보겠습니다. 감사합니다.

사회자 아빠
논쟁 하브루타에 임하는 소감을 잘 들었습니다. 그럼 입론을 시작하겠습니다. 먼저 찬성 측부터 입론을 해주시고 이어서 반대 측이 입론을 하겠습니다. 정해진 시간은 양측 5분 이내입니다.

〈2 단계〉 찬성 측 입론(주장 펼치기)
찬성 측 초등 6학년 딸

저는 '홍길동은 벌을 받아야 한다'라는 논제에 찬성합니다. 먼저 홍길동은 우리나라 유명한 고전소설인 『홍길동전』에 나오는 인물이라는 것을 말씀드리겠습니다. 따라서 이번 하브루타에서 이야기 하는 내용들은 조선시대에 허균이라는 분이 쓰신 『홍길동전』에 나오는 상황들을 중심으로 다루어져야 합니다.

그럼 홍길동은 왜 벌을 받아야 하는 지에 대한 이유를 말씀드리겠습니다.

첫째, 홍길동이 탐관오리들의 돈과 곡식 등을 빼앗아서 백성을 도와주었다고 하여도 그것은 부당한 방법으로 재물을 빼앗은 행위이기 때문에 벌을 받아야 합니다. 올바른 방법으로 재물을 취득해서 도와준다면 누가 뭐라고 하겠습니까? 홍길동이 정말 올바른 정신을 가진 사람이라면 조선시대에 있었던 여러 가지 법을 연구해서 정정당당하게 관아에 고발을 하거나 임금님께 상소를 올리는 등 법에 어긋나지 않는 방법으로 탐관오리들이 부당하게 쌓은 재산을 나라에서 빼앗도록 해야 합니다. '악법도 법이다'라는 말처럼 법은 사회인들끼리 한 약속이기 때문에 어느 누구나 지켜야 사회가 제대로 돌아갑니다.

둘째, 홍길동이 나라의 세금까지 빼앗아가서 나라의 살림살이가 어려워질 수 있습니다. 나라는 백성들이 내는 세금으로 운영됩니다. 적들의 침략에 대비해서 군사들을 훈련시켜야 하고 백성들을 위해 일하는 사람들인 관리들에게 월급을 지급해야 합니다. 그렇지만 홍길동이 관리들이 가지고 있는 돈이나 곡식들을 몰래 빼돌려 어려운 사람들에게 기부함으로써 국가 재정이 어려워지고 국력이 쇠약해질 수 있습니다.

셋째, 홍길동이 도적질해서 어려운 사람들을 도와준다는 소문으로 인해 전국 각지의 각종 범죄자들이 홍길동의 이름을 팔아서 도적질이 더욱 많아질 것입니다. 그 당시 조선 시대에는 생활이 어려워 전국을 떠돌면서 생활하는 사람들이 많았다고 합니다. 이러한 사람들은 노력을 해도 제대로 생활하기가 어려워지자 자신이 홍길동인 것처럼 행세를 해서 탐관오리들 뿐만 아니라 정당하게 노력해서 잘 살고 있는 사람들로부터 도적질을 하는 일들까지 늘어나 좋지 않은 영향을 줄 것입니다.

이상으로 찬성 측 입론을 마치겠습니다.

〈3 단계〉 반대 측 입론(주장 펼치기)
반대 측 초등 5학년 아들

저는 '홍길동은 벌을 받아야 한다'라는 논제에 반대합니다. 즉 홍길동은 죄가 없습니다. 그 이유는 다음과 같습니다. 저희들도 찬성 측에서 이야기한 것처럼 조선시대에 허균이 쓰신 『홍길동전』에 나오는 상황들을 중심으로 발표하겠습니다.

첫째, 홍길동은 나라에서 처벌해야 하는 탐관오리나 부당한 방법으로 재물을 가진 사람들에게 나라를 대신해서 그들의 재산을 빼앗았기 때문에 처벌해서는 안 됩니다. 어차피 나라에서는 세금을 거둬서 백성들에게 나누어 주는 역할을 하는데 대신 홍길동이 해 준 것이 아닙니까? 만약 홍길동이 그렇게 하지 않았다면 탐관오리들만 잘 살고 백성들은 더욱 어렵게 됩니다. 부자들은 더욱 부자가 되고 가난한 사람들은 더욱 가난해져 범죄가 늘어납니다.

둘째, 홍길동처럼 사회에서 나쁜 사람들의 재물을 빼앗아서 어려운 사람들에게 나누어 준 사람들에게 벌을 주는 법은 고쳐야 합니다. 홍길동은 탐관오리들로부터 빼앗은 재물들을 결코 자신의 행복을 위해서 사용하지 않았습니다. 정말 생활이 어렵고 힘든 백성들의 마음을 이해하고 그들을 대신해서 정의롭게 행동했습니다. 그런데 어찌하여 홍길동에게 죄가 있습니까? 법은 사회가 제대로 움직이도록 하기 위해 만들어진 백성들끼리의 약속입니다. 잘못된 약속은 바꿔야 하지 않겠습니까?

셋째, 설사 홍길동이 법을 어겼다고 한들, 제대로 된 임금이나 정부 관리들이라면 자기들이 해야 할 정책들을 올바로 시행하지 못한 것들을 인정하고 홍길동의 죄를 특별한 경우로 취급해야 합니다. 옳지 못한 관리들끼리 뇌물을 주고받으면서 백성들의 피를 빨아 먹는 사람들의 재물을 빼앗아서 굶주린 백성들을 도와주었는데 어찌 죄가 있다고 하겠습니까? 우리나라 형법에 절도죄란 다른 사람의 재물을 훔치는 죄를 말하는 데 절도죄가 되려면 법을 어겨서 훔친 재물을 자기의 것으로 만들려는 뜻이 있어야 성립됩니다. 따라서 홍길동은 죄가 없고 혹시 법을 어겼다고 하더라도 그의 행동에 대한 정당성을 인정해서 처벌해서는 안 됩니다. 이상으로 반대 측 입론을 마치겠습니다.

사회자 아빠

다음은 작전타임을 갖겠습니다. 입론을 통해 경청했던 내용들을 중심으로 질문하고 답변하는 반론 시간에 필요한 생각을 정리하는 시간입니다. 시간은 1분입니다.

〈4 단계〉 첫 번째 작전타임 갖기 - 1분

논쟁 하브루타 주체들 모두가 입론에서 경청했던 내용들을 중심으로 반론 단계에서 반박할 내용을 확인하고 정리한다.

사회자 아빠

1분이 되었으므로 이상으로 작전타임을 마치겠습니다. 입론은 찬성 측부터 했으니까 공평하게 반론은 먼저 반대 측 주도로 하고 이어서 찬성 측 주도로 진행하겠습니다. 각 팀에게 주어진 시간은 5분씩입니다. 자, 반대 측부터 시작해 주세요.

〈5 단계〉 반대 측 주도로 반론하기 - 5분

반대 측 질문 초등 5학년 아들

찬성 측에서 '악법도 법이다'라는 말처럼 법은 사회인들끼리 한 약속이기 때문에 어느 누구나 지켜야 하고 홍길동도 악법을 지키지 않았기 때문에 벌을 받아야 한다고 하셨나요?

찬성 측 답변 초등 6학년 딸

예. 그렇습니다. '악법도 법'이라는 말은 저도 그 당시 조선사회의 관리들이 많이 부패했다는 것을 뜻합니다.

반대 측 질문 초등 5학년 아들

그런데 제가 생각하기에 그 당시에 법이 없어서가 아니라 법을 제대로 지키지 않는 사람들이 문제가 많다고 생각합니다. 힘이 센 사람들만 재산을 많이 가지고 있고 그렇지 못한 백성들은 굶주리고 생활하는 사회는 어지럽고 비정상적인 사회가 아닙니까?

찬성 측 답변 초등 6학년 딸

물론 정상적인 사회가 아닙니다. 하지만 홍길동처럼 법을 안 지키는 사람들이 더 늘어난다면 정말 걷잡을 수 없을 정도로 사회는 혼란에 빠질 것입니다. 얼마 전 T.V 뉴스에서 올해 하계 올림픽이 열리는 브라질의 리우데자네이루의 길거리에서 행인들의 목걸이나 버스의 승객들이 가지고 있는 휴대폰을 빼앗는 것을 본 적이 있습니다. 정말 무서웠습니다.

반대 측 반박 초등 5학년 아들

찬성 측에서 예를 든 것과 홍길동은 벌을 받아야 한다는 논쟁 하브루타 주제와 어떤 관계가 있다고 생각하시나요?

찬성 측 답변 초등 6학년 딸

예, 홍길동이 살던 당시와 현대 사회에서 법을 지키지 않는 사람들이 늘어나면 사회에서 살아가는 사람들이 불안해 한다는 점에서는 동일합니다.

반대 측 재반박 초등 5학년 아들

길거리에서 자기 자신만을 위해 다른 사람들의 물건을 빼앗거나 훔치는 행위와 힘이 센 사람들이 부당하게 법을 어겨가며 모은 재물을 빼앗아서 어려운 사람들을 돕는 행위는 완전 다릅니다. 요즈음 검찰의 높은 사람들이 옳지 않은 방법으로 수백억씩 재산을 모은 것에 대해 조사해서 벌을 주지 않습니까? 조선시대에는 이렇게 탐관오리들을 조사해서 벌을 주는 제도가 없거나 약했기 때문에 홍길동 같은 사람들이 생겨났습니다. 홍길동의 행동은 어찌보면 법을 대신 실천한 경우입니다. 그렇기 때문에 홍길동은 벌을 받아서는 안 됩니다.

반대 측 질문 초등 5학년 아들
찬성 측은 『홍길동전』이라는 고전소설에서 홍길동이 어떻게 되는지 알고 있습니까?

찬성 측 답변 초등 6학년 딸
홍길동은 이조판서와 노비 사이에서 태어난 서자였는데 사회적 차별이 심한 자신의 출신에 대해 고민하던 가운데, 홍판서의 본처와 첩이 자신을 죽이려 하자 가출해서 도적의 수령이 되었습니다. 그는 자신을 따르는 무리들을 활빈당으로 조직해 부당하게 빼앗긴 재물을 되찾아 백성들에게 나눠 주는 의적으로 활동하다가 마침내 체포됩니다.

반대 측 반박 및 정리하기 초등 5학년 아들
찬성 측이 답변한대로 홍길동은 자신의 몸을 감추거나 변장하는 둔갑술로 암행어사로 위장해 탐관오리들을 처벌하는가 하면 관아를 습격합니다. 그가 끝내 체포되는 것은 맞습니다. 하지만 그 다음의 스토리가 재미있습니다. 왕은 홍길동의 행적을 벌하지 않고 지금의 법무부 장관에 해당하는 형조판서로 임명하고 쌀 1천 섬을 주면서 나라의 일을 시킵니다. 결국 끝에 가면 홍길동은 벌을 받지 않고 나라의 중요한 관리로서 일을 합니다.
홍길동이 법을 지키지 않았지만 진정한 법은 나라의 주인인 백성들이 잘살게 해주어야 하는데 탐관오리들만 배불리 생활하는 사회에서는 '행동으로 움직이는 법'이 '죽어 있는 법'보다 훨씬 중요합니다.

〈6 단계〉 찬성 측 주도로 반론하기-5분

찬성 측 질문 초등 6학년 딸

반대 측에서는 "악법이 있다면 백성들을 위해서 고쳐야 한다"고 했습니다. 악법도 법입니다. 반대 측은 그리스의 철학자인 소크라테스를 아십니까?

반대 측 답변 초등 5학년 아들

예, 알고 있습니다. 그 분은 젊은이들에게 묻고 답하면서 올바른 지혜를 깨닫게 해 주었으나 사회를 어지럽혔다는 것 때문에 죽임을 당했습니다.

찬성 측 반박 초등 6학년 딸

소크라테스는 지금까지도 가장 지혜로운 분으로 알려져 있고 우리들에게 생각하는 법을 일깨워 준 철학자입니다. 그분은 잘못된 법 때문에 사형에 처해졌지만 '악법도 법이다'라는 말을 제자들에게 알리고 법을 지키는데 모범을 보여주신 분입니다.

반대 측 답변 초등 5학년 아들

그 당시의 상황과 조선시대나 현재의 상황은 크게 다릅니다.

찬성 측 재반박 초등 6학년 딸

얼마 전에 저희 부모님이 아는 사람들과 다툼이 있었습니다. 저희 부모님이 억울해서 그 사람들에게 잘못했으니 돈을 물어내라고 했습니다. 그런데 그 사람들이 소송을 제기해서 법대로 끝났습니다. 이렇게 법이 무서운 세상이 되었습니다.

찬성 측 질문 초등 6학년 딸

반대 측에서는 홍길동은 나라에서 처벌해야 하는 탐관오리나 부당한 방법으로 재물을 가진 사람들을 나라를 대신해서 그들의 재산을 빼앗았기 때문에 처벌해서는 안 된다고 했습니다. 홍길동이 나라를 대신한다고 했는데 그 말이 무슨 뜻입니까?

반대 측 답변 초등 5학년 아들
나라에는 법을 올바르게 실천하는 사람들과 자신의 이익만을 위해 법을 이용하는 사람들이 있습니다. 요즈음에도 검사장이라는 분들이 법을 어기고 자신의 재산을 수백억씩 불려서 조사 중입니다. 이렇듯 나라의 법을 올바르게 지키지 않는 사람들의 잘못을 홍길동이 대신 벌한 것입니다.

찬성 측 질문 초등 6학년 딸
나라에서 홍길동에게 그렇게 하라고 힘을 주었거나 시켰습니까? 국가 공무원으로서 자격과 권한을 갖지도 않은 사람들이 자신의 판단에 따라 행동하는 것은 잘못된 일입니다. 만약 그러면 우리 사회는 어떻게 될까요? 반대 측에게 묻고 싶습니다. 잘못된 일들을 하는 사람들에게 피해를 주기 위해 법을 어기면서까지 자기의 생각대로 행동해야 하나요, 아니면 법에 규정된 대로 행동해야 하나요? 둘 중에 한 가지만 선택해서 답해 주시기 바랍니다.

반대 측 답변 초등 5학년 아들
예, 사회의 안정을 위해 법에 규정된 대로 행동하는 것이 맞습니다.

찬성 측 반박 초등 6학년 딸
그러면 반대 측의 입론에서 한 주장과 다른 주장을 하는 것입니다. 아무리 올바른 행동일지라도 법의 테두리 안에서 실천할 때 개인과 사회는 안정되기 때문입니다.

반대 측 반박 초등 5학년 아들
홍길동이 법을 몰라서 그런 행동을 한 것이 아니라 법이 제대로 지켜지지 않았기 때문에 오히려 법이 잘 집행될 수 있도록 도와준 면도 있지 않습니까?

　　찬성 측 재반박 초등 6학년 딸
　　홍길동이 법이 잘 집행되도록 도와준 면이 있다고 했는데 진짜로 법을 도와주려면 탐관오리들로부터 빼앗은 재산을 관가에 가져다주고 그 돈을 가지고 관청에서 어려운 사람들을 위해 사용하도록 하는 것이 옳습니다.

　　반대 측 재반박 초등 5학년 아들
　　홍길동은 그 당시 조선 시대 관청에서 일하는 사람들이 정말 믿지 못할 정도로 썩었기 때문에 그런 행동을 했습니다.

　　찬성 측 답변 초등 6학년 딸
　　그런 면에서 오히려 홍길동이 자신의 권한을 넘어서는 행동으로 백성들에게 고통을 주는 사람들을 고발하는 모임을 만들고 처벌을 요구하는 행동을 했다면 법을 지키면서 나라도 위하고 백성들에게도 도움이 되는 행동입니다.

　　반대 측 질문 초등 5학년 아들
　　오죽하면 홍길동이 처벌을 받을지 알면서도 그렇게 행동을 했을까요?

　　찬성 측 답변 초등 6학년 딸
　　그때나 지금이나 관리들 중 절반 이상은 정말 나라를 위하고 백성들을 위해 봉사하는 사람들이 많습니다. 그런 사람들을 찾아서 탐관오리들의 실태를 낱낱이 알려주면 얼마든지 홍길동이 할 일들을 관리들이 해낼 수 있습니다.

　　반대 측 반박 초등 5학년 아들
　　현대사회처럼 관청에 인터넷이나 실제로 찾아가서 자신의 의견을 제시하는 제도가 그 당시에도 갖추어져 있었을까요? 찬성 측에서 주장하고 있는 내용들은 현실에 제대로 들어맞지 않은 이상적인 생각입니다. 억울하더라도 앉아서 그대로 당하고 있는 것이 법을 잘 지키고 백성들이 덜 억울하게 생활할 수 있는 것처럼 들립니다.

찬성 측 재반박 초등 6학년 딸
그렇지 않습니다. 저는 일제강점기 때 독립운동을 했던 사람들처럼 힘을 모아 탐관오리들을 고발하고 그들에게 벌을 주는 방법이 옳다고 주장하는 것이지 앉아서 그대로 당하라는 것은 절대로 아닙니다.

반대 측 답변 초등 5학년 아들
홍길동이라는 사람이 살았던 당시의 상황에서 판단을 해야지 현대 사회의 기준으로 보면 올바른 판단을 할 수 없습니다.

찬성 측 정리 초등 6학년 딸
예. 그 점에서는 저도 같습니다. 이제까지 조선시대 상황에서 홍길동이 할 수 있는 행동에 대해 주장했지 현대 사회에서 일어날 수 있는 이상적인 내용으로 의견을 펼친 것은 아닙니다. 이상으로 찬성 측 주도 반론을 마치겠습니다.

사회자 아빠
다음은 두 번째 작전타임을 갖겠습니다. 자신의 주장을 확실하게 펼치는 최종변론 단계에 필요한 생각을 정리하는 시간입니다. 시간은 1분입니다.

〈7 단계〉 두 번째 작전타임 갖기 - 1분
논쟁 하브루타 주체들 모두가 입론과 반론에서 경청했던 내용들을 중심으로 다시 생각해서 최종변론 단계에서 주장할 내용을 확인하고 정리한다.
사회자 아빠

1분이 되었으므로 이상으로 작전타임을 마치겠습니다. 반론은 먼저 반대 측 주도로 하고 이어서 찬성 측 주도로 진행했으므로 최종변론은 찬성 측부터 하겠습니다. 각 팀에게 주어진 시간은 3분씩입니다. 자, 찬성 측부터 시작해 주세요.

〈8 단계〉 찬성 측 최종변론
찬성 측 초등 6학년 딸

반대 측과의 논쟁 하브루타를 통해 저희들도 새로운 생각들을 알게 되어 기쁩니다. 반론을 통해서 홍길동은 왜 벌을 받아야 하는 지에 대해 말씀드리겠습니다.

첫째, 홍길동이 아무리 백성들을 위한다고 하여도 법을 벗어나서 탐관오리들의 재물을 빼앗거나 처벌했기 때문에 벌을 받아야 합니다. 법의 테두리 내에서 그런 일들을 했다면 정말 칭찬과 존경을 받아야 하지만 그렇게 하지 못한 것이 무척 아쉽습니다.

둘째, 나라는 세금으로 운영됩니다. 세금으로 백성들에게 필요한 시설이나 관리들의 월급을 주기도 하고 특히 군사훈련에 필요한 양식이나 무기 등을 구입합니다. 이렇게 중요한 세금을 내게 하는 재물을 홍길동이 빼앗아 나라의 살림살이가 어려워질 수 있습니다. 그래서 홍길동은 죄인이라는 것입니다.

셋째, 아무리 올바른 행동이라고 해도 홍길동이 도적질해서 어려운 사람들을 도와준다는 소문이 전국에 퍼졌을 때 사회는 어떻게 될까요? 너도 나도 홍길동처럼 행동하기 위해 노력하는 사람들이 늘어납니다. 사회가 너무나도 혼란스러워집니다. 따라서 홍길동은 벌을 받아 마땅합니다.
이상으로 찬성 측 최종변론을 마치겠습니다.

〈9 단계〉 반대 측 최종변론
반대 측 초등 5학년 아들

저희는 '홍길동은 벌을 받으면 안 된다고 주장합니다. 입론과 반론 단계에서 계속 주장했던 내용들을 정리해서 말씀드리겠습니다.

첫째, 홍길동이 탐관오리나 부당한 방법으로 재물을 모은 사람들의 재물을 빼앗아서 어려운 사람들에게 나누어 준 것은 어찌 보면 나라가 할 일을 대신한 것입니다. 나라에서는 세금을 거둬서 백성들에게 나누어주는 역할을 하는데 대신 홍길동이 했습니다. 그런데 상을 주지 못할망정 벌을 준다는 것은 이치에 맞지 않습니다.

둘째, 만약 홍길동 같은 사람을 처벌하는 법이나 제도가 있다면 그것들을 바꾸어야 합니다. 사회가 제대로 움직여지려면 법이 사람들의 생활을 반영해야 합니다. 나쁜 사람들의 재물을 빼앗아서 어려운 사람들에게 나누어 준 사람들에게 벌을 준다는 것이 어찌 말이 됩니까? 홍길동이 자기만 잘 먹고 잘살기 위해서 그렇게 한 것입니까?

셋째, 홍길동이 법을 어겼다고 한들 제대로 된 임금이나 정부 관리들이라면 자기들이 해야 할 정책들을 제대로 시행하지 못한 것들을 인정하고 홍길동의 죄를 특별한 경우로 취급해야 합니다. 찬성 측에서도 『홍길동전』을 읽어 보셨겠지만 그 소설의 내용에서는 왕이 홍길동을 잡아들였다가 홍길동이 한 행동을 알아차리고 지금의 법무부 장관에 해당하는 형조판서에 임명해서 나라의 법질서를 바로 잡고 지키라고 했습니다. 이상입니다.

〈10 단계〉 판정이유와 판정결과 발표하기 아빠

입론인 주장 펼치기 단계에서 찬성 측과 반대 측은 모두 세 가지 주장과 근거를 적절하게 제기하면서 상대측을 설득하는 데 많은 노력을 기울였습니다. 찬성 측에서는 "홍길동이 도적질해서 어려운 사람들을 도와준다는 소문으로 인해 전국 각지의 각종 범죄자들이 홍길동의 이름을 팔아서 도적질이 더욱 많아집니다. 그 당시 조선 시대에는 생활이 어려워 전국을 떠돌면서 생활하는 사람들이 많았다고 합니다. 이들이 노력을 해도 제대로 생활하기가 어려워지자 자신이 홍길동인 것처럼 행세를 해서 탐관오리들 뿐만 아니라 정당하게 노력해서 잘 살고 있는 사람들로부터 도적질을 하는 일들이 늘어나게 되는 좋지 않은 영향을 줄 것입니다."라는 주장이 돋보였습니다. 그리고 반대 측에도 역시 세 번째 주장이 눈에 띄었습니다. "홍길동이 법을 어겼다고 한들 제대로 된 임금이나 정부 관리들이라면 자기들이 해야 할 정책들을 제대로 시행하지 못한 것들을 인정하고 홍길동의 죄를 특별한 경우로 취급해야 합니다. 옳지 못한 관리들끼리 뇌물을 주고받으면서 백성들의 피를 빨아 먹는 사람들의 재물을 빼앗아서 굶주린 백성들을 도와주었는데 어찌 죄가 있다고 하겠습니까? 따라서 홍길동은 죄가 없고 혹시 법을 어겼다고 하더라도 그의 행동에 정당성을 인정해서 처벌해서는 안 됩니다."라는 주장이 인상적이었습니다. 판정을 하자면 양측 모두 입론에서는 점수가 같습니다.

반론 단계에서는 질문과 답변, 반박, 재반박에 이르기까지 치열하게 논쟁 하브루타가 전개되었습니다. 반대 측의 "힘이 센 사람들만 재산을 많이 가지고 그렇지 못한 백성들은 굶주리고 생활하는 사회는 어지러운 사회가 아닙니까?"라는 질문에 대해 찬성 측에서는 "홍길동처럼 법을 안 지키는 사람들이 더 늘어난다면 정말 걷잡을 수 없을 정도로 사회는 혼란에 빠질 것입니다. 얼마 전 TV 뉴스에서 올해 하계 올림픽이 열리는 브라질의 리우데자네이루의 길거리에서 행인들의 목걸이나 버스의 승객들이 갖고 있는 휴대폰을 빼앗는 것을 본적이 있습니다. 정말 무서웠습니다"라고 대답을 했습니다. 반대 측의 질문에 찬성 측이 관련성이 부족한 대답을 해서 아쉬웠습니다.

반면에 찬성 측이 "홍길동은 자신을 따르는 무리들을 활빈당으로 조직해 부당하게 빼앗긴 재물을 되찾아 백성들에게 나눠주는 의적으로 활동하다가 마침내 체포되는 것으로 알고 있습니다."라는 대답에 대해 반대 측에서는 다음과 같이 멋지게 반박을 했습니다. "왕은 홍길동의 행적을 벌하지 않고 지금의 법무부 장관에 해당하는 형조판서로 임명하고 쌀 1천 섬을 주면서 나라의 일을 시킵니다. 결국 끝에 가면 홍길동은 벌을 받지 않고 나라의 중요한 관리로서 일을 하게 됩니다." 찬성 측은 홍길동의 일생에 대해 일부분만을 알고 있는 데 반대 측은 홍길동의 생애에 대해 거의 모든 것을 알고 있었습니다. 즉 "홍길동이 법을 지키지 않기도 했지만 진정한 법은 나라의 주인인 백성들을 잘살게 해주어야 하는데 탐관오리들만 배불리 생활하게 하는 사회에서는 행동으로 움직이는 법이 죽어 있는 법보다 훨씬 중요합니다."라고 찬성 측의 대답에 반박을 했습니다.

그리고 찬성 측에서는 "반대 측은 입론에서 주장했던 것과 다른 생각을 펼쳤습니다. 아무리 올바른 행동일지라도 법의 테두리 안에서 실천할 때 개인과 사회는 편안하게 생활할 수 있기 때문입니다."라고 반박을 하자 반대 측에서는 "홍길동이 법을 몰라서 그런 행동을 한 것이 아니라 법이 제대로 지켜지지 않았기 때문에 오히려 법이 잘 집행될 수 있도록 도와준 면도 있지 않습니까?"라고 재반박을 했습니다.

반대 측의 대답과 반박이 찬성 측을 훨씬 앞섰습니다. 논쟁 하브루타의 꽃이라고 하는 반론단계에서 반대 측이 점수를 많이 얻었습니다.

최종변론에서는 찬성 측과 반대 측 모두 열띤 주장을 펼쳤습니다. 입론에서 주장한것 중 반론에서 지적을 받은 것들을 인정하면서 각 측이 논점에 대해 더욱 강력하게 주장을 펼쳤습니다. 그러나 찬성 측에서 펼쳤던 두 번째 주장은 모순이 많이 발견됩니다. "나라는 세금으로 운영됩니다. 세금으로 백성들에게 필요한 시설이나 관리들의 월급을 주기도 하고 특히 군사훈련에 필요한 양식이나 무기 등을 구입해야 합니다. 이렇게 중요한 세금을 내게 하는 재물을 홍길동이 빼앗아 나라의 살림살이가 어려워집니다. 그래서 홍길동은 죄인이라고 생각합니다."라는 주장을 살펴봅시다. 탐관오리들이 가지고 있는 재물들이 세금으로 연결된다는 점은 관련성이 거의 없어 비논리적입니다.

오히려 반대 측에서는 "홍길동이 법을 어겼다고 한들 제대로 된 임금이나 정부 관리들이라면 자기들이 해야 할 정책들을 제대로 시행하지 못한 사실들을 인정하고 홍길동의 죄를 특별한 경우로 취급해야 합니다. 찬성 측에서도 『홍길동전』을 읽어 보셨겠지만 그 소설의 내용에서는 왕이 홍길동을 잡아들였다가 홍길동이 한 행동을 알아차리고 지금의 법무부 장관에 해당하는 형조판서에 임명해서 나라의 법질서를 바로 잡고 지키라고 했습니다."라는 주장으로 마무리를 하고 있습니다. 홍길동은 벌을 받지 말아야 한다는 주장을 뒷받침하는 근거로서 『홍길동전』에 나오는 내용을 제시하면서 상대측과 판정인에게 감동을 주었습니다.

이번 논쟁 하브루타에서는 논쟁 하브루타의 꽃인 반론 단계에서 반대 측의 질문에 대해 찬성 측은 다소 관련이 적은 답변을 해서 점수를 잃었습니다. 반면에 찬성 측의 질문에 대해 찬성 측의 입장을 모순되게 만들어 버리는 답변을 했던 반대 측은 점수를 많이 얻었습니다.

최종변론 단계에서도 찬성 측은 주장과 관련성이 부족한 근거를 제시하였으나 반대 측은 『홍길동전』에 나오는 스토리를 근거로 제기하면서 자신의 주장이 옳다는 것을 강조했습니다.

이렇게 해서 이번 논쟁 하브루타는 입론 단계에서는 찬성 측과 반대 측의 점수가 같았으나 반론과 최종변론 단계에서 논리적인 생각으로 상대측과 판정인을 설득시켰던 반대 측이 월등하게 승리했습니다. 최선을 다해 논쟁 하브루타에 참여한 양 팀에게 칭찬을 보냅니다. 수고했습니다.

사례 5.
논제: 스마트폰 사용 제한해야 할까?

요 즘 지하철이나 버스, 심지어 길거리에서도 스마트폰을 들여다보는 사람들을 흔하게 볼 수 있습니다. 초등학생들도 예외는 아닙니다. 스마트폰을 사용할 때마다 부모님이나 선생님께 잔소리를 자주 듣습니다. 그럼 오늘은 초등학생의 스마트폰 사용을 주제로 벌이는 치열한 논쟁 하브루타 현장으로 가 볼까요?

논쟁 하브루타 주제 : 초등학생 스마트폰, 사용을 제한해야 한다.

하브루타 주체 : 3인 가족 (엄마와 남녀 쌍둥이)

                ☞ 사회자 겸 판정인 - 엄마
                ☞ 찬성 측 - 초등6학년 아들
                ☞ 반대 측 - 초등6학년 딸

'초등학생의 스마트폰 사용을 제한해야 한다'와 같은 주제를 놓고 대화하는 한 가정의 가상 대화 현장을 찾아가 보겠습니다.

엄마
우리 '초등학생들의 스마트폰 사용을 제한해야 한다'는 주제로 토론해 볼까?

초등 6년 아들
저는 자유를 줘야 한다고 생각해서 반대할래요.

초등 6년 딸
저도 오빠와 같아요. 제가 반대 입장에서 이야기 할래요.

엄마
그럼 어떻게 하지? 가위바위보로 정할까?

초등 6년 아들과 초등 6년 딸
좋아요. 가위바위보.

초등 6년 아들
야, 내가 이겼다.

엄마
그럼 딸부터 초등학생들에게 왜 스마트폰 사용을 제한해야 되는지 이야기 해 봐. 그리고 아들은 왜 자유를 줘야하는지 이야기 해 봐.

초등 6년 딸
아이. 내가 자유롭게 사용한다는 입장에서 이야기 하고 싶었는데 할 수 없지요, 뭐. 초등학생들에게 스마트폰 사용을 스스로 할 수 있게끔 허용기 해 주면 너무 많이 사용하고 중독까지 될 수 있어서 스마트폰 사용을 제한해야 해요.

초등 6년 아들
학교다 학원이다 공부하느라고 스트레스를 무척 많이 받는데 놀 시간이나 장소도 부족하니까, 그냥 스마트폰으로 알아서 스트레스를 풀고 가끔씩은 뉴스와 같은 정보도 찾아볼 수 있어서 좋아요.

엄마
더 이상 할 말은 없니?

초등 6년 아들과 초등 6년 딸
예, 없어요.

엄마
아무튼 엄마는 너희들이 스마트폰을 너무 많은 시간동안 이용한다고 생각해. 사실 불만이 많아. 앞으로 스마트폰 때문에 공부를 제대로 못할까봐 걱정이 많아. 오늘 너희들이 이야기한 것 중에서 서로 좋은 점을 받아들이고 실천했으면 좋겠어. 다음에 또 이야기 하자.

▶ '초등학생의 스마트폰 사용을 제한해야 한다'와 같은 주제로 다음과 같은 논쟁 하브루타 사례를 소개 해 봅니다.

단계별 논쟁 하브루타 내용

〈1 단계〉논쟁 하브루타 주제를 정하게 된 배경과 하브루타를 할 때 주의할 점 발표하기

사회자 엄마

안녕하십니까? 요즘 지하철이나 버스, 심지어 길거리에서도 스마트 폰을 들여다보는 사람들을 흔하게 볼 수 있습니다. 초등학생들도 예외는 아닙니다. 스마트폰을 갖고 있는 친구들이 꽤 있지요? 오늘은 일주일 전에 우리 가족들끼리 서로 논쟁 하브루타를 하기로 했습니다. '초등학생의 스마트폰 사용을 제한해야 한다'라는 논제를 가지고 우리 쌍둥이들이 찬성 측과 반대 측의 입장에서 논쟁 하브루타를 하려고 합니다.

먼저 입론 시간을 갖겠습니다. 찬성 측부터 입론을 하고 이어서 반대 측이 입론을 하겠습니다. 정해진 시간은 양측 모두 5분 이내입니다. 시작해 주세요.

〈2 단계〉찬성 측 입론(주장 펼치기)

찬성 측 초등 6학년 아들

저는 '초등학생의 스마트폰 사용을 제한해야 한다.'라는 논제에 찬성합니다. 먼저 용어를 정의하자면, 스마트폰 사용 제한은 초등학생에게 스마트폰 사용을 금지하거나, 용도 및 사용 시간을 부모님이나 선생님이 허락한 선까지로 제한하는 것입니다. 그럼 초등학생의 스마트폰 사용을 제한해야 하는 이유를 말씀드리겠습니다.

첫째, 스마트폰을 오랫동안 사용하면 질병이 생깁니다. 손목 터널 증후군, 거북목 증후군, 안구 건조증 등이 그 예입니다.

둘째, 스마트폰에 중독되기 쉽습니다. 최근 통계를 보면 초등학생을 포함한 청소년의 스마트폰 이용 시간은 하루 1시간에서 3시간 사이가 가장 많은 것으로 나타났습니다. 하지만 그보다 중요한 것은 학생 10명 중 1명이 스마트폰을 5시간 이상 이용한다고 답했다는 점입니다. 스마트폰 중독에 쉽게 걸리는 이유는 스마트폰이 휴대하기 편한 데다, 학생의 경우 어른에 비해 자제력이 약하기 때문입니다.

셋째, 스마트폰을 오래 사용하면 수면에 방해가 됩니다. 노르웨이 베르겐 대학교 연구진은 청소년 1만여 명을 대상으로 수업 시간이 아닌 때에 컴퓨터, 스마트폰, 게임기, 텔레비전 등의 화면을 얼마나 접하는지 조사했습니다. 그 결과 대부분의 아이들이 잠들기 1시간 전에 1개 이상의 전자 기기를 사용하는 것으로 나타났습니다. 성인의 경우 자는 데 30분 이상이 소요될 경우 수면 장애를 겪는 것으로 보고 있습니다. 또한 텔레비전, 스마트폰 등의 화면에 4시간 이상 노출될 경우 잠드는 데 1시간 이상 걸릴 확률이 49%나 높다고 합니다.

이상 세 가지 이유 때문에 초등학생의 스마트폰 사용을 제한해야 한다고 주장합니다. 찬성 측 입론을 마치겠습니다.

사회자 엄마
감사합니다. 다음은 반대 측에서 입론을 시작해 주세요. 역시 발언 시간은 5분 이내입니다.

〈3단계〉 반대 측 입론(주장 펼치기)
반대 측 초등 6학년 딸
저는 '초등학생의 스마트폰 사용을 제한해야 한다'라는 논제에 반대합니다. 다시 말하면, 초등학생이 스마트폰을 자유롭게 사용하도록 해야 합니다. 용어 정의는 찬성 측과 같습니다. 그러면 왜 초등학생이 스마트폰을 자유롭게 사용하도록 해야 하는지 주장을 펼쳐 보겠습니다.

첫째, 스마트폰을 이용하면 여러 가지 정보를 실시간으로 얻을 수 있는데다 그 정보를 주변 사람들과 빠르게 공유할 수 있습니다. 예를 들어

일기 예보·영어 단어·인물·최신 뉴스와 같은 정보를 실시간으로 얻고, 카카오톡 같은 앱을 통해 주변 사람들과 신속하게 소통할 수 있습니다.

둘째, 스마트폰을 이용해서 학습 효율을 높일 수 있습니다. 특히 복잡한 계산이 필요한 수학 문제를 풀 때 스마트폰 계산기를 이용하면 신속하게 풀 수 있습니다. 스마트폰과 관련된 최근의 연구결과에 따르면, 수업 시간동안 계산에 매달리다가 정작 배워야 할 것을 놓칠 수 있다고 했습니다. 따라서 창의력과 문제해결력을 키우기 위해 계산기를 사용할 필요가 있습니다.

셋째, 위급 상황에서 위치 추적이 가능하고 부모님과 소통이 활발해집니다. 스마트폰을 이용하면 치매 노인이나 유아 등의 위치를 실시간으로 추적할 수 있어서 실종이나 유괴를 예방할 수 있습니다. 학교 폭력이 일어났을 때도 위치 추적 기능을 이용해 빠르게 해결할 수 있습니다. 맞벌이 부부의 자녀들은 학교를 마친 뒤 스마트폰을 통해 부모님과 활발하게 의사소통을 할 수 있습니다.

이상 세 가지 이유 때문에 초등학생이 스마트폰을 자율적으로 사용하도록 해야 한다고 주장합니다. 이상으로 반대 측 입론을 마치겠습니다.

사회자 엄마
반론을 위한 작전 타임을 갖겠습니다. 입론 단계에서 들은 내용을 중심으로 상대측의 주장에 반박하고, 반대로 상대측의 반박에 답변할 내용을 정리해 보는 시간입니다. 시간은 1분입니다.

〈4단계〉첫 번째 작전타임 갖기 - 1분
토론주체들 모두가 입론에서 경청했던 내용들을 중심으로 반론 단계에서 반박할 내용을 확인하고 정리한다.

사회자
1분이 지났으므로 첫 번째 작전 타임을 마치겠습니다. 입론은 찬성 측부터 했으므로 반론은 먼저 반대 측 주도로 하고 이어서 찬성 측 주도로 진행하겠습니다. 각 팀에 주어진 시간은 5분입니다. 자, 반대 측부터 시작해 주세요.

〈5 단계〉 반대 측 주도 반론하기 - 5분

반대 측 질문 초등6학년 딸

찬성 측에서 스마트폰을 오랫동안 사용하면 질병이 생긴다고 했는데, 실제 초등학생들은 스마트폰을 그렇게 오랫동안 사용하지 않습니다.

찬성 측 답변 초등6학년 아들

스마트폰 사용 시간이 축적되면 자신도 모르는 사이에 각종 질병에 시달리게 됩니다.

반대 측 질문 초등6학년 딸

찬성 측에서 초등학생들이 스마트폰에 중독되기 쉽다고 했는데, 실제 학생 10명 중 1명만이 스마트폰을 하루에 5시간 이상 이용한다고 답했습니다. 대부분의 초등학생들은 통신비 부담 때문에 스마트 폰을 중독에 이를 만큼 오래 사용하는 경우가 드물다고 생각합니다.

찬성 측 답변 초등6학년 아들

중독은 꼭 오랜 시간 사용해서만 일어나는 것이 아닙니다. 흥미 위주의 쓸모없는 정보들을 많이 접하면서도 나타나는 현상입니다. 저희 찬성 측은 스마트폰의 중독 현상과 함께 초등학생들이 아직 자제력이 약하다는 점을 걱정합니다.

반대 측 질문 초등6학년 딸

찬성 측에서 제시한 자료를 보면, 수면 방해에 관한 실험에서 성인은 잠자는 시간이 30분 이상 걸리면 수면 장애로 본다고 했습니다. 하지만 초등학생은 다릅니다. 또한 우리들이 토론하고 있는 주제는 초등학생들의 스마트폰 사용에 대한 것인데, 컴퓨터·게임기·텔레비전까지 확대해서 수면 장애와 연결하는 것은 토론 주제에서 벗어났을 뿐만 아니라 관련성이 낮습니다.

찬성 측 답변 초등6학년 아들
예, 저도 반대 측의 지적에 일부 동의합니다. 즉 스마트폰 사용에 대한 토론인데 컴퓨터·게임기·텔레비전까지 확대해서 수면 장애를 일으킨다고 주장한 것은 잘못입니다. 그렇지만 학교 수업 시간이나 휴식 시간에 엎드려 잠을 자는 학생들 중 많은 수가 부모님 몰래 스마트폰을 사용한 친구들이라는 점에는 반대 측도 동의할 것입니다.

반대 측 반박 초등6학년 딸
스마트폰 사용도 수면 부족을 일으키지만, 많은 경우 컴퓨터를 이용한 게임 때문에 수면 부족이 일어납니다. 다시 말하면 스마트폰 사용과 수면 부족과는 직접적인 상관관계가 없습니다. 이상으로 반대 측 반론을 마치겠습니다.

사회자
감사합니다. 다음은 찬성 측 주도로 반론을 시작해 주세요. 역시 주어진 시간은 5분입니다.

〈6단계〉 찬성 측 주도 반론하기 - 5분
찬성 측 질문 초등6학년 아들
반대 측에서 초등학생들이 스마트폰을 이용해 여러 가지 정보를 빠르게 얻고, 사람들과 쉽게 소통할 수 있다고 주장한 점에는 동의합니다. 그렇지만 많은 학생들이 유용한 정보를 찾기보다는 게임을 하거나 흥미 위주의 불필요한 정보들을 찾는 데 더 많은 시간을 보내는 게 사실 아닙니까?

반대 측 답변 초등6학년 딸

그럴 수도 있습니다. 하지만 대다수의 초등학생들은 스마트폰보다는 컴퓨터를 이용해서 게임을 하거나 불필요한 정보 검색을 합니다.

찬성 측 질문 초등6학년 아들

반대 측에서는 초등학생들이 스마트폰을 이용해 수학 계산을 효율적으로 한다고 주장했는데, 사실은 채팅이나 게임을 더 많이 하지 않습니까?

반대 측 답변 초등6학년 딸

학습 활동을 할 때는 선생님의 관리 아래 있기 때문에 큰 문제가 없습니다.

찬성 측 반박 초등6학년 아들

우리는 지금 초등학생들의 평상시 스마트폰 사용 실태에 대해 이야기 중입니다. 따라서 수업 시간 동안이라는 극히 일부의 예는 큰 의미가 없습니다.

찬성 측 질문 초등6학년 아들

반대 측에서 위급한 상황에 위치 추적이 가능한 것이 스마트폰의 장점이라고 한데는 전적으로 동의합니다. 하지만 그것은 스마트폰의 유용한 기능이지 초등학생들의 스마트폰 사용과는 관련성이 약합니다.

반대 측 답변 초등6학년 딸

찬성 측에서는 사람의 생명이나 안전보다 더 중요한 것이 무엇이라고 생각하나요?

찬성 측 답변 초등6학년 아들

저도 반대 측처럼 사람의 생명과 안전을 최우선의 가치로 여깁니다.

저희가 주장하는 것은 위치 추적이나 납치 예방 등의 기능이 꼭 스마트폰에만 있는 것은 아니라는 점입니다.

반대 측 반박 초등6학년 딸
하지만 스마트폰의 강점은 바로 신속성에 있습니다.

찬성 측 마무리 발언 초등6학년 아들
이상으로 찬성 측 주도 반론을 마치겠습니다.

사회자 엄마
다음은 두 번째 작전타임을 갖겠습니다. 자기가 주장할 내용들을 다시 생각해서 자신의 주장을 확실하게 펼치는 최종변론 단계에 필요한 생각을 정리하는 시간입니다. 시간은 1분입니다.

〈7단계〉두 번째 작전타임 갖기 - 1분
논쟁 하브루타 주체들 모두가 입론과 반론에서 경청했던 내용들을 중심으로 다시 생각해서 최종변론 단계에서 주장할 내용을 확인하고 정리한다.

사회자 엄마
1분이 되었으므로 이상으로 작전타임을 마치겠습니다. 반론은 먼저 반대 측 주도로 하고 이어서 찬성 측 주도로 진행했으므로 최종변론은 찬성 측부터 하겠습니다. 각 팀에게 주어진 시간은 3분씩입니다. 자, 찬성 측부터 시작해 주세요.

〈8단계〉 찬성 측 최종변론 초등6학년 아들
반대 측은 초등학생들이 스마트폰을 자유롭게 사용할 경우 실시간 정보를 빠르게 얻고 사람들과 쉽게 소통하는 것, 수학 시간에 계산을 효율적으로 하는 것, 그리고 위치 추적 가능 등의 순기능이 있다고 주장했습니다. 이 주장은 어느 정도 일리가 있지만 저희가 주장하는 역기능에 비하면 순기능은 그리 크지 않습니다. 아직 자제력이 부족한 초등학생들은 스마트폰을 오랫동안 사용하기 쉽고 중독에 빠질 수도 있습니다. 그리고 일부이기는 하지만 심하면 손목, 목, 눈 등에 질병이 생깁니다. 이와 같은 이유로 저희는 초등학생들이 스마트폰을 사용하는 것을 제한해야 한다고 주장합니다. 이상입니다.

사회자 엄마
예, 감사합니다. 다음은 반대 측에서 최종변론을 시작해 주세요. 시간은 역시 3분 이내입니다.

〈9단계〉 반대 측 최종변론 초등6학년 딸
찬성 측은 초등학생들이 이성적 판단에 따라 행동하기보다는 감정적이고 즉흥적으로 행동한다고 말합니다. 스마트폰 중독, 심지어 질병까지 걸릴 수 있다는 주장은 극히 일부의 초등학생들에게 해당되는 일입니다. 따라서 마치 대다수가 그런 것처럼 확대 주장하는 것은 성급한 일반화의 오류입니다. 저희는 초등학생들의 판단력을 굳게 신뢰합니다. 스마트 폰이 가지고 있는 순기능들을 강조하고 싶습니다. 예를 들어 여러 가지 정보를 빠르게 얻고 사람들과 쉽게 소통하는 것, 수학 시간에 계산을 효율적으로 하는 것, 필요한 상황에서 위치 추적이 가능한 것 등은 스마트폰의 이용 가치가 충분함을 보여 줍니다. 따라서 저희는 초등학생들의 스마트폰 사용 제한에 반대합니다. 이상입니다.

〈10단계〉 판정이유와 판정결과 발표하기 엄마
입론인 주장 펼치기 단계에서 찬성 측은 스마트폰을 오래 사용할 경우의 폐해를 위주로 주장을 펼쳤습니다. 그리고 반대 측은 스마트폰의 장점을 구체적이고 타당한 근거를 들어 주장했습니다. 이 과정에서 찬성 측과 반대 측 모두 주장에 대한 적절한 근거와 그것을 뒷받침하는 자료들을 잘 제시했습니다. 그렇지만 초등학생들의 스마트폰 사용 제한에 대해 토론할 때 꼭 다루어야 할 쟁점들을 짚어 내는 데는 찬성 측이 좀 더 우수했습니다. 또한 찬성 측의 주장과 근거가 반대 측보다 더 구체적이고 설득력이 있었습니다.

반론 단계에서는 반대 측이 스마트폰 사용과 수면 방해의 관계에 대해 반박했는데, 찬성 측에서는 마땅한 대응을 하지 못했습니다. 이럴 때 찬성 측에서는 "스마트폰은 이제까지 사용해 왔던 휴대폰들과는 달리 컴퓨터 및 텔레비전 기능을 지닌 기기이기 때문에 수면을 방해하는 총체적인 매체라고 할 수 있습니다."라고 반박을 했었다면 좋았을 것입니다. 하지만 찬성 측에서 스마트폰 위치 추적 기능의 장점이 초등학생들의 스마트폰 사용과는 관련성이 약하다고 반박한 점은 타당성이 있었습니다.

최종변론 단계에서는 찬성 측과 반대 측 모두 상대 주장의 불합리한 점들을 지적했습니다. 그런 다음 초등학생들의 스마트폰 사용을 제한해야 하는 이유와 제한해서는 안 되는 이유에 대해 각각 설득력 있는 주장을 펼쳤습니다. 하지만 양측 모두 아쉬웠던 점은 비유나 인용, 통계 등의 자료 사용이 부족했습니다.

이번 하브루타는 하브루타의 꽃인 반론 단계에서 반대 측은 찬성 측 주장의 허점을 잘 지적하여 질문했으나 찬성 측은 반대 측의 질문이나 주장에 제대로 반박하지 못해서 반대 측이 승리했습니다. 최선을 다해 토론에 참여한 양 팀에게 칭찬을 보냅니다. 수고했습니다.

협력하여 문제를 해결하는
가족 토의 하브루타　**5부** ··············

수준 높은 토론자는
상대측을 설득해서 승리한 사람이 아니라
상대측의 주장이 들어있는 해결책을
상대측과 나누는 사람이다.

- 황연성 -

토의 하브루타와
논쟁 하브루타의 차이

토의 하브루타와 논쟁 하브루타는 어떤 차이점이 있을까요? 토의 하브루타는 어떤 주제에 대해 구성원들끼리 서로 협력적인 관계에서 묻고 답하면서 문제를 해결하거나 학습을 하는 것을 말합니다.

논쟁 하브루타는 주제를 놓고 찬성과 반대로 나뉘어 서로 대립적인 관계에서 상대측에게 자기 측의 주장을 설득하면서 가장 합리적인 해결책을 만들어 내거나 학습을 하는 것입니다.

원탁 하브루타란?

원탁 하브루타는 3~10명 정도의 인원이 원탁둘레에 앉아서 어떤 형식에 구애받지 않고 전원이 자유롭게 이야기하는 것을 말합니다. 사회자는 원탁 하브루타의 규칙을 이해하고 자유로운 분위기에서 하브루타가 진행되도록 힘써야 하는 것이 특징입니다.

원탁 하브루타의 방법이나 진행에는 다음과 같이 두 가지 기본적인 원칙이 있습니다.

첫째, 하브루타에 참여한 사람은 누구나 발언할 기회를 가지며, 하브루타를 하는 공간에 있는 사람들은 모두가 하브루타에 직접 참여합니다. 이제까지 토의 하브루타나 논쟁 하브루타는 말을 잘하는 사람, 혹은 전문가라고 불리는 사람들에 의해 독점되어 왔다는 선입견을 가지고 있습니다. 그러나 토의 하브루타의 기본정신이 사람들 간의 '의사소통'과 '민주성'에 있다고 볼 때 이러한 생각은 바람직하지 않습니다. 그러한 생각에 대한 대안이자 해결책으로써 원탁 하브루타는 말하는 능력, 지식의 양, 권위 등에 의해서 하브루타가 독점되는 것을 방지합니다. 원탁하브루타는 토의 하브루타의 민주성을 확보하고자 토의 하브루타에 참여한 모든 사람에게 발언의 기회를 최대한 허용하기 위해 고안된 하브루타 기법이자 도구라고 할 수 있습니다.

둘째, 토의 하브루타에 참여한 사람은 모두가 동일한 발언 시간을 갖도록 하며 사회자는 이를 조정합니다. 이러한 까닭은 참여자 모두가 민주적이고 평등한 입장에서 토의 하브루타를 적극적으로 유도하는 데 목적이 있기 때문입니다. 앞에서 언급한 것처럼 원탁 하브루타는 말을 잘하는 것을 뽐내거나 지식의 양을 견주어보는 경쟁의 장이 결코 아닙니다. 같은 공동체 내에 살아가는 사람들이 서로의 생각을 공유하고 문제를 함께 풀어가는 화합과 상생의 장입니다. 이러한 점에서 원탁 하브루타는 가정에서 실행해 볼 가장 좋은 방법입니다.

원탁 하브루타 역사

토 머스 불핀치의 『아서 왕과 원탁의 기사』라는 책에 의하면, 원탁 하브루타의 시초는 5세기에서 6세기경에 영국을 살린 전설적인 아서왕이 아니고 그가 태어나기 전 아버지 우서 왕이 통치하던 때였다고 합니다. 아서 왕의 가문을 모셔왔던 마법사인 '멀린'이 칼라일에서 나라의 위대한 귀족들을 한 자리에 앉힐 방법을 고심하였고 그 결과 원탁 하브루타를 생각하였습니다. 그러한 제도를 우서 왕이 죽고 난 이후에 아서 왕이 이어받은 것입니다. 그가 열두 명의 기사와 함께 둥근 테이블에 앉아 '신분구조'라는 주제로 기사들 모두 자신의 의견을 주장한 것으로 시작되었습니다. 12명의 기사들에게 모든 것을 거리낌 없이 자유롭게 말할 기회를 주었습니다. 그렇게 서로 한 가족처럼 친해진 그들 사이에는 자연히 충성과 믿음이 생겼습니다. 기사들 자신을 이해해 주고 위에서 군림하지 않으며 친구같이 대해주던 아서 왕이었기 때문에 더욱 강한 충성을 맹세하였습니다. 결국 아서 왕의 영국 통일이라는 대업을 이루는데 있어서 그들은 목숨을 아끼지 않았습니다. 그래서 그러한 원대한 대업을 이룬 아서 왕의 전설과 함께 '원탁 하브루타'가 세상에 알려졌습니다.

원탁 하브루타 성공 요령

가정에서 일어나는 다양한 일들을 주제로 삼아서 원탁 하브루타를 해볼 수 있습니다. 원탁 하브루타는 대원칙이라 할 수 있는 조건이나 전제가 있습니다. 그것은 말하는 사람들 모두 발언시간이 동일하다는 것입니다. 흔히 가족 하브루타를 할 때 놓치기 쉬운 것이 있습니다. 어른들은 경험이 많으니까 많은 시간을 말하고 아이들은 짧은 시간만을 이야기하는 경우입니다. 그것은 토의의 원칙에서 벗어난 것입니다. 자녀들이나 어린 동생이 주장하는 내용들이 유치하거나 전혀 논리에 들어맞지 않을 때에도 그 이야기를 경청해주어야 합니다.

하브루타는 바로 평등성과 민주성이라는 정신이 기본이므로 말하는 사람의 입장을 절대적으로 존중해야 합니다.

가족 간 대화를 하는 방법으로 유용한 원탁 하브루타의 순서나 절차는 다음과 같습니다.

원탁 하브루타 진행 절차

참가자 소개 및 하브루타에 임하는 소감 발표	전체 5분	하브루타 참가자 자신을 다른 사람들에게 간단히 소개하고 하브루타에 임하는 소감을 발표한다.
1차 발언 (모두 발언)	각2분	자신이 주제에 대해 생각하는 바를 말한다.
숙의 시간	1분	1차 발언에서 발표했던 내용들을 중심으로 질문이나 반박을 준비한다.
2차 발언 (문단 발언)	각2분	1차에서 하브루타 참가자들의 주장들 중 궁금했던 것들을 묻거나 자신의 주장을 보충한다.
3차 발언 (교차자유 발언)	각2분	2차에서 하브루타 참가자들의 질문에 답변을 하거나 반박 및 자신의 주장을 보충한다.
정리발언	각1분	1차에서 3차 발언까지 말하고 들었던 내용들을 종합해 자신의 주장을 정리한다.
마친 소감 발표	각1분	원탁 하브루타를 마친 소감을 발표한다.

먼저 '자신의 방 정리 정돈'에 대한 주제로 원탁 하브루타를 한다고 예상해 보겠습니다. 가족의 구성원이 아빠, 엄마, 중학생 아들, 초등학생 딸 이렇게 4명입니다. 사회자는 가족들 중 어느 누구든지

맡아서 진행해도 됩니다. 사회자는 "오늘 가족 하브루타의 주제는 자신의 방 정리 정돈이고 먼저 준비된 사람부터 한 사람당 2분 정도씩 자신의 주장에 대해 말씀해 주시겠습니다."라는 멘트를 던진 후에 준비된 사람부터 이야기를 시작합니다. 이 단계를 소위 자신의 주장을 펼치는 '1차 발언'이라고 합니다.

일정한 발표순서가 없고 준비된 가족부터 발표합니다. 만약 가족들이 서로 미루고 있다면 사회자가 지목할 수도 있습니다. 이때 가능하면 부모님들은 나중에 발언하도록 권하고 싶습니다. 왜냐하면 자녀들보다 부모님들이 먼저 발언하면 자녀들이 기가 죽어서 제대로 발언하지 못하는 경우가 발생하기 때문입니다.

그 다음에는 잠깐 생각을 정리하는 시간을 갖습니다. 2차 발언 때 자신의 주장과 의견이 다른 사람들을 향해서 질문하거나 반박을 준비하는 것입니다. 이러한 단계를 '숙의시간'이라고도 하고 '작전타임'이라고도 합니다.

원탁 하브루타의 2차 발언 때, 상대측이 질문하면 질문을 받은 사람은 어떻게 해야 할까요? 곧바로 답변을 해야 할까요? 아닙니다. 원탁 하브루타는 질문을 받은 사람이 즉시 답을 하는 것(즉문즉답)을 하지 못하는 것이 원칙입니다. 왜냐하면 하브루타 참가자들이 똑같은 시간 동안 말할 수 있다는 평등성의 원칙에서 크게 벗어나지 않기 위해서 입니다. 원탁 하브루타에서 즉문즉답을 하지 않고 자신의 차례가 왔을 때 말하다 보면 발언자의 발표에 경청하고 자신의 생각을 많은 시간 동안 차분하게 정리하게 된다. 2차 발언 때에는 1차 발언 때와 마찬가지로 순서에 구애받지 않고 1차 발언 때 들었던 주장들 중에서 자신의 주장이나 생각과 많이 다른 사람들부터 질문이나 반박을 합니다. 또는 1차 발언 때 자신의 주장을 모두 펼치지 못했던 것들을 보충합니다. 이 때 꼭 한 사람에게만 질문을 던지지 않아도 되고 2명이나 자신을 제외한 사람들 모두에게 질문할 수도 있습니다.

원탁 하브루타의 3차 발언 때에는 자신에게 질문을 던졌던 사람들을 향해서 자신의 주장이나 근거 혹은 사례를 통해 답변을 하거나 설득합니다. 질문의 내용이 자기가 미처 생각하지 못했던 것이라면 열린 마음으로 적극적으로 받아들이고 자신의 주장에 추가하거나 자신의 생각을 바꾸어도 좋습니다. 자신이 주도권을 가지고 주어진 2분 정도를 2차 발언 때 자신에게 질문을 던졌던 사람들에게 여러 가지 답변을 합니다. 이래도 시간이 남으면 다른 가족들에게 질문을 할 수도 있습니다.

원탁 하브루타의 마지막 단계는 '정리발언'이라고 합니다. 1차와 2차 및 3차 발언을 통해서 자신의 주장이 처음부터 끝까지 자신뿐만 아니라 타인의 지지를 받았던 것은 그대로 유지합니다. 많은 질문이나 공격을 당했던 내용들은 과감히 받아들입니다. 자신의 신념을 수정하는 유연성을 보여주는 태도도 아주 중요합니다. 정리발언은 대개 각각 1분 정도의 시간이 주어집니다. 그런 다음 하브루타에 참가한 사람들의 주장을 통해 생각의 폭과 깊이를 더해가는 단계인 '토의 후 소감발표 시간'을 가집니다.

하브루타 주제에 대해 자신의 주장들을 주고받았는데 최종의사 결정은 어떻게 해야 할까요? 1차 발언부터 정리발언까지 듣다보면 주제에 가장 합당한 내용이 어떤 것인지 알게 됩니다. 기본적인 상식만 있으면 최상의 답변을 알아차리고 그러한 주장에 동의하게 됩니다. 사회자가 정리해서 의견을 물으면 만장일치나 다수결로 결정짓거나 여러 사람들의 주장들을 수렴해서 최종결정을 합니다.

위에서 언급한 원탁 하브루타 기본 원칙대로 실천하는 것도 좋지만 가족 원탁 하브루타를 할 때 꼭 모든 단계를 거치지 않을 수 있습니다. 2차 발언과 3차 발언 중 한 단계를 생략할 수도 있습니다. 또한 각자 발언하는 시간도 꼭 2분이나 1분이 아니라 구성원들끼리 합의해서 줄이거나 늘릴 수 있습니다. 시간의 조정이 얼마든지 가능하다는 것입니다. 각 단계마다 개인별 발언 시간을 늘리든지 줄이든지 발언자들의 발언시간은 모두 평등해야 한다는 원칙을 기억해야 합니다.

사람은 모든 것에 우선합니다. 규칙도 사람을 위해 있는 것입니다. 이렇게 가족 원탁 하브루타를 하다보면 사물이나 현상을 비판적이고 창의적으로 바라보는 안목이 생깁니다. 이런 면에서 원탁 하브루타는 매우 중요한 의미가 있습니다. 가족들이 용기를 내서 원탁 하브루타를 실천함으로써 각 가족들만의 독특한 가족 하브루타 문화를 만들어갈 수 있습니다.

가족 원탁 하브루타 주제 예

- 매주 돌아오는 재활용 쓰레기 처리
- 외동이 아닌 가정에서 형제나 자매
- 남매끼리 다툼 해결법
- 우리 가족의 TV 시청 문화
- 우리 집 청소
- 우리 집 외식문화
- 우리 가족 구성원들의 나쁜 습관
- 우리 가족 휴대폰 사용 실태
- 우리 가족 생일파티
- 매스컴에서 다루어지는 굵직한 사건들
- 우리 집 빨래 및 설거지하기
- 우리 가족 언어 사용 실태와 문제점
- 우리 가족 독서상황
- 우리 가족 건강 지키기와 운동
- 반찬을 포함한 세 끼 해결

가족 시사 원탁 하브루타

개인, 가정, 사회, 국가, 세계 여러 나라 등 모든 영역에서 문제는 끊임없이 발생합니다. 신문이나 방송 등의 매체를 보면 압니다. 시사적인 내용들을 가지고 가족 하브루타를 해 보면 자녀들의 인성교육과 사고력 향상에 크게 도움을 줍니다.

사람들이 살아가는 사회에는 이기심의 충돌로 인해 늘 갈등이 있고 토의 하브루타와 논쟁 하브루타를 일으키는 것이 정상입니다. 시사 하브루타 주제는 끝이 없고 늘 새롭습니다. 사회에 대한 관심과 애정을 키우고 배경지식을 꾸준히 쌓아가기 위해서는 시사 하브루타 만큼 좋은 것이 없습니다.

가족 시사 하브루타를 잘하기 위해서 주의를 기울여야 할 것들을 세 가지 정도로 축약해 볼 수 있습니다.

첫째, 어른들의 생각이나 관점이 그대로 아이들에게 심어질 가능성이 높습니다. 대개 어른들은 정치·경제적면에 대해 자신의 생각이 뚜렷합니다. 이것이 여과 없이 자녀들에게 전해지다 보면 자녀 자신의 생각이 아니라 부모님의 관점에서 세상을 바라봅니다. 시사 하브루타에서 어른들의 생각을 주입하는 교육만큼 큰 해악이 없다고 생각합니다. 왜냐하면 자녀들이 자기 스스로의 관점으로 생각하고 판단할 수 있는 힘을 기를 수 있는 기회를 뺏은 것이기 때문입니다.

둘째, 아이들이 좋지 않은 선입견이나 편견으로 사회적인 현상을 바라볼 수도 있습니다. 시사 원탁 하브루타를 할 때 배경지식이나 사회 경험이 충분하지 않을 경우 사회를 왜곡하여 바라볼 가능성이 높습니다. 단편적인 지식으로 시사 문제에 접근하면 문제의 본질이 아니라 겉만 핥게 됩니다. 그렇기 때문에 부분적이고 단편적인 판단을 하지 않도록 주의하면서 시사 하브루타를 진행해야 합니다.

우리 언론에서 어떤 사건에 대해 긍정적인 면 보다는 부정적인 점을 강조하는 경우가 있습니다. 판단력이 미약한 청소년들은 사회를 부정적으로 인식할 가능성이 높아집니다. 부정적인 주제는 사물이나 현상의 여러 면들을 살피는 '건전한 비판'이 아니라 부정적인 면들만을 꼬집는 '불건전한 비난'이 많이 생길 수 있습니다. 이렇게 하다 보면 어렸을 때부터 사회를 부정적으로 바라보기 십상입니다. 세상이 싫어지고 오히려 세상에 대한 관심이 없어지거나 적어지는 원인이 됩니다. 따라서 시사 하브루타를 할 때에는 부정적인 사회관점이 생기지 않도록 주의해야 합니다.

대체로 시사적인 이슈들은 청소년들이 얼핏 들어 봤지만 자세히 알지 못하는 것이 대부분이기 때문에 연구하고 싶은 의욕을 자극하는 데 적합합니다. 우리 사회에서 쟁점이 되는 시사적인 문제들은 대부분 개인들이 일상생활 가운데 겪는 작은 문제부터 전 지구적인 큰 문제에 이르기까지 골고루 퍼져 있습니다.

셋째, 시사 하브루타 중에 '논쟁 문제'에 대한 주제가 많습니다. '쟁점이 되는 문제', 또는 '공공문제'라고도 합니다. 이러한 쟁점들은 사회의 모든 영역에서 발생합니다. 논쟁 문제란 사회적으로 찬성과 반대로 의견이 나누어져 있고, 그 결정이 개인에게 영향을 주는 것으로 그치지 않는 것을 말합니다. 대개 논쟁문제는 사회의 다수에 관련되어 있으며 다수의 선택 가능한 대안 중에서 어느 하나를 결정해야 하는 문제를 말합니다.

인성덕목카드 이용 가족 하브루타

성덕목카드를 이용해서 가족 하브루타를 하는 방법
이 있습니다. 요즈음 다양한 인성덕목들을 가지고
만들어진 카드들이 많이 있습니다. 특히 전 세계적
으로 널리 알려진 버츄(인성덕목)카드에는 52개의 미덕과 그 용어
에 관련된 내용들이 기록되어 있습니다. 또 다른 인성카드에는 다
음과 같은 내용으로 카드가 구성되어 있어 이용하기에 편리합니다.

- 다른 사람에게 격려해주는 말, 행복을 위한 소통의 말
  예) 잘 될 거야, 더 좋은 기회가 올 거야 등
- 자기와 타인을 깊이 이해하고 표현할 수 있는 이미지(사진)
  예) 달리기 출발 사진, 어른과 아이가 손을 잡고 있는 사진 등
- 다루기 어려운 감정을 조절할 수 있도록 도와주는 감정단어
  예) 믿음, 소통 등

인성덕목카드를 이용하여 다음과 같이 가족 하브루타를 진행해야 합니다.

가족들에게 덕목카드 이용 하브루타를 시작함에 앞서 지켜야 할 간단한 규칙을 설명한다. (예의, 존중, 신뢰, 소신 등 대화에 필요한 미덕의 울타리치기)
- 상대방이 이야기할 때 차분히 경청하기
- 상대방이 이야기할 때 끼어들지 않기
- 상대방의 말을 비판하거나 비난하지 않기

가족들에게 우리가 사용하는 언어의 중요성을 일깨워준다.
- 우리가 사용하는 언어가 우리의 삶에 미치는 영향
예) 언어는 곧 그 사람의 인품을 나타낸다. 옛 속담에 '말 한마디로 천 냥 빚 갚는다'는 말이 있다. 또 슬픈 노래만 부르던 가수는 결국 인생도 슬픔으로 막을 내릴 확률이 높다는 연구결과가 있듯이 평소에 긍정적이고 건전한 언어를 사용하는 사람은 무의식 속에 긍정적인 자아상을 갖게 되어 늘 기쁜 마음으로 생활한다. 반대로 다른 사람에게 상처가 될 수 있는 말 한마디는 상대방의 인생을 불행으로 바꿀 수 있으니 우리는 늘 좋은 말 사용을 습관화해야 한다.

가족들에게 미덕과 연결하여 칭찬하는 방법을 구체적으로 알려준다.
예) "끝까지 포기하지 않는 너의 열정에 정말 감동했어"
"나를 이해해줘서 정말 고마워" 등
상대방을 칭찬할 때 구체적으로 칭찬하기

버츄카드 사용방법을 소개한다.

가족들 중 한 사람이 52장의 버츄카드 중 한 장을 뽑아 시범을 보인다.
- 시범자가 뽑은 버츄카드의 미덕에 관련된 생각을 이야기해 준다.

- 그 미덕에 관련된 시범자 자신의 경험을 이야기한다.
- 가족들에게 시범자가 보여주는 미덕이 무엇인지 발표하도록 요청한다.

가족들끼리 순서를 정하고, 한 명이 먼저 버츄카드의 미덕을 뽑게 하고, 뽑은 미덕에 관련된 이야기를 할 시간을 정해준다.
　(한 사람당 약 3분~5분)

경청한 가족은 이야기한 친구가 보여준 미덕을 구체적인 예와 함께 인정해준다. 그리고 순서를 바꾸어 다시 한 번 실시한다.

인성카드를 이용하여 가족끼리 하루의 일상을 나눠 보는 방법
　- 가족들이 모여 앉아서 하루에 있었던 여러 가지 일들을 이야기하기 위한 도구로 카드를 사용한다.
　- 그날 있었던 여러 가지 일 중에서 감정(긍정적인 감정 혹은 부정적인 감정)이 개입된 상황을 생각해 보고 그 감정을 표현 할 수 있는 이미지 카드를 선택한다. (3장 이내)
　- 각 구성원들이 돌아가며 이미지를 선택한 이유를 이야기한다.
　- 발표를 하는 가족에게 이야기를 듣고 있는 가족들은 상황에 맞는 적절한 위로의 말 또는 칭찬의 말을 해 준다. 이 때 칭찬을 하거나 위로의 말을 하는 것이 쑥스럽거나 생각나지 않을 때에는 소통을 위한 말 카드 중 선택하여 이야기해도 좋다.

가족끼리 다투거나 부모와 자녀 사이에 언쟁이 있었을 때 화해의 도구로 인성카드를 사용하는 방법

　- 다툼의 상대와 같이 앉아서 인성카드를 통해 서로의 마음을 털어 놓는 시간을 가져본다. 다툼의 상황에서 시간이 지나서 서로 어느 정도 감

정이 가라앉았을 때 활용해야 한다.

　- 서로 이야기한 내용에 대해서 비난을 하지 않도록 약속을 먼저 한다.

　- 다툼이 있었을 때의 감정과 상황을 표현할 수 있는 이미지를 선택한다(개수 제한 없음).

　- 그 상황에서 듣고 싶었던 이야기를 소통을 위한 말 카드 중에서 선택한다.

　- 한 사람씩 자신이 선택한 이미지를 선택한 이유를 설명하고 상대방은 중간에 말을 끊지 않고 경청한다.

　- 서로 상대방이 듣고 싶었던 소통을 위한 말을 해주며 마무리 한다.

가족 일상 원탁 하브루타

가정에서 가족들끼리 하브루타를 한다는 것이 쉽지 않은 일입니다. 하지만 관심을 가지고 시간을 투자하면 어렵지 않게 하브루타를 통해서 가정의 문제들을 해결할 수 있습니다. 가족 하브루타는 처음부터 잘할 수는 없습니다. 처음에는 걸음마 단계이고 자주 하다보면 뛰어 다닐 정도로 발전할 수 있습니다.

가족 일상 원탁 하브루타의 주제들은 매우 많습니다. 일상에서 벌어지는 다양한 문제들 모두가 해당합니다. 다음의 예시와 같이 가족 사이의 문제, 자녀의 선택 등에 관한 문제들입니다.

> **가족 일상 원탁 하브루타 주제 예시**
> - 자기 방 정리정돈
> - 외식할 때 함께 갈 장소 정하기
> - 용돈 액수 및 사용처
> - 이사할 지역이나 집의 크기 결정
> - 텔레비전 시청 시간
> - 아빠, 엄마, 자녀의 귀가시간
> - 가족 여행지 정하기

어찌 보면 가족 하브루타를 배우는 궁극적인 목적이 일상생활 하브루타일지도 모릅니다. 일상생활 하브루타에 포함되지 않은 주제들이 어디 있겠습니까?

일상생활 하브루타는 가족구성원들이 찬성과 반대의 입장이 분명하게 드러나지 않은 경우가 많기 때문에 원탁 하브루타를 하면 좋습니다. 사회자도 없고 1차 발언부터 정리발언까지의 딱딱한 규칙에 지나치게 얽매임 없이 자연스럽게 가족원들이 한 번씩 발언합니다. 처음에 가족들이 주장했던 내용들에서 가능한 다수의 가족들이 찬성하는 결론을 이끌어내는 좋은 사례입니다.

성공적인 가족 일상 원탁 하브루타하는 방법입니다.

첫째, 가족들이 발언의 기회와 시간도 거의 동일하게 갖습니다.

둘째, 가족들 모두 높임말을 사용합니다.

셋째, 가족들 모두 자신의 주장만 고집하지 않고 다른 가족의 의견을 존중합니다.

넷째, 가족 하브루타를 하는 도중이나 끝난 후에 자기 자신의 주장이나 신념이 바뀔 수 있습니다.

다섯째, 가능한 많은 가족에게 도움이 되는 해결책이나 대안을 찾기 위해 최선을 다합니다.

가족 1:1 하브루타

사춘기 이후 청소년들의 90% 정도가 자신의 고민을 부모님이나 선생님이 아닌 친구들과 상의한다는 통계가 있습니다. 우리나라 뿐만 아니라 미국 카네기재단에서 조사한 통계도 비슷합니다. 통계자료를 참고해 볼 때 사춘기 이후의 청소년들이 자신의 문제를 왜 어른들과 상의하지 않는지에 대해 생각해 봅니다.

대부분의 가정에서 주로 자녀들과 1:1로 대화하는 경우가 많습니다. 어떻게 하면 자녀들과 좋은 관계를 유지하고 자녀들의 고민도 들어주면서 자녀가 바람직하게 성장하도록 도와줄 수 있을까요?

부모가 자녀들과 대화할 때 80:20의 법칙을 사용하라는 주장이 있습니다. 부모는 자녀들의 부족한 점들을 고치려는 대화를 많이 하게 됩니다. 이 때 자녀의 장점에 대해 80퍼센트 정도를 먼저 이야기하고 그런 다음 자녀의 입장을 배려하면서 20퍼센트 정도 자녀의 고칠 점들을 이야기하면 좋다는 뜻입니다.

아이들이 잘못하면 대부분의 부모님들은 화가 머리끝까지 치밀어 올라서 마구 호통을 치거나 몰아세울 때가 많습니다. 물론 부모의 입장도 충분히 이해합니다. 왜냐하면 화가 나기까지 얼마나 많은 시간동안 자녀들을 부드럽게 달래면서 이해시켜주려고 애를 썼겠습니까? 안타깝게도 사람의 뇌는 사춘기부터 20세가 될 때까지 타인을 배려하는 감각이 완성되어 있지 않습니다. 게다가 부모님들은 자녀들이 치열한 경쟁사회에서 낙오자가 되지 않도록 해 주어야한다는 강한 책임감이 넘칩니다.

자녀들과 1:1로 하브루타를 할 때 가장 중요한 것은 먼저 아이의 입장을 충분히 배려하고 공감하며 경청하는 태도입니다.

새로운 대안을 모색하는 데 타인의 의견을 부정하기보다는 타인의 입장을 존중하면서 나의 생각을 더하거나 빼거나 절충하도록 노력합니다. 멋진 발언자는 하브루타를 할 때 상대측의 입장에 따라 자신의 말을 달리 선택한다고 합니다. 즉 하브루타는 대화 상대와의 기본적인 관계 위에 주제를 해결하는 과정이기 때문입니다.

부모님들은 사춘기 자녀들과 대화하기 전에 나름대로 자신의 입장과 의견을 정리하는 습관을 길러야 합니다. 때로는 자녀 방에 들어가기 전에 마치 어떤 조직의 대표가 다른 조직의 대표와 담판을 하기 전의 태도처럼 한숨을 크게 쉬고 온 정신을 모아서 들어갈 때도 있습니다. 한숨을 쉰다는 것은 감정을 조절하고 자녀와 하브루타 주제에 대한 자신의 주장과 근거들을 정리하는 과정입니다.

자녀들도 부모님에게 인정받는 자식이 되기 쉽지 않습니다. 왜냐하면 부모님들의 생각 이상으로 자녀들의 생활이 엄청나게 팍팍하기 때문입니다. 자녀들은 친구들과 치열한 경쟁에 시달립니다. 한 순간 한 순간이 경쟁의 연속입니다. 이어지는 시험과 시험 속에 살아가고 있습니다. 포성과 연기가 보이지 않는 '무연의 전쟁터'에서 살고 있습니다. 그런 상황에서 부모님의 눈높이에 도달하는 자녀들이 된다는 것은 결코 쉬운 일이 아닙니다.

자녀의 문제 행동에 초점을 맞춘 대화로는 자녀를 제대로 성장시키기가 어렵습니다. 좋은 마음, 자녀가 바르게 성장하는 에너지가 되는 좋은 생각을 찾아 주어야 합니다. '변화와 성장의 역설'입니다. 자녀의 행동에 변화와 성장이 있으려면 먼저 자녀의 장점, 변화와 성장 가능성에 대한 인정과 칭찬이 있어야 합니다. 또한 자녀들이 멋진 변화를 보여주기 시작할 것이라는 굳센 믿음이 있다면 금상첨화겠지요.

협력하여 문제를 **6부** ⋯⋯⋯⋯⋯⋯⋯
해결하는 가족 토의
하브루타 실제 사례

어떤 사람을 있는 그대로 대해 준다면
그는 나중에 지금과 같은 사람이 될 것이다.
만약 어떤 사람의 가능성을 인정하고
미리 그렇게 대해 준다면
그는 그런 사람이 될 것이다.

- 요한 볼프강 폰 괴테 -

사례 1.
독서 원탁 하브루타

주제 : 어린이들의 장난감 전쟁놀이와 무기 소유 금지

어린 남자 아이들은 대개 장난감 전쟁놀이를 좋아합니다. 그러다가 청소년이 되면 컴퓨터를 이용해서 전쟁게임을 즐깁니다. 심리학자 프로이트는 사람에게 '공격적 본능'이 있다고 합니다. 그러한 본능은 운동이나 놀이를 하면 줄어들거나 없어진다고 합니다. 두 차례 세계 대전을 경험한 독일에서는 이러한 공격성을 줄이거나 없애기 위해 '승패가 있는 게임보다는 승패가 없이 서로 즐기는 놀이' 중심의 체육활동을 많이 하고 있습니다.

미국에서는 총기 소유 자유화로 인해 총기 사고로 죽거나 다치는 사람들이 많습니다. 위기철의 『무기 팔지 마세요』를 읽고 나서 어린이들의 장난감 전쟁놀이와 총기 소유에 대한 생각들을 나누는 독서 원탁 하브루타를 하는 현장으로 찾아가 봅시다.

독서 원탁 하브루타 주제 : 어린이들의 장난감 전쟁놀이와 무기소유 금지

　　위기철의 『무기 팔지 마세요』를 읽고

하브루타 주체 : 4인 가족 (초등 4학년 아들, 초등 6학년 딸, 엄마, 아빠)

　'어린이들의 장난감 전쟁놀이와 무기 소유 금지'와 같은 주제를 놓고 대화를 나누는 한 가정의 가상대화 현장을 찾아가 보겠습니다.

　초등 6년 딸

　엄마, 아빠. 2016년 6월 12일 새벽, 미국 플로리다 주 올랜도의 나이트클럽에서 한 사람의 총기 난사로 인해 50명이 죽고 53명이 다쳤다고 하는데요. 이렇게 개인이 총기를 가질 수 있나요? 저희 반 남자아이들도 집에 가면 장난감 총을 쏘면서 놀고 있는 아이들이 많아요. 우리 남동생을 포함해서 우리 가족끼리 대화를 해봤으면 좋겠어요.

　엄마

　아휴, 끔찍하더라. 정말 미친 사람 아니니? 미국이라는 나라에서 어디 불안해서 살겠니. 한두 명도 아니고 100여 명이 죽거나 다쳤대. 정말 말이 안 나온다. 우리나라는 그나마 무기를 자유롭게 갖지 못하게 해서 정말 다행이야.

　아빠

　그런데 우리나라 사람들 중에 몰래 총기를 가지고 있는 사람들도 있을 걸? 꼭 총이 아니더라도 길가의 행인들이나 등산객들을 상대로 살인을 저지르는 사람들도 있잖아. 불안한 세상이야. 도대체 언제부터 이렇게 된 건지 도무지 이해가 안 돼.

초등 4년 아들

저는 어렸을 때부터 지금까지 장난감 총이나 칼을 가지고 노는 것이 좋아요. 장난으로 노니까. 뭐 특별히 신경을 쓰지 않아도 되지요?

초등 6년 딸

그런데, 어릴 때부터 장난감 전쟁놀이를 하다 보면 자신도 모르게 공격적으로 될 것 같아요. 동생도 한번쯤 생각해 봤으면 좋겠어요. 미국에서 일어난 사건은 정말 말이 안 된다고 생각해요. 정말 아무리 그래도 어떻게 사람들을 그렇게 많이 죽일 수 있어요?

▶ '어린이들의 장난감 전쟁놀이와 무기 소유 금지' 주제로 한 독서 원탁 하브루타 사례를 소개합니다.

단계별 독서 원탁 하브루타 내용

〈1 단계〉 독서 원탁 하브루타에 임하는 소감 발표하기 - 각 1분
사회자 초6년 딸

안녕하세요? 오늘 우리 가족 독서 원탁 하브루타의 사회를 맡게 되었습니다. 2주일 전에 가족회의에서 위기철의 『무기 팔지 마세요』라는 책을 읽고 독서 원탁 하브루타를 하기로 했습니다. 하브루타의 주제는 그 책의 내용들을 참고로 해서 '어린이들의 장난감 전쟁놀이와 무기 소유 금지에 대한 나의 생각'입니다.

먼저 이번 독서 원탁 하브루타에 임하는 소감을 말씀해 주세요.

초4년 아들

저는 장난감 총이나 칼을 가지고 노는 것을 좋아합니다. 엄마, 아빠 그리고 누나와 함께 하브루타를 하면서 제가 좋아하는 놀이가 어떤지 살펴보겠습니다. 특히 저에게는 이번 하브루타가 여러 가지로 도움이 될 것으로 생각합니다. 이상입니다.

엄마

위기철의 『무기 팔지 마세요』라는 책을 읽기 전에는 재미있는 동화책이라고 생각했습니다. 하지만 내용을 알아갈수록 우리사회에서 매우 중요한 문제를 다룬다는 것을 알았습니다. 이 책에서 주장하고 있는 것들을 중심으로 여러 가지 생각할 거리들에 대해 우리 가족들이 하브루타를 하게 되어 기쁩니다. 이상입니다.

아빠

저도 아들처럼 남자이기 때문에 어린 시절에 나무로 만든 총이나 막대기를 칼로 생각해서 친구들과 전쟁놀이를 즐겼습니다. 그러한 행동이 과연 저의 인생에 어떤 영향을 미쳤는지 이번 하브루타를 통해서 확인할 것 같아 기대가 됩니다. 이상입니다.

초6년 딸

저는 여자아이라서 직접 전쟁놀이는 해 보지 않았습니다. 그렇지만 우리 학교나 동네에서 남자아이들이 총싸움이나 칼싸움을 하는 것을 많이 보았습니다. 이 책을 읽기 전에 생각했던 것과 읽은 후에 가진 느낌은 많이 다르다고 생각합니다. 오늘 가족 하브루타가 우리 가족 모두에게 뜻깊은 시간이 될 것 같습니다. 이상입니다.

사회자 초6년 딸

그러면 지금부터 위기철의 『무기 팔지 마세요』라는 책을 읽고 '어린이들의 장난감 전쟁놀이와 총기 소유 금지' 라는 주제로 독서 원탁 하브루타를 시작하겠습니다.

〈2 단계〉 1차 발언(주장 펼치기) - 각 2분

사회자 초6년 딸

우리가 나눌 주제에 대해 여러분의 의견을 말씀해 주시기 바랍니다. 개인당 시간은 2분입니다.

초4년 아들

저는 이 책에 나오는 경민 학생처럼 비비탄 총을 가지고 친구들과 함께 전쟁놀이를 하면 정말 재미있습니다. 꼭 적이 되는 친구가 미워서가 아니라 장난삼아서 전쟁놀이를 즐겨합니다. 전쟁놀이를 하고 나면 왠지 모르게 기분이 좋습니다. 전쟁놀이는 오히려 친구들과의 다툼을 줄여준다고 생각합니다. 왜냐하면 학교 공부나 학원 공부 등으로 생긴 스트레스를 전쟁놀이를 통해서 풀 수 있기 때문입니다. 컴퓨터 게임으로 상대측을 잔인하게 죽이거나 다치게 하는 것이 아니라 그냥 흉내만 내고 죽는 척을 하고 다시 살아나서 싸우고 그럽니다. 저는 그렇게 생각하는데 어떤 친구들은 친구들의 마음을 제대로 이해하지 못하고 자기의 마음에 안 들거나 자신에게 피해를 준 친구들에게 심하게 언어폭력을 하는 것을 보았습니다.

그런데 요즘에는 장난감 총이나 칼로써 전쟁놀이를 하기보다는 인터넷으로 전쟁놀이를 하는 친구들이 많습니다. 어찌 보면 인터넷에 있는 각종 무기들도 가상의 장난감이라고 생각합니다. 이렇게 사람을 쉽게 죽이거나 다치게 하는 게임을 하다보면 현실세계와 착각하게 되어 자신도 모르게 사람의 생명을 가볍게 여기게 되지는 않을까 걱정이 됩니다.

책에서 보미와 민경이가 무기 수거함을 마련해서 장난감 총, 장난감 탱크, 장난감 전투기, 장난감 군함, 장난감 대포, 장난감 병정 등을 쓰레기처럼 모았습니다. 학급회의나 도덕시간에 친구들과 토의해서 인터넷으로 이렇게 사람을 죽이거나 다치게 하는 프로그램들이 있으면 그 게임의 이름을 기록하여 일정한 박스에 모았으면 합니다. 이상입니다.

초6년 딸

저는 직접 장난감 전쟁놀이를 한 경험이 있습니다. 초등학교 2학년 때 학교 운동장에서 선생님께서 장난감 물총을 가지고 전쟁놀이를 하라는 말씀과 함께 재미있게 놀았습니다. 서로 웃고 떠들면서 옷이 흠뻑 젖을 때까지 흥겹게 놀았던 기억이 납니다. 그 뒤로 책에 나오는 보미처럼 5학년과 6학년 때 남자 친구들이 쏜 장난감 총알로 인해 짜증날 때도 있었고 참지 못할 정도로 아플 때도 있었습니다. 강보미와 정민경이 만든 '전쟁은 놀이가 될 수 없습니다!'라는 포스터의 내용에 나타난 것처럼 진짜 무기와 똑같이 생긴 장난감 총은 실제로 총알이 발사되며, 어떤 총은 1m 떨어진 거리에서 쏴도 맥주 깡통을 뚫을 수 있을 만큼 위험합니다. 그런 면에서 총은 사람을 죽이는 무기이지 장난감이 될 수 없습니다. 문제는 그렇게 놀이하는 아이들이 이상하게도 친구들과 다툼도 잦고 욕설도 많이 한다는 데 있습니다.

우리가 읽은 책에서 제니가 조사한 결과를 학부모님들 앞에서 재치있게 발표하는 것에 저는 매우 놀랐습니다. "미국에서는 한 해에 3만 5천 명이 총에 맞아 목숨을 잃습니다. 이것은 15분마다 한 명씩 총에 맞아 죽는다는 뜻입니다. 제가 발표를 시작한 지 15분쯤 지났으니까, 어디선가 또 한 명이 죽었겠지요?" 그래서 저는 장난감 전쟁놀이는 어린이들이 하지 못하도록 해야 하고 국민들의 총기 소유를 절대로 금지해야 한다고 생각합니다. 이상입니다.

엄마

제가 자랄 때는 남자 아이들이나 여자 아이들의 놀이가 다양했습니다. 예를 들면 남녀가 같이 소꿉놀이를 한다든지 구슬치기, 자치기, 딱지치기, 줄넘기, 다방구 등의 놀이를 즐겼습니다. 일부 남자아이들은 전쟁놀이를 했으나 지금처럼 성능이 좋은 총이 없었기 때문에 그야말로 나무 막대기 같은 것을 가지고 웃으면서 전쟁놀이를 했습니다. 그런데 그 때와 지금은 상황이 매우 다릅니다. 책에 언급된 것처럼 재미삼아서 하는 전쟁놀이는 상대방을 적으로 여기고 남을 죽이는 일을 아무렇지도 않게 생각합니다. "야구공은 그저 운동 도구이지만 총은 남을 죽일 때 쓰는 무기예요. 그래서 자주 가지고 놀다 보면 아이들의 정서를 해치게 됩니다."라고 강보미가 주장하고 있습니다. 강보미와 정민경이 만든 포스터에 있는 통계를 보고 깜짝 놀랐습니다. 유니세프 자료에 따르면 지난 10년 동안 2백만 명의 어린이가 전쟁으로 목숨을 잃었고, 6백만 명의 어린이가 장애인이 되었다고 했습니다. 가족을 잃고 고아가 된 어린이는 헤아릴 수 없이 많습니다. 또 지금 세계에는 30만 명의 어린이들이 강제로 끌려가 전쟁터의 '총알받이'가 되고 있습니다. 문제는 아무런 죄도 없는 아이들에게 고통을 주는 사람들이 어렸을 때부터 전쟁놀이 등을 통해 사람의 생명이 얼마나 중요한지 깨닫지 못하고 성장했다는 사실입니다.

엄마와 같은 세대들의 어린 시절처럼 전쟁놀이나 다른 재미있는 놀이들이 많았던 것과는 달리 지금은 컴퓨터 게임부터 실제 전쟁놀이까지 사람을 함부로 죽이는 놀이문화가 많아졌습니다. 그래서 저는 어린 시절에 하는 장난감 전쟁놀이를 제한해야 한다고 생각합니다. 이상입니다.

아빠

　어린이들은 어른들과는 달리 자신의 행동을 조절하지 못합니다. 그래서 어린 시절의 전쟁놀이는 어린이들의 마음속에 그려져서 어른이 되어서도 폭력을 행사하는 데 커다란 죄책감을 가지지 못합니다. 며칠 전에 미국 어느 지역의 총기사고로 인해 초등학교 아이들이 많이 사망했습니다. 이 소식을 접한 오바마 미국 대통령이 눈물을 흘리는 모습이 전 세계에 알려졌습니다. 우리가 읽었던 책에는 미국의 경우 총에 맞아 죽은 어린이 숫자는 하루에 12명꼴이라고 합니다. 미국인들이 가지고 있는 무기는 모두 2억 3천 만 개입니다. 최근에 제가 읽었던 통계로는 미국 전체 50개 주 중에서 21개 주가 교통사고 사망자수 보다 총기사고로 인해 사망하는 사람 수가 더 많았습니다. 미국은 우리들이 읽은 책에서 나와 있는 것처럼 총기규제 문제로 심각한 논란에 빠져 있습니다. 국민의 총기 소유를 권리화하는 근거는 수정헌법 2조 때문입니다. 이 조항은 서부 개척시대의 전통입니다. 총기 소유 옹호론자들은 총을 가진 무법자들을 단속하는 공권력에 한계가 있는 상황에서 일반 국민의 총기 소유를 금지하면 결국 당하는 것은 총 없는 일반 국민 쪽이라고 주장합니다. 오바마 미국 대통령은 총기규제를 눈물로 호소하면서 총기판매업자의 등록과 구매자의 신원 조회를 의무화하는 행정명령을 내렸습니다. 그렇지만 공화당의 대선 주자들과 막강한 로비력을 가진 미국 총기협회가 벌떼처럼 들고 일어나 반대하고 있어 그 실효성이 의문시되고 있습니다. 책에서 나와 있는 것과는 다르게 헌법을 개정하지 않는 한 미국 내의 총기규제는 매우 어려운 상황입니다. 이상입니다.

사회자 초6년 딸

　이상으로 우리 가족 전체가 1차 발언을 마쳤습니다. 2차 발언을 하기 전에 1차 발언에서 들었던 내용들 중 질문하고 싶거나 반론할 것 등을 생각해 보는 숙의시간을 1분 정도 갖겠습니다.

〈3단계〉2차 발언(질문 및 반론하기) - 각 2분

초4년 아들

누나가 발표한 것 중에서 궁금한 것이 있습니다. 누나네 반 친구들은 요즈음 실제 장난감으로 전쟁놀이를 많이 하는지 아니면 컴퓨터 게임을 더 많이 하는지요? 엄마가 책에서 읽으시고 발표하신 것 중에서 야구공과 총의 비교는 저도 정말 공감했고 유니세프 자료에 의한 전쟁으로 인한 어린이 피해 숫자는 너무 놀랐습니다. 엄마께 여쭈어 보고 싶습니다. 엄마는 전쟁놀이를 하는 어린이들에게 그럼 어떤 놀이를 하도록 권하고 싶으신지요?

그리고 아빠께서는 역시 신문이나 잡지 등에서 제가 모르는 내용들을 많이 알고 계신 것 같습니다. 미국의 수정헌법 2조에 대한 말씀에서 미국의 현실을 알게 되었습니다. 그런데 아빠께 여쭤보고 싶은 것은 아빠는 미국의 총기규제 법안이 만들어질 것이라고 예상하시는지요? 이상입니다.

초6년 딸

저는 동생의 아이디어에 정말 놀랐습니다. 학급 어린이회의를 통해 인터넷 게임 상에서 전쟁 관련 프로그램의 이름들을 알아서 버리자는 것 말입니다. 그런데 동생의 솔직한 마음을 듣고 싶습니다. 장난감 전쟁놀이든 인터넷에서든 놀이를 하고 싶지 않나요?

엄마에게 여쭈어 보고 싶은데요. 사람의 마음속에 공격적 본능 같은 것이 있다고 생각하시는지요? 만약 있다면 그런 것들을 어떻게 풀면 좋을지 엄마의 생각을 듣고 싶습니다.

그리고 아빠의 놀라운 호기심과 상식에 놀랐습니다. 아빠 주변의 선후배나 동료들이 자녀들과 전쟁놀이 때문에 다투었거나 갈등이 있었던 것을 들었던 것에 대해 말씀을 듣고 싶습니다. 그리고 저와 동생은 어떤 놀이로 스트레스를 푸는 것이 좋다고 생각하시는지요? 이상입니다.

엄마

먼저 아들과 딸이 우리가 읽기로 했던 책을 열심히 읽고 자신의 생각을 열심히 발표한 점에 대해 칭찬을 보냅니다. 아들은 먼저 『무기 팔지마세요』 라는 책을 읽고 어떤 느낌이 들었는지 이야기 해주기 바랍니다. 그리고 딸은 만약 동생이 장난감 전쟁놀이를 하려고 하면 어떻게 막을지 그 의견을 이야기 해주세요. 그리고 보미와 민경이 사이에서 우리들이 교훈을 얻어야 하는 것이 있다면 어떤 것들이 있다고 생각하는지요? 아빠에게 묻고 싶습니다. 제가 알기로는 미국과 유럽의 경우 어린 시절의 장난감 전쟁놀이 보다는 인터넷 전쟁 게임에 중독된 끝에 총을 난사하는 사건이 잇따르고 있다고 알고 있습니다. 혹시 게임에 빠져 자녀를 어떻게 했다는 이야기를 들어 보신 적이 있는지요? 그리고 매우 어려운 질문이겠지만 아빠가 들려주신 미국 수정헌법 2조는 개정되려면 어떻게 해야 하는지 아빠의 생각을 말씀해 주시기 바랍니다. 이상입니다.

아빠
먼저 딸에게 묻고 싶습니다. 딸은 자신의 뜻대로 되지 않았을 때 어떻게 스트레스를 풀고 있는지요? 미국의 현실에 대한 통계를 발표했는데 그러면 우리나라는 앞으로 어떻게 될 것이라고 생각하는지요?

그리고 오늘 하브루타 주제가 아들과 친구들에게 매우 중요한 결과를 줄 것 같은데요. 아들은 책에서 이야기한 장난감 전쟁놀이 물건들 중에서 가장 갖고 싶은 것은 어떤 것이고 그 이유를 이야기해 주세요.

엄마에게 묻고 싶습니다. 만약 아들이나 딸이 장난감 전쟁놀이나 인터넷에서 전쟁놀이를 하고 스트레스가 풀려서 자신의 공부를 더욱 열심히 하게 된다면 허용할 것인지요? 이상입니다.

사회자 초6년 딸
그러면 지금부터 2차 발언에서 질문을 받았던 것들을 나름대로 답변을 해주시고 부족한 주장이 있으면 보충해서 주장을 펼치는 3차 발언을 시작하겠습니다.

〈4 단계〉 3차 발언(질문에 대한 답변하기) - 각 2분

초6년 딸

동생의 질문에 답하겠습니다. 우리 반 친구들은 초등학교 6학년이니 만큼 장난감 전쟁놀이는 거의 하지 않습니다. 그 대신 여자아이들보다 남자아이들이 인터넷 게임을 많이 합니다. 수학시간에 그래프를 그리기 전에 자료 조사한 적이 있습니다. 그 결과 컴퓨터 게임을 하루에 1시간 이상씩 하는 아이들은 남자아이들의 절반이 넘었습니다.

엄마께서는 만약 동생이 장난감 전쟁놀이를 한다면 어떻게 막을지 물으셨습니다. 저는 그런 놀이 보다는 동생이 좋아하는 구기 운동을 물어보고 그런 운동을 한다든지 아니면 인터넷 게임 중에 동생에게 해가 안 되는 것을 선택해서 즐기라고 권하고 싶습니다.

아빠의 질문에 답하겠습니다. 저는 스트레스를 받으면 그 내용을 일단 글로 써 봅니다. 그리고 제대로 안 풀리면 친한 친구에게 솔직하게 털어 놓습니다. 그러면 거의 풀립니다. 그리고 도서관에서 '자신의 마음을 다스리는 법'이라는 내용이 실려 있는 책들을 찾아서 읽기도 합니다. 우리나라는 미국처럼 그렇게 위험한 결과가 일어날 것 같지는 않습니다. 그러나 미국과 달리 우리나라에서도 최근에는 '묻지마 살인'이 자주 일어나고 있습니다. 그래서 이러한 끔찍한 결과를 예방하기 위해서 학교에서나 가정에서 꾸준히 인성교육을 실시해야 한다고 생각합니다.

엄마의 질문에 답하겠습니다. 그 책의 내용이 매우 흥미진진했습니다. 그리고 초등학생이 제기한 문제를 전 세계인들이 호응하는 것이 놀라웠습니다. 이상입니다.

엄마

먼저 아들의 질문에 답하겠습니다. 아까 딸이 이야기한 것과 비슷합니다. 청소년기는 한참 운동을 해서 건강을 다져야 하는 시기라고 생각합니다. 그래서 실내에 앉아서 컴퓨터 게임을 하기보다는 놀이터나 운동장에서 친구들과 놀이기구를 탄다든지 아니면 축구나 피구와 같은 공놀이를 했으면 좋겠습니다.

그 다음 딸의 질문에 답하겠습니다. 내가 그동안 읽었던 책들 중에 심리학 관련 서적에 나와 있는 심리학자들 중에서 프로이트라는 사람은 '사람에게 공격본능이 있다'고 합니다. 심하게 되면 자기보다 부족한 사람들을 지배하려는 본능도 있다고 봐야지요. 더 크게 보면 사람은 누구나 인정받고 싶은 욕구가 있습니다. 따라서 우리 사회 구성원들끼리 서로 간에 경쟁도 해야 하지만 서로의 주장이나 처한 상황을 인정해 주는 문화가 만들어져야 한다고 생각합니다.

아빠의 질문에 답하겠습니다. 공부를 열심히 한다면 당연히 허용하겠습니다. 단 조건이 있습니다. 인터넷 게임 중에 잔인한 사람 살상용 게임은 안 되고, 하더라도 짧은 시간만 합니다. 그리고 그 피해를 가볍게 봐서는 절대로 안 된다고 생각합니다. 이상입니다.

초4 아들

먼저 누나의 질문에 답하겠습니다. 저는 솔직히 1차 발언 때도 말씀드렸지만 전쟁놀이를 하고 싶습니다. 그것이 나쁘다고 하시니까 이해가 잘 안 되기도 하고 한편으로는 죄책감도 들기도 합니다. 제가 무슨 악마 같은 생각이 들기도 했습니다. 그런데 엄마가 사람의 마음 중에 그런 공격적 본능이 있다는 심리학자들의 주장을 말씀하셔서 저만 악마가 아니라는 것을 깨닫게 되어 마음이 놓였습니다.

저는 엄마가 물어보신 것처럼 이 책을 읽고 나서 많은 것들을 깨달았습니다. 전쟁놀이를 무심코 했는데, 앞으로는 전쟁놀이를 하더라도 생각을 해야겠다고 다짐했습니다. 보미와 민경이, 그리고 미국의 제니라는 학생들의 용기와 실천력에 감동했습니다. 주인공인 보미의 솔직함이 좋았습니다. 자신의 부족함을 알고 민경이라는 친구의 힘을 빌려서 자신이 하고 싶은 일들을 하는 태도를 본받고 싶습니다. 이제는 새로운 무기 개발보다는 무기를 줄이거나 없애는 쪽으로 생각을 해야 평화로운 사회가 오리라는 점도 알게 되었습니다.

아빠의 질문에 답하겠습니다. 저는 이번 하브루타를 하기 전에 장난감 탱크를 갖고 싶었습니다. 움직이는 것이 신기했습니다. 탱크는 포탄을 한

번 쏘면 사람과 차, 건물들을 한순간에 파괴하는 힘이 신기해서 좋아했습니다. 이상입니다.

아빠

먼저 아들의 질문에 답하겠습니다. 우리가 읽었던 책에서는 무기 자유협회 회원이 360만 명이나 되고 미국 50개 주에서 42개 주에 '진짜 엄마 모임'이 만들어졌을 만큼 총기 소유 금지에 대한 여론이 뜨거움을 알 수 있습니다. 그렇지만 아까 이야기한대로 미국의 수정헌법 2조를 바꾸기란 쉽지 않습니다. 법들 중에서 최상의 법이 바로 헌법인데 아무리 법률을 제정해도 헌법이 우선하기 때문에 그 법률은 효력을 발휘할 수 없습니다.

그 다음 딸의 질문에 답하겠습니다. 내 주변의 사람들은 여러 가지 이유로 자녀들과 다툽니다. 그중에서도 자녀들이 인터넷 게임을 너무 많이 해서 컴퓨터나 휴대폰의 비밀번호를 걸어 놓고 제한된 시간만 하게 했는데 약속을 잘 지키지 않는다는 고민이 많습니다. 심한 경우는 컴퓨터나 휴대폰을 자녀들이 보는 앞에서 망치로 때려 부쉈다는 친구도 있을 정도입니다.

그리고 저의 어린 시절과는 다르게 요즈음에는 게임을 안 할 수는 없습니다. 보미나 제니가 주장하는 것처럼 게임의 종류도 파괴하고 살상하는 게임에서 탐험하고 문제를 해결하는 가운데 기쁨을 안겨주는 게임을 많이 했으면 합니다.

엄마의 질문에 답하겠습니다. 미국 수정헌법 2조는 개정이 어렵습니다. 미국의 총기협회의 힘을 과소평가해서는 안 됩니다. 더불어 법이 개정되면 피해자의 수는 상상 이상으로 증가할 것입니다. 그렇지만 앞으로 과학기술의 발달로 인해서 무기를 사용하는 사람의 심리가 상대측을 살상하려는 의도가 있음을 감지하는 센서가 개발되면 좋겠습니다. 그래서 그러한 사람들이 테러나 분풀이용 인명살상을 최소화되는데 앞장서 주었으면 합니다. 이상입니다.

〈5 단계〉 정리발언 - 각 1분

사회자 초6년 딸

오늘 가족 독서 원탁 하브루타에서 우리 가족들의 이야기를 들어보니까 먼저 하브루타의 기본 정신에 걸맞게 '내가 저 사람 입장이라면 나도 저런 생각을 했을 거야' 라든지 '내가 우리 가족들에게 최대한 도움이 되려는 마음으로 노력해야지'와 같은 마음으로 하브루타를 했습니다. 감사합니다. 그러면 마지막으로 정리발언을 해 주시기 바랍니다.

엄마

저는 사람을 살상하는 장난감 전쟁놀이나 인터넷 게임도 모두 제한해야 한다고 생각합니다. 좀 더 확장해서 말씀드리면 독일에서 시작된 '발도로프 교육 프로그램'은 체육시간에도 상대측을 이기는 승패 놀이는 하지 않고 함께 어울리면서 즐기는 놀이를 한다고 합니다. 학교 교육에서도 승패를 강조하는 게임에서 함께 즐기는 놀이를 가르치고 배웠으면 좋겠습니다. 혹시 게임을 하게 되더라도 게임을 하고 나서 승패를 정할 때 이기고 지는 것에 관심이 많은 것은 낮은 수준의 생각이고, 서로 배려하면서 게임을 했다는 것 자체를 즐기는 태도를 지니도록 노력했으면 합니다.

우리나라도 미국의 레인보우 시티에서 제니가 만든 '진짜 엄마 모임'같은 평화 단체를 만들어서 안전한 사회를 만드는 데 최선을 다해야 한다고 생각합니다. 저도 아들과 딸이 건전한 놀이를 할 수 있도록 온라인이나 오프라인 상에서 가능한 게임이나 놀이 프로그램을 열심히 찾아서 안내해 주어야겠다는 다짐도 했습니다. 이상입니다.

초4년 아들

저는 1차 발언에서 내놓은 아이디어처럼 우리 반부터라도 인터넷 전쟁 게임의 종류와 이름을 알아내어 어린이들이나 청소년들의 정서에 나쁜 영향을 주는 프로그램을 버리라는 인터넷 시위를 하고 싶습니다. 이렇게 하면 인터넷은 전 세계적인 연락망이므로 세계 어느 곳이든지 평화를 위해 노력하는 수많은 사람들의 협조가 있을 것으로 기대합니다. 그리고 엄마와 아빠, 누나가 충고해준 대로 가능한 건전한 야외놀이를 하도록 친구들과 함께 노력하겠습니다. 이상입니다.

아빠

우리나라는 지구상에서 유일한 분단국가입니다. 1953년 7월 27일에 맺었던 휴전협정 이후 한반도는 종전이 아니라 휴전상태입니다. 북한은 자기들을 지키기 위한다는 명분으로 핵무기를 개발하고 미사일을 수시로 쏘아 올리며 한반도의 평화를 위협하고 있습니다. 고(故) 김대중 대통령은 남한과 북한의 평화를 유지시키고 발전시킨 공로로 노벨평화상을 수상하기도 했습니다. 저는 우리나라 청소년들이 한반도 평화를 위한 많은 아이디어를 만들어 내도록 노력해야 한다고 생각합니다. 그리고 무기를 자유롭게 소유하기로 한 나라들이나 무기를 판매 및 수출하는 나라들에게 전 세계인들의 꾸준한 관심이 필요합니다. 평화를 위해 UN을 중심으로 무기감축 법안을 만들고 무기를 사용해서 테러를 일으켰을 경우 국제적인 제재 조치들을 미리 알려주어야 합니다. 특히 어린이들이나 다른 민간인들이 살상을 당하지 않도록 철저한 제도를 마련해야 합니다. 그러기 위해서는 한참 성장하고 있는 청소년들이 전쟁의 위험성과 평화의 중요성에 대한 생각을 나누고 다짐하는 하브루타 교육이 활발히 전개되어야 합니다. 저부터 평화를 위해 펼쳐지는 다양한 행사에 깊은 관심을 가지고 적극 동참하도록 최선을 다하겠습니다. 이상입니다.

〈6 단계〉 하브루타를 마친 소감 - 각 1분 이내
사회자 초6년 딸
그러면 하브루타를 마친 소감을 말씀해 주시기 바랍니다.

엄마

저는 이번 하브루타를 통해 '우리 지구촌이 이렇게 위험한 상황이구나' 하는 절실한 깨달음을 얻었습니다. 그리고 우리 가족들이 힘을 합쳐 우리 사회의 평화를 위해 뭐 대단한 활동을 할 것이 아니라 작지만 우리들부터 전쟁놀이나 게임 등을 줄이고 없애는 데 앞장섰으면 좋겠다고 생각합니다. 특히 아들의 아이디어에 찬성합니다. 그리고 동화는 현실이 아니지만 일어날 수도 있는 이야기라고 생각합니다.

미국의 국회 내 '총기 규제 법안' 투표 결과 하원의원 435명 가운데 252명이 찬성, 상원의원 100명 가운데 62명이 찬성했습니다. 아빠를 통해 알게 된 미국 수정헌법 2조가 바뀌려면 하원의원 300명 이상이, 상원의원 66명 이상이 찬성해야 3분의 2 이상이 됩니다. 미국과 전세계의 여론이 총기 규제 법안에 힘을 모아서 꼭 미국부터 총기규제 내용이 헌법으로 명시되는 그 날이 돌아오길 기대합니다. 이상입니다.

초6년 딸

저는 먼저 위기철의 『무기 팔지 마세요』 라는 책을 읽었던 것이 매우 좋았고 감사하다는 생각을 했습니다. 초등학생들이 이렇게 지구촌 모든 사람들에게 영향을 줄 수 있는 일들을 할 수 있다는 데 놀랐습니다. 인터넷에 있는 전쟁 게임 목록을 만드는 방법을 친구들과 의논해 보겠습니다. 저에게는 정말 많은 생각과 반성을 하는 하브루타 시간이었습니다. 이상입니다.

아빠

이 책을 읽으면서 제니가 BNN 방송에서 가장 시청률이 높은 프로그램의 하나인 '도날드 화이트 쇼'의 초대 손님으로 초대되어 도날드 화이트를 당황하게 만드는 장면이 매우 인상 깊었습니다.

"제니는 총이 없어지면 세상이 평화로워질 것이라고 생각해?"
라는 화이트의 질문에 이렇게 답했습니다.
"네, 그렇게 생각해요"
"하지만 나쁜 사람들은 총을 가지고 있고, 착한 사람들은 총이 없다고 생각해 봐. 그럼 나쁜 사람들이 착한 사람들을 다 죽일 텐데. 그게 평화로운 일일까?"

라고 화이트가 반박을 했습니다.

"지금 바로 그런 일이 일어나고 있잖아요? 나쁜 사람들이 총을 가지고 착한 사람들을 죽이는 일말이에요. 아저씨는 학교에 들어와 총을 쏘는 사람들이 착한 사람들이라고 생각하세요?"

화이트는 강도가 총을 들고 집에 들어왔을 때 경찰을 부를 시간이 없을 때 집주인이 총으로 지켜야 한다고 주장을 했지요. 이 때 제니는 이렇게 반박을 해서 그 똑똑한 도날드 화이트가 쩔쩔매는 말을 했습니다.

"그렇다면 학교에 가는 아이들의 가방 속에 총 한 자루씩 넣어 주세요. 총을 든 괴한들이 학교에 들어와서 함께 총 싸움을 벌일 수 있도록 말이에요."

이러한 대화를 통해서 진실과 정의는 아무리 유식해도, 돈이 많아도, 지위가 높아도 그러한 조건에 패하지 않고 승리한다는 사실을 알 수 있었습니다.

초4년 아들

우리 가족 중 제일 어린 저는 친구와 선생님, 독서에 대해 생각해 보는 시간이었습니다. 엄마, 아빠, 누나가 저에게 했던 질문들이 어려운 것도 많아서 힘들었습니다. 하지만 답변하면서 생각하는 힘이 조금 좋아졌어요. 앞으로 우리 가족들과 하는 하브루타 시간이 많았으면 좋겠습니다. 이상입니다.

사회자 초6년 딸

이상으로 '어린이들의 장난감 전쟁놀이와 무기 소유 금지'에 대한 논제로 펼쳤던 가족 독서 원탁 하브루타를 모두 마치겠습니다. 감사합니다.

사례 2.
시사 원탁 하브루타

주제 : 우리 사회의 경쟁교육

여러 가지 이유로 경쟁을 부추기는 사회가 됐습니다. 많은 부모님들과 선생님들 또한 경쟁의 장점만을 부각시켜서 '경쟁의 혜택'을 강조하는 경향이 있습니다. 우리들이 원하는 사회를 만들고 개인의 행복한 삶을 살아가는 데 경쟁교육은 어떠한 역할을 하고 있을까요? 경쟁교육에 대한 치열한 하브루타 현장을 찾아가 봅시다.

하브루타 주제 : 우리 사회의 경쟁교육에 대해서

하브루타 주체 : 4인 가족 (중등 2학년 재학 중인 딸,
고등 2학년 재학 중인 아들,
엄마, 아빠)

'우리 사회의 경쟁교육에 대해서'와 같은 주제를 놓고 대화를 나누는 한 가정의 가상 대화 현장을 찾아가 보겠습니다.

중등 2년 딸

우리나라 교육은 정말 문제가 많아요. 모든 것이 좋은 대학교에 가기 위해 이루어져요. 공부를 못하면 큰 죄인처럼 느껴져요. 공부를 못하면 부족한 사람 취급받아요. 학원에서 선행학습을 한 많은 아이들은 수업태도가 너무 안 좋아요.

아빠

어이 딸, 아빠도 학교 다닐 때 경쟁이 치열했어. 시험은 왜 그렇게 많이 보는지 생각만 해도 끔찍해. 그래도 생각해 보면 공부가 제일 쉬운 것 같아. 힘들지만 참고 해야지 어떻게 하니?

엄마

중 2병이라는 말처럼 우리 딸이 힘들구나. 누구나 어려운 시절이 있나 봐. 엄마도 돌아보면 중고등학교 시절에 너무 힘들었어. 그럴수록 마음을 다스리는 책도 읽고 특히 좋은 친구들을 사귀었으면 좋겠어.

고등 2년 아들

저는 내년이면 대입수능시험을 봅니다. 모의고사나 내신에 들어가는 시험을 준비하고 치르느라 정말 매일매일 스트레스가 쌓여요. '저만 아니라 제 친구들이나 선후배들도 고생하겠지' 하는 마음으로 생활하고 있어요. 그런데 문제는 열심히 해도 정말 소수의 친구들만 원하는 대학에 합격하니 문제가 많아요. 뭐 소질과 적성에 맞게 살라고들 하는데 그렇게 사는 것이 어디 쉽나요? 어떨 때는 우리 사회가 원망스러워요.

아빠

학교만 그런 것이 아니고 사회에서도 많은 사람들이 경쟁 때문에 너무 힘들어. 돈이 많은 사람들은 여유롭게 살 수 있는데 경제적으로 어려운 사람들은 정말 살기 어렵지. 하지만 어떻게 하니? '운명이다' 하고 살아가는 수밖에.

▶ '우리 사회의 경쟁교육에 대해서'와 같은 주제로 다음과 같이 원탁 하브루타 사례를 소개 해 봅니다.

단계별 하브루타 내용

〈1 단계〉 하브루타에 임하는 소감 발표하기- 각 1분 이내
사회자 중2년 딸
안녕하세요? 오늘 '우리 사회의 경쟁교육에 대해서'라는 주제로 오빠, 엄마, 아빠와 함께 하브루타를 해서 기쁩니다. 평소와 달리 이렇게 가족들끼리 하브루타를 하니까 기분이 좀 묘합니다. 그리고 나이가 제일 어린 제가 사회를 봅니다. 이번 하브루타가 우리 가족 모두에게 보람 있는 시간이 되길 바랍니다. 먼저 이번 하브루타에 임하는 소감을 말씀해 주세요.

고2년 아들
경쟁교육이라는 주제는 생활하는 내내 제 마음 속 깊이 들어있었고 갈등이 풀리지 않는 것이었습니다. 특히 시험공부를 할 때마다 스트레스가 최고조에 이릅니다. 그 때마다 경쟁에 대해 괴로울 정도로 고민이 많습니다. 이번 하브루타를 통해 제 마음의 고통이 조금이나마 치유되었으면 좋겠습니다.

엄마
우리 아들딸들이 세계의 어느 나라보다도 치열한 경쟁사회에서 생활하고 있습니다. 아들딸과 아빠는 이러한 주제에 대해 어떻게 생각하는지 알게 되어 매우 흐뭇하고 도움이 많이 될 것 같습니다.

아빠
내가 다니는 회사 또한 교육 현장보다 치열한 경쟁이 난무하고 있습니다. 오늘은 우리 사회의 경쟁교육현장을 우리 가족과 함께 들여다보는 계기가 되어 기쁩니다. 이번 하브루타가 끝나면 서로에게 긍정적인 느낌이

남으리라는 확신이 있습니다.

중2년 딸

제가 우리 사회에서 골칫거리로 통하는 중2병 학생입니다. 저의 꿈과 끼를 마음껏 펼치고 자유롭게 즐기고 싶은데 우리 사회는 경쟁을 강요하고 있습니다. 이번 하브루타를 통해 저와 제 친구들이 나름대로 우리 사회에 적응하면서 생활하는 지혜를 얻기 바랍니다.

〈2 단계〉 1차 발언(주장 펼치기) - 각 2분
사회자 중2년 딸

그러면 우리가 나눌 주제에 대해 여러분의 의견을 말씀해 주시기 바랍니다. 개인당 시간은 2분입니다.

중2년 딸

우리사회의 잘못된 경쟁교육으로 인해 학교폭력이나 집단따돌림이라는 심각한 사회적 문제가 만들어졌습니다. 이러한 경쟁분위기 때문에 사회의 주체로서 힘을 제대로 발휘하지 못하는 저희 청소년들만 피해를 입습니다. 그래서 저는 우리 사회가 너무 싫고 어디론가 도망치고 싶을 때가 많습니다. 이상입니다.

아빠

일본은 1960년대 이후 고도 성장기를 거치면서 경쟁교육이 확산됐습니다. 이후 1980년대 일본에서는 학교 붕괴가 심각한 문제로 떠올랐습니다. 이러한 학교 붕괴의 유형으로서 집단따돌림은 물론 교사 폭행 사건까지 발생했습니다. 일본 리쓰메이칸 대학 사회학과에서 연구 중인 야마모토 교수는 열린 교육포럼 '청소년 폭력과 부적응을 말하다'에서 마침 오늘 우리의 하브루타 주제와 걸맞게 집단따돌림 현상과 경쟁교육의 관계에 대해 설명했습니다. 그가 말한 것 중에서 공감되는 내용들이 많았습니다.

바로 경쟁교육의 특징은 승자와 패자를 확실하게 나눕니다. 경쟁에서

진 사람은 지배당해도 좋은 사람, 이 사회에서 쓸모없는 인간, 배제된 인간으로 취급당합니다. 이러한 현상을 정확하게 직시해야 합니다. 독일의 대문호 괴테는 '천재는 적응을 잘한다'라는 말을 했습니다. 경쟁은 인간의 본성이 아니라 사회 제도 자체가 그렇게 되어서 일어난 것이기 때문에 경쟁교육에 적응하지 못하면 사회의 낙오자가 됩니다. 불안감을 극복하는 법도 배워서 본인이 하고 싶은 일을 하기 위해 경쟁사회에서 승리해야 한다고 생각합니다. 이상입니다.

엄마
승리만을 강조하는 경쟁교육이 가져오는 당연한 결과는 어떤 것일까요? 경쟁에서 승리하고자 하는 사람들에게 주변의 친구들은 보살펴주거나 도와주어야 할 사람이 아니라 눌러야만 하는 대상으로 바라보게 만듭니다. 본성이 나빠서가 아니라 사회에서 살아남기 위한 몸부림이라고 생각합니다. 어찌 보면 치열한 경쟁사회를 탓하는 것 보다는 적응해서 승자가 되도록 각 가정과 개인들은 노력해야 한다는 것입니다. 경쟁에서 이기지 못하면 패배자가 되어 다른 사람들을 위해 봉사하기는 커녕 부담만 주는 사람으로 더욱 의미 없는 존재가 됩니다. 이상입니다.

고2년 아들
저는 경쟁 교육은 '쓸모없는 사람'의 존재를 당연시하게 만든다고 생각합니다. 소위 민주주의의 기본 이념인 인간의 존엄성마저 무시하지요. 감수성이 예민한 청소년들에게 집단따돌림은 자살을 통해서라도 벗어나고 싶을 만큼 공포스럽고 끔찍한 일입니다. 학교 폭력 이전에 우리 사회의 극심한 경쟁교육을 반드시 바꾸어야 합니다. 학교 붕괴, 교실 붕괴의 원인은 바로 경쟁교육이 만들어낸 것입니다. 이상입니다.

사회자 중2년 딸
이상으로 우리 가족 전체가 1차 발언을 마쳤습니다. 2차 발언을 하기 전에 1차 발언에서 들었던 내용들 중 질문하고 싶거나 반론할 것 등을 생각해 보는 숙의시간을 1분 정도 갖겠습니다.

〈3 단계〉 2차 발언(질문 및 반론하기) - 각 2분

아빠

아들과 딸의 이야기를 듣다보니 경쟁이 개인 자체만을 생각하면 반드시 이겨서 자신이 하고 싶은 일들을 할 수 있게 하지만 소수의 승자만이 살아남는 아주 불합리한 시스템이라는 생각이 들었어요. 경쟁에 대해 연구한 학자들은 '협력활동은 경쟁에서 생겨나는 불안감보다는 정서적인 안정감을 가져다준다'는 사실을 발표했습니다. 또한 결과만을 최고의 가치로 생각하거나 외적인 보상만을 강조하여 과정을 도외시하는 것 보다는 적극적인 참여로 과정과 배움 그 자체를 중요시하도록 만드는 것이 중요하다고 강조하고 있습니다. 아들은 경쟁교육 때문에 인간의 존엄성이 사라졌고 학교폭력도 생겨났다고 했는데 경쟁교육을 바꿀 수 있는 대안이 있는지 묻고 싶습니다. 그리고 엄마는 치열한 경쟁사회를 탓하기보다는 적응해서 승자가 되도록 각 가정과 개인들은 노력해야 한다고 했는데 엄마는 그 경쟁의 방향을 어떻게 생각하고 있는지 묻고 싶습니다. 이상입니다.

고2년 아들

아빠가 인용하셨던 일본의 야마모토 교수는 우리 사회의 학교폭력 문제를 어떻게 진단하고 있는지 묻고 싶습니다. 그리고 동생이 중 2병의 원인 또한 심한 경쟁교육 때문에 일어났다고 했는데 꼭 그런 것만은 아니라고 생각합니다. 타인과 비교하면서 스트레스를 받기 보다는 더욱 자유롭게 자신의 생활을 즐기면 경쟁교육이 가져온 상황에서 벗어나는 사람이 될 수도 있기 때문입니다. 저는 엄마가 주장하신 현실적인 해결책에 반대합니다. 가능하시다면 대안을 말씀해 주시기 바랍니다. 이상입니다.

엄마

인간은 사회적 동물입니다. 자신이 살아가는 사회라는 물을 먹고 살아가는 숙명적인 존재입니다. 거창하게 경쟁교육의 부작용에 대한 이론적인 측면만을 비판해 보았자 우리들 자신에게 달라지는 것은 아무것도 없습니다. 현실에 지혜롭게 적응하면서 행복하게 살도록 노력해야 합니다. 이상입니다.

중2년 딸

저는 1차 발언에서 오빠가 주장한 의견에 동의합니다. 학교 내 경쟁교육은 사회제도 때문에 생겨난 것이기 때문에 그것 자체만 바꿀 수는 없다고 생각합니다. 얼마 전 사회선생님으로부터 노르웨이나 핀란드, 스웨덴, 덴마크 같은 북유럽 국가들에서는 대학을 졸업한 사람들이나 고등학교를 졸업한 사람들의 생활수준이 비슷하다고 들었습니다. 사회제도 자체를 그렇게 바꿔나가야 한다고 생각합니다. 이상입니다.

사회자 중2년 딸

그러면 이제부터는 2차 발언에서 질문을 받았던 것들을 나름대로 답변을 해주시고 부족한 주장이 있으면 보충해서 주장을 펼치는 3차 발언을 시작하겠습니다.

〈4 단계〉 3차 발언(질문에 대한 답변하기) - 각 2분

엄마

저도 아빠와 같이 야마모토 교수의 발표를 알고 있습니다. 야마모토 교수는 해결책으로 대안교육의 활성화를 제시했습니다. 경쟁교육의 장을 현실적으로 완전히 없앨 수 없기 때문에 경쟁교육에 적응하지 못하는 아이들에게 대안교육이라는 선택지를 주어 경쟁교육의 부작용을 조금이라도 완화시키자고 주장했습니다. 그는 '가치관의 큰 전환이 필요하다'며 "능력 있는 사람, 경쟁의 승자만이 가치 있는 사람이라는 경쟁교육을 넘어서 능력이 있든지 없든지 모두 가치 있는 인간이라는 생각을 가질 수 있도록 해야 한다."고 말했습니다. 저도 이 의견에 전적으로 동의합니다.

오늘 경쟁교육에 대한 하브루타를 하면서 문득 이러한 생각을 했습니다. 사회제도도 바꾸어가야 하지만 먼저 개개인들의 의식을 바꾸어야 한다고 생각합니다. 먼저 자신의 소질과 적성과 목표를 정확히 알고 있어야 합니다. 모두가 호의호식하는 사회는 이상향입니다. 마음속에 천국을 만들어 놓고 만족하면서 생활하면 좋겠습니다. 이상입니다.

아빠

아들의 질문에 답변하겠습니다. 이지메(집단 괴롭힘) 전문 연구자로 알려진 야마모토 고헤이 교수는 "한국과 일본 모두 경쟁교육 때문에 집단 괴롭힘과 학교폭력이란 심각한 사회적 문제를 만들어 낸 공통점이 있다." 고 밝혔습니다. 경쟁교육은 일단 좋은 대학을 졸업해야 우리 사회에서 의식주가 해결되고 의미 있는 인생을 즐길 수 있다고 여기는 사회 구성원들의 생각에서 시작됩니다. 그리고 딸이 이야기한 것처럼 이러한 경쟁교육을 바꾸기 위해서는 사회통합이 되어야 합니다. 사회구성원들이 정부를 믿고 정부는 세금을 모든 사회 구성원들의 인간다운 삶을 위해 기꺼이 투명하게 쓸 수 있어야 부자들이 세금을 더 내기 때문입니다. 이상입니다.

중2년 딸

우리들이 살아가는 가장 큰 목적은 행복인데 행복은 누가 가져다주는 것이 아니라 아무리 사소한 것일지라도 자기 스스로 만족할 수 있는 태도를 가져야 됩니다.

비교를 한다면 자기 자신의 과거와 현재를 비교해 보는 지혜가 중요합니다. 그리고 우리 사회의 구성원들도 꼭 학력을 기준으로, 대학 간판이라는 잣대로 사람을 평가하는 잘못된 편견을 극복하는 노력을 기울여야 한다고 생각합니다. 그리고 경쟁을 강조하면 경쟁에서의 승패와 관계없이, 아이들은 경쟁의 결과를 보통 운이나 각자에게 이미 정해진 능력의 탓이라고 돌립니다. 그 결과 공부에 대한 자신감과 책임감이 줄어듭니다. 이상입니다.

고2년 아들

저는 우리 사회의 경쟁교육은 매우 심각한 상태라고 생각합니다. 그저 좋은 것이 좋은 것처럼 넘어갈 일이 아닙니다. 학력 최고주의, 간판 지상주의, 금전 만능주의의 폐해 때문에 힘없는 청소년들은 가출하고 심지어 스스로 목숨을 끊기까지도 합니다. 좋은 대학에 진학하지 못하면 패배자처럼 낙인찍히는 사회 분위기가 큰 문제입니다. 정치가들이 현실에 발을 딛고 모두가 자긍심을 갖고 생활하는 사회를 만드는데 앞장서야 한다고 생각합니다. 그렇게 된다면 자연스럽게 경쟁교육은 줄어들기 때문입니다. 이상입니다.

〈5 단계〉 정리발언 - 각 1분

사회자 중2년 딸

좋은 의견을 주장해 주셔서 감사드립니다. 1차, 2차 및 3차 발언을 통해 확인되었던 내용들을 모아서 마지막으로 정리발언을 해 주시기 바랍니다.

엄마

오늘 가족 하브루타에서 우리 가족들의 이야기를 들어보니까 먼저 아들과 딸의 생각이 성숙되어 대안까지 알고 있다는 것에 대해 놀랐고 한편으로는 흐뭇했습니다. 우리 가족부터라도 경쟁교육의 그늘에 묻히지 않도록 지나치게 스트레스를 주지 말아야겠다는 생각을 하였습니다. 이상입니다.

아빠

아들과 딸의 주장을 곰곰이 생각해 보며 우리 사회가 어느 방향으로 가야할 지 알게 되었습니다. 소위 출구의 평등이 있어야 입구의 평등도 있다고 생각합니다. 사회제도 자체의 변화와 혁신으로 상류층이 세금을 많이 내서 경제적으로 어려운 사람들의 생계에 보탬이 되는 세금제도를 만들어야 합니다. 그렇게 된다면 자연스럽게 자신이 하고 싶은 공부를 하고 타인과의 피 튀기는 경쟁이 아니라 자신의 자아실현을 위한 선량한 경쟁이 자리 잡기 때문입니다. 이상입니다.

중2년 딸

이렇게 엄마와 아빠 그리고 오빠와 함께 가족 하브루타를 하면서 제가 미처 생각하지도 못했던 것들을 많이 알고 깨닫게 되었습니다. 치열하게 경쟁도 하면서 자기 자신의 마음도 다스릴 줄 아는 청소년이 되어야겠다는 다짐을 하였습니다. 다시 말하면 개개인의 의식훈련이 제대로 된다면 경쟁교육의 피해자가 되지 않을 수 있다고 생각했습니다. 이상입니다.

고2년 아들

스웨덴이나 노르웨이, 핀란드, 덴마크와 같은 북유럽 국가들처럼 우리나라도 사회제도를 혁신했으면 좋겠습니다. 자기가 원하는 일을 위해 공부하고 그 분야에서 열심히 일한다면 우리 사회도 좋아질 것이기 때문입니다. 어른들이 각성해서 정말로 좋은 사회를 만들어 주셨으면 좋겠습니다. 그렇게 된다면 집단따돌림도 줄어들고 범죄율도 현저하게 낮아질 것입니다. 이상입니다.

〈6 단계〉 하브루타를 마친 소감 -각 1분 이내

사회자 중2년 딸

그러면 하브루타를 마친 소감을 말씀해 주시기 바랍니다.

중2년 딸

저는 오늘 하브루타를 하기 전까지는 우리 부모님들이 제가 처한 상황을 제대로 모르시고 일단 공부만 열심히 하는 것만을 강조하시는 줄 알았습니다. 하지만 오늘 가족 하브루타를 통해 부모님도 저와 함께 경쟁교육에 대해 고민하고 해결을 위해 노력하고 계신다는 것을 알 수 있었습니다. 그래서 매우 든든한 마음을 가지게 되었습니다. 이상입니다.

아빠

이번 하브루타를 통해 아들과 딸, 엄마가 경쟁에 대한 고민과 전문적인 지식이 많은 점에 대해 매우 놀랐습니다. 또한 해결책을 제시할 때 정말 흐뭇했습니다. 우리 가정의 미래가 밝다는 확신을 가지게 되는 귀한 기회였습니다. 이상입니다.

엄마

오늘 하브루타로 아들과 딸이 우리나라 경쟁교육 상황을 정확하게 인식하고 있어 기뻤습니다. 하지만 한편으로는 청소년들이 지향하는 사회는 아직 멀기 때문에 이상과 현실의 타협이 절실히 필요하다고 생각했습니다. 우리 사회의 제도도 정확하게 이해하고 적응하는 지혜를 지니도록 열심히 도와주어야겠다는 생각을 했습니다. 이상입니다.

고2년 아들

사실 이러한 이야기를 하면서도 마음 한편으로는 '치열한 대학입시 경쟁에서 어떻게 하면 살아남을까'하는 절박한 마음이 있었습니다. 우리 가족들의 말처럼 경쟁은 필요악임을 깨달았습니다. 제가 가진 재능을 최대한 발휘해서 제가 주체적으로 삶을 이끌어나가야겠다는 다짐을 더욱 강력하게 했습니다. 그러면서도 우리 사회에서도 변화의 물결이 지속되어 불필요한 경쟁으로 인해 피해를 입는 사람들이 최소화되길 희망합니다. 이상입니다.

사회자 중2년 딸

이상으로 '우리사회의 경쟁교육에 대해서' 라는 주제로 펼쳤던 가족 원탁 하브루타를 모두 마치겠습니다. 감사합니다.

사례 3.
인성카드 이용 하브루타

주제 : 우리 가족 칭찬하기

　'사람을 사랑한다는 것은 그 사람이 가진 장점을 알아주는 것이다'이라는 말이 있습니다. 하늘의 뜻에 따라 이루어진 가족이라는 인연은 세상에서 가장 의미 있고 오래가는 관계입니다. 사람이 해야 할 좋은 행동들을 모아 놓은 버츄카드를 이용해서 가족들의 좋은 점을 서로 이야기 해 보는 사례입니다.

하브루타 주제 : 우리가족 칭찬하기

하브루타 주체 : 4인 가족 (엄마, 아빠,
　　　　　　　　　　초등학교 5학년아들,
　　　　　　　　　　중학교 2학년 딸)

아빠

오늘은 가족들끼리 버츄카드를 이용해서 우리 가족의 장점을 서로 칭찬하는 시간을 가졌으면 해요. 진행하는 방법은 한 사람이 나머지 세 사람들이 가진 장점을 칭찬하는 것입니다. 말을 할 때는 끼어들지 않고 경청합니다. 버츄카드는 한 사람당 1개의 카드를 선택해서 그 덕목의 내용을 읽고 그동안 생활하면서 경험했던 내용을 중심으로 이야기하면 됩니다.

엄마

카드를 이용하여 가족을 칭찬하는 하브루타는 정말 좋습니다. 그럼 아빠가 먼저 시범을 보여주세요.

초5년 아들, 중2년 딸

저희들도 엄마 말씀에 동의합니다. 아빠께서 그렇게 해 주시면 감사하겠습니다.

아빠

그럼 우리 가족 모두가 원하니까 내가 먼저 시범을 보이겠습니다. 엄마는 우리 가족들을 위해 헌신하는 모습을 칭찬하고 싶습니다. 카드에 적혀있는 헌신에 대한 뜻을 읽어 보겠습니다.

헌신은 자신이 가치 있다고 여기는 어떤 대상을 몸과 마음을 다해 돌보는 것입니다. 헌신적인 사람은 친구, 일, 혹은 자신이 믿은 것을 위해 정성을 다합니다. 헌신의 대상을 지닌 사람은 그를 위해 시작한 일을 끝냅니다. 그리고 약속을 지킵니다.

엄마는 우리 두 자녀의 학비와 학원비를 벌기 위해 마트에서 열심히 일해서 돈을 벌고 있습니다.

우리 초등학교 5학년 아들은 봉사를 잘한다고 칭찬하고 싶습니다. 카드에 적혀있는 봉사에 대한 뜻을 읽어 보겠습니다.

봉사는 내 것을 남에게 제공함으로써 그들의 삶이 풍요러워지도록 도와주는 것을 말합니다. 당신은 자신이 필요로 하는 것만큼이나 다른 사람이 필요로 하는 것도 소중하게 여길 줄 압니다. 사람들이 도움을 청하기 전에 먼저 그들에게 도움의 손길을 내미세요. 모든 일에 최선을 다하고 탁월함을 발휘하세요. 봉사의 정신으로 일을 하면 당신은 세상을 변화시킬 수 있습니다.

우리 아들은 우리 가족들을 위해 재활용 쓰레기를 잘 처리합니다. 매주 금요일에 실시되는 재활용 수거의 날을 위해 평소에 플라스틱류, 종이류, 병류, 비닐류를 분리해서 깔끔하게 처리해 놓고 싱크대 앞에 걸려있는 비닐에 담긴 재활용 쓰레기를 일주일에 2~3번 비워놓기 때문입니다.

중학교 2학년 딸에게는 인내를 잘하고 있다고 칭찬하고 싶습니다. 카드에 적혀있는 인내에 대한 뜻을 읽어 보겠습니다.

인내는 일이 제대로 잘 풀릴 것이라는 차분한 믿음이며 희망입니다. 당신은 불평하지 않고 기다릴 수 있습니다. 너그러운 마음으로 어려움과 시행착오를 받아들일 수 있습니다. 일을 시작할 때 당신은 머릿속에서 그 끝을 그립니다. 당신은 자신이 정한 목표에 다다르기 위해 꾸준히 노력할 수 있습니다. 인내는 미래에 대한 헌신입니다.

우리 딸은 이른바 '중2병'에 해당되는 나이입니다. 그런데도 학교공부나 학원공부를 할 때 큰 불평불만 없이 나름대로 생활하는 태도가 좋습니다.

중2년 딸

아빠에게 버츄카드를 이용하는 방법을 잘 배웠습니다. 저도 아빠처럼 카드를 이용해서 우리 가족들 칭찬을 해 보겠습니다.

먼저 아빠는 마음이 너그러우신 것 같습니다. 카드에 적혀있는 너그러움에 대해 읽어 보겠습니다.

너그러움은 베풀고 나누어 주는 것입니다. 대가를 바라지 않고 주는 것입니다. 당신은 사람들을 행복하게 해 줄 수 있는 방법을 찾을 수 있습니다. 주는 것 자체가 당신의 기쁨이 될 수 있습니다. 너그러움은 상대방에게 자신의 사랑과 우정을 보여주는 가장 좋은 방법이 될 수 있습니다.

아빠는 사업을 하시면서 할머님과 외할머님을 자주 찾아뵙고 전화를 자주 드리는 모습에서 너그러운 마음을 알 수 있습니다.

엄마는 정돈을 참 잘하십니다. 카드에 적혀 있는 정돈에 대해 읽어보겠습니다.

정돈은 주변을 조화롭고 가지런하게 유지하는 것입니다. 주위가 체계적으로 정리되어 있으면 우리는 필요한 물건이 어디에 있는지 정확히 알게 됩니다. 정돈되어 있으면 우리는 제자리걸음을 하는 대신 앞으로 나아갈 수 있습니다. 문제는 단계적으로 풀어가세요. 내 주변의 질서가 내 내면의 질서를 만듭니다. 정돈은 마음에 평화를 가져다줍니다.

엄마는 제 방이나 동생이 사용하는 방이 어지럽혀져있으면 소리 없이 치워주십니다. 그런데 깨끗한 것뿐만 아니라 제가 사용하고 싶은 물건들을 쉽게 사용할 수 있도록 물건들을 잘 놓아주십니다.

동생은 정직한 행동을 많이 합니다. 자기가 잘못한 일에 대해서 핑계 대지 않고 똑바로 말하는 것을 많이 봤습니다. 카드에 적혀 있는 정직에 대해 읽어보겠습니다.

정직은 진실하고 진지한 태도를 말합니다. 정직이 중요한 것은 그것이 신뢰를 쌓은 바탕이기 때문입니다. 정직한 사람은 거짓말을 하거나 속이거나 훔치지 않을 것이라는 것을 우리는 믿을 수 있습니다. 정직하다는 것은 또한 자기 자신을 있는 그대로 받아들이는 것을 의미합니다. 솔직하고 믿음직한 행동을 할 때, 사람들은 당신을 믿을 수 있습니다.

동생은 부모님께 꾸중을 듣더라도 사실을 말합니다. 동생은 확실히 정직한 모습을 많이 보여줍니다.

엄마
저는 우리 가족들이 가지고 있는 장점에 대해 이야기를 하게 되어 기쁘게 생각합니다.
먼저 아빠의 장점을 이야기하겠습니다. 아빠는 근면합니다. 토요일과 일요일에도 아침 일찍 일어나셔서 일을 하시거나 산책을 하십니다. 카드에 적혀 있는 근면에 대해 읽어보겠습니다.

근면은 꾸준히 그리고 열심히 일하는 것입니다. 근면한 사람은 일을 단계적으로 차근차근 해 나갈 수 있도록 주의를 기울입니다. 근면은 우리가 열정을 가지고 탁월하게 일을 완수할 수 있도록 도와줍니다. 근면은 우리를 성공으로 인도합니다.

아빠는 학교를 졸업하시고 지금까지 한 직장에서 열심히 일해서 우리 가족들의 생계를 책임지고 계십니다.

다음 중학교 2학년생인 우리 딸의 장점을 칭찬하겠습니다. 초등학교 4학년 때 이후로 웹툰 작가가 되겠다는 뚜렷한 목적의식을 가지고 있습니다. 열심히 그림을 그리고 소설도 많이 읽으면서 다양한 글을 쓰고 있습니다.

카드에 적혀 있는 목적의식에 대해 읽어보겠습니다.

목적의식이 있다는 것은 관심의 초점이 분명하다는 것입니다. 먼저 당신이 이루고자 하는 일을 머릿속에 그린 다음, 자신이 정한 목표에 집중하세요. 원하는 일이 일어나기를 막연히 기다리지 마세요. 목적의식이 있으면 당신은 자신이 원하는 일이 일어나게 만들 수 있습니다.

우리 딸은 먼 미래의 꿈을 이루기 위해 노력하고 있지만 순간순간 목적의식을 갖고 최선을 다하는 태도를 칭찬하고 싶습니다.

초등학교 5학년 아들의 장점은 인정이 많다는 것입니다. 부부싸움을 했거나 누나가 힘든 일을 겪었을 때 늘 그 어려움을 이해하고 위로해 주기 위해 애쓰기 때문입니다. 카드에 적혀 있는 인정에 대해 읽어보겠습니다.

인정이 있다는 것은 누군가 상처를 입었거나 어려움에 처했을 때, 설사 모르는 사람이라도 그의 아픔과 어려움을 이해하여 따뜻하게 마음을 쓰는 것입니다. 비록 하소연을 들어주거나 다정한 말 한마디 밖에 해줄 수 없다 해도 그를 도와주고 싶어 하는 마음입니다. 인정이 많은 사람은 다른 사람의 실수를 용서해 줍니다. 누군가 친구를 필요로 할 때 그의 친구가 되어줍니다.

초5년 아들

저는 어리기 때문에 우리 가족들의 좋은 점에 대해 정확하게 말할 수 있을지 모르겠지만 제 나름대로 생각한 내용들을 말씀드리겠습니다.

먼저 아빠의 장점을 말씀드리겠습니다. 우리 아빠는 변덕스럽지 않으시고 언제나 똑같이 저와 함께 놀아주시며 저를 이해해 주십니다. 우리 아빠는 한결같으십니다. 카드에 적혀 있는 한결같음에 대해 읽어보겠습니다.

한결같음이란 자신에게 가장 가치 있는 것이 무엇인지를 잊지 않고 그에 따라 사는 것입니다. 한결같음은 우리에게 항상 정직하고 진지하기를 원합니다. 그를 통해 우리는 양심의 소리에 귀 기울이고, 옳은 일을 선택하고, 언제나 진실을 말할 수 있게 됩니다. 말과 행동이 일치할 때 당신은 한결같은 사람입니다. 한결같음의 미덕을 통해 우리는 자긍심과 평온한 마음을 갖게 됩니다.

우리 엄마는 우리 가족들에게 언제나 사랑을 많이 베풀어 주십니다. 카드에 적혀 있는 사랑에 대해 읽어보겠습니다.

사랑은 가슴을 채우는 특별한 감정입니다. 엷은 미소, 친절한 말 한마디, 사려 깊은 행동, 혹은 따뜻한 포옹을 통해 당신은 그것을 표현할 수 있습니다. 그러면 사람들은 자신이 당신에게 그만큼 소중한 사람임을 느끼게 됩니다. 사랑은 전염됩니다. 사랑은 계속해서 퍼져나갑니다.

우리 누나는 저에게 친구가 되어줍니다. 제가 기쁠 때나 슬플 때나 늘 저에게는 친구처럼 대해 줍니다. 버츄카드를 찾아보니까 우의라는 낱말이 이에 해당됩니다. 카드에 적혀 있는 우의에 대해 읽어보겠습니다.

우의가 있다는 것은 즐거울 때나 슬플 때나 벗이 되어주는 것을 말합니다. 다른 사람에게 관심을 보이고 그들에게 편안한 느낌을 줄 때 당신은 그들의 친구가 될 수 있습니다. 당신은 자신이 가진 것을 남들과 함께 나눌 수 있습니다. 우의는 외로움을 치료하는 명약입니다.

아빠
이렇게 해서 버츄카드를 이용해서 우리 가족 칭찬하기 하브루타를 마치겠습니다. 다음에도 다른 주제를 가지고 카드를 이용한 하브루타를 해보길 바랍니다. 감사합니다.

사례 4.
일상 원탁 하브루타

주제 : 오늘 야식은?

　가족 구성원이 모두 참여해서 의견을 말하고 가능한 모든 가족들이 결정된 사항에 대해 동의할 수 있는 것이 좋겠지요? 그러한 내용을 담은 토의 형식이 있습니다. 바로 원탁 하브루타 입니다.

　어떤 가족에서도 쉽게 시도해볼 수 있는 원탁 하브루타 주제를 골라봤습니다. 원탁 일상 하브루타 주제는 '오늘 야식은 무엇을 먹을까?'입니다. 초등학생 두 자녀들과 부모님이 펼치는 원탁 하브루타입니다. 자, 그럼 가족 일상 원탁 하브루타 현장으로 가 볼까요?

하브루타 주제 : 오늘 야식은 무엇을 먹을까?

하브루타 주체 : 4인 가족 (초등학교 3학년아들,
　　　　　　　　　　　　초등학교 6학년 딸,
　　　　　　　　　　　　엄마, 아빠)

'오늘 야식은?'이라는 주제를 가지고 가족들은 어떻게 결정하는지 가정의 가상 대화 현장을 찾아가 보겠습니다.

초등 3년 아들
엄마, 아빠 저 오늘 야식으로 치킨 먹고 싶어요.

초등 6년 딸
저는 시원한 아이스크림 먹고 싶어요.

아빠
야, 너희들 이제 잠 잘 시간인데 뭘 먹으려고 그래. 그냥 냉수를 먹든지 아니면 지난 번 먹다 남겨둔 과자 몇 개만 먹고 자는 게 어때.

엄마
저도 출출한 데 오징어 채 튀김 요리를 간단히 해서 먹을까요?

아빠
아니. 당신 제 정신이야? 이 밤에 그 딱딱한 오징어채 튀김을 야식으로 먹겠다구요?

초등 3년 아들, 초등 6년 딸
아빠, 엄마도 야식 드시고 싶으시니까, 저희들이 먹고 싶은 것 사주세요. 네~~~~

아빠
아이 이 녀석들 봐라. 야식도 안 좋은 데 뭐, 아이스크림, 치킨 말도 안 돼. 다음에 주말 낮 시간에 먹든지 말든지, 내참. 야식 먹으려면 과자나 조금씩 먹고 공부나 하라니까. 어서!

엄마
당신은 애들이 뭐 나쁜 일이나 한 것처럼 화를 내고 그래요?

아빠
정말. 야, 너희들 방으로 들어가 어서!

▶ '오늘 야식은 무엇을 먹을까?'와 같은 주제로 다음과 같은 일상 원탁 하브루타 사례를 소개 해 봅니다.

원탁 하브루타 단계별 내용

〈1 단계〉 하브루타에 임하는 소감 발표하기- 각 1분 이내

사회자 초등 6년 딸

안녕하세요? 오늘 '오늘 야식은 무엇을 먹을까?'에 대해 동생, 엄마, 아빠와 함께 하브루타를 해서 기쁩니다. 평소와 달리 이렇게 가족끼리 하브루타를 하니까 기분이 좀 묘하고, 제가 사회를 봐서인지 높은 사람이 된 것 같은 생각이 듭니다. 하하하하. 먼저 이번 하브루타에 임하는 소감을 말씀해 주세요.

초등 3년 아들

평소에는 주로 엄마와 아빠의 의견대로 야식을 먹었거나 못 먹었는데 오늘은 이렇게 가족 하브루타로 결정하게 되어 좋아요. 하지만 제가 어리다고 제 의견을 무시하지 않으셨으면 좋겠습니다. 이상입니다.

엄마

엄마 입장에서 '어떻게 하면 야식을 해결하면 좋을까?' 많은 고민을 했는데 이렇게 공식적으로 우리 가족들끼리 생각을 나누어 즐거워요. 이상입니다.

아빠

야식에 대해 평소에 꼭 이야기를 하고 싶었는데 이렇게 우리 가족들과 함께 생각을 나누어 기쁘게 생각합니다. 한편으로는 우리 딸과 아들이 이렇게 성장해서 엄마, 아빠와 하브루타를 하니 대견스럽습니다. 이상입니다.

〈2 단계〉 1차 발언(주장 펼치기) - 각 2분

사회자 초등 6년 딸

그러면 우리가 의견을 나누게 될 하브루타 주제에 대해 여러분의 의견을 말씀해 주시기 바랍니다. 개인당 시간은 2분씩 입니다.

아빠

저는 야식을 하면 살이 찌기 때문에 야식을 하지 않았으면 합니다. 그동안 우리 가족들이 야식으로 인해 살이 찌고 있어서 건강을 해칠까 걱정이 많습니다. 그래서 건강을 위해 오늘 야식을 먹지 않았으면 좋겠습니다. 이상입니다.

엄마

저는 밤이기 때문에 마이리틀 텔레비전 프로그램에서 요리전문가 백종원이 소개한 오징어채 튀김을 먹고 싶습니다. 외부 음식점에서 배달해서 먹는 것보다 우리 집에서 오징어채 튀김을 만들어 먹었으면 좋겠습니다. 이상입니다.

초등 6년 딸

날씨가 더워 시원하고 맛있는 아이스크림을 사와서 먹고 싶습니다. 요즘 아이스크림을 먹은 지도 오래됐습니다. 날씨가 너무 덥고 목이 말라서 꼭 먹고 싶습니다. 이상입니다.

초등 3년 아들

저는 지금 배가 고픕니다. 그래서 치킨을 먹고 싶습니다. 오늘 따라 치킨이 매우 먹고 싶기 때문에 다른 음식은 먹고 싶지 않습니다. 이상입니다.

〈3 단계〉 2차 발언(질문 및 반론하기) - 각 2분

사회자 초등 6년 딸

이상으로 우리 가족 전체가 1차 발언을 마쳤습니다. 2차 발언을 하기 전에 1차 발언에서 들었던 내용들 중 질문하고 싶거나 반론을 생각해 보는 숙의시간을 1분 정도 갖겠습니다. 자, 숙의시간 1분이 지났습니다. 2차 발언을 시작해 주세요.

아빠

야식에 대한 우리 가족의 의견을 잘 들었습니다. 나름대로 이유가 있습니다. 우리 아들이 먹고 싶다는 치킨은 기름기가 너무 많아서 야식으로 적합하지 않고, 우리 딸이 제시한 아이스크림은 당분이 매우 많이 들어있어서 비만을 초래합니다. 그리고 엄마는 기름에 튀긴 오징어채를 먹고 싶다고 했는데 기름에 튀긴 것은 소화도 제대로 안되어 건강에 해롭습니다. 그래서 가족들이 제기한 야식을 먹지 않았으면 좋겠습니다. 이상입니다.

엄마

아빠께서는 여러 가지 이유 때문에 야식을 먹지 않았으면 좋겠다고 했습니다. 그렇지만 우리 가족이 모여서 정을 나누면서 야식을 먹었으면 좋겠다고 생각합니다. 우리 아들은 치킨을 먹었으면 좋겠다고 했는데 치킨은 기름기가 너무 많아서 좋지 않고 우리 딸이 낸 의견인 아이스크림은 너무 차가워서 배가 아플 수 있습니다. 그렇기 때문에 제가 제시한대로 오징어채를 야식으로 먹었으면 좋겠습니다. 이상입니다.

초등 6년 딸

엄마의 의견인 오징어채 튀김 먹기는 기름과 밀가루가 들어가고 조금만 먹어도 더 먹고 싶을 정도로 식욕을 자극합니다. 그래서 많이 먹게 되어 야식으로 부적합하다고 생각합니다. 아빠께서 제시한 야식 먹지 않기는 아빠를 제외한 우리 가족 모두가 출출한 것 같아 야식을 해야 한다고 생각합니다. 동생은 치킨을 먹자고 했는데 치킨은 열량이 높아 살찌기 쉽고 어제 우리 가족이 먹었기 때문에 오늘 먹기는 부적합하다고 생각합니다. 이상입니다.

초등 3년 아들

엄마가 만들려고 하시는 오징어채 튀김은 잘못 만들면 많이 남고 누나는 아이스크림을 먹자고 하나 아이스크림을 사러 가자니 귀찮습니다. 아빠께서는 야식을 안 먹었으면 하시는데 안 먹기는 너무 아쉽습니다. 이상입니다.

〈4 단계〉 3차 발언(질문에 대한 답변하기) - 각 2분
사회자 초등 6년 딸

그러면 이제부터는 2차 발언에서 질문을 받았던 것들을 나름대로 답변을 해주시고 부족한 주장이 있으면 보충해서 주장을 펼치는 3차 발언을 시작하겠습니다.

아빠

다들 배고프다고 했는데 우리 가족이 저녁 먹은 지 얼마 안 되었고 정말 야식을 먹고 싶다면 살이 안찌는 가벼운 것으로 먹었으면 좋겠습니다. 이상입니다.

엄마

제가 만들어 먹으려는 오징어채 튀김은 기름기가 많아서 살찐다고 했는데 에어 후라이라는 제조기를 이용하면 기름기가 잘 빠져나가서 먹어도 살이 덜 찝니다. 하지만 우리 가족들이 오늘 야식으로 환영하지 않아 다음에 먹도록 하고 좀더 부드럽게 배고픔을 달래줄 수 있는 옥수수 수프를 따끈하게 만들어서 먹었으면 좋겠습니다. 이상입니다.

초등 6년 딸

제가 먹자고 했던 아이스크림은 차가워서 배탈이 난다고 했는데 야식이니만큼 배탈이 나지 않을 정도로 먹으면 됩니다. 또 남겨 놓으면 다음에 먹을 수 있고 시원함도 느껴져서 책도 더 잘 읽을 수 있어 유쾌한 밤이 될 것 같습니다.

초등 3년 아들

제가 먹자고 한 치킨이 기름기가 많아 살이 찐다고 했는데 튀기지 않고 전기 구이를 한 치킨을 주문하면 큰 문제가 없을 것입니다.

〈5 단계〉 정리발언 - 각 1분

사회자 초등 6년 딸

그러면 마지막으로 정리발언을 해 주시기 바랍니다. 이번 정리발언 시간에 오늘 야식에 대한 자신의 최종적인 의견을 말씀해 주시기 바랍니다.

엄마

가족 하브루타에서 우리 가족들의 의견을 들어보고 나서 제 생각이 바뀌었습니다. 아빠의 의견처럼 오늘 야식을 하되 3차 발언에서 말씀드린 것처럼 우리 가족이 모두 좋아하는 따뜻한 옥수수 수프로 정했으면 좋겠습니다. 그것을 먹으면 살도 찌지 않고 소화에 지장도 없으며 우리 가족들이 건강할 수 있기 때문입니다. 제 의견에 찬성하는지 말씀해 주시기 바랍니다. 이상입니다.

아빠

우리 가족들의 의견을 경청해 볼 때 오늘 꼭 야식을 먹어야할 필요성을 느꼈습니다. 아들과 딸이 주장했던 음식보다는 엄마가 처음의 의견을 바꿔서 제시한 옥수수 수프를 오늘 야식으로 먹었으면 좋습니다. 수프라면 저도 부담없이 맛있게 먹을 수 있기 때문입니다. 이상입니다.

초등 6년 딸

최근에 뜨거운 햇볕을 받으면서 학교에서 구기대회를 열심히 해서 그런지 시원한 아이스크림이 먹고 싶었습니다. 그렇지만 저도 아빠처럼 생각을 바꿔서 엄마의 마지막 의견을 따르겠습니다. 이상입니다.

초등 3년 아들

저도 이제까지 제가 먹고 싶은 치킨을 주장했는데 가족 하브루타를 하면서 생각이 바뀌었습니다. 누나가 말한 것처럼 제가 주장했던 치킨을 오늘은 먹지 않는 것이 좋겠습니다. 그래서 저도 엄마가 만들어 주시는 옥수수 수프를 먹기로 마음을 바꿔먹었습니다. 이상입니다.

〈6 단계〉 하브루타를 마친 소감 -각 1분 이내
사회자 초등 6년 딸

그럼 오늘 우리 가족 원탁 하브루타를 마친 소감을 말씀해 주시기 바랍니다.

초등 6년 딸

제가 먹고 싶은 것을 못하게 하시는 아빠에게 불만이 있었는데 이번 가족 원탁 하브루타를 통해 우리 아빠가 우리 가족의 건강을 어느 누구보다 많이 생각하고 계신다고 느낄 수 있었습니다. 이상입니다.

아빠

이번 원탁 하브루타를 통해 우리 아들과 딸, 엄마가 자신의 의견을 조리 있게 이야기해 주어서 기뻤습니다. 이런 하브루타를 통해 나와 다른 가족들의 입장이나 생각을 알아서 좋았습니다. 이상입니다.

엄마

우리 아들딸이 자기의 주장이 분명한 것에 칭찬을 보내고 싶습니다. 가족 하브루타를 할 때 자신의 의견과 다르더라도 불쾌해 하거나 화를 내는 태도를 발견할 수 없어서 대견했습니다. 저는 아빠가 우리 가족들의 건강을 얼마나 깊게 생각하는지를 알았고 우리 가족들의 기분을 맞춰주기 위해 옥수수 수프를 먹겠다고 하신 것에 감사한 마음을 갖게 되었습니다. 이상입니다.

초등 3년 아들

저도 처음에는 저의 입맛대로 치킨을 주장했으나 누나의 5학년 때 선생님께서 말씀하신 것을 듣고 생각이 싹 바뀌었습니다. 저도 배가 아파본 경험이 있기 때문에 괜히 야식으로 치킨이나 아이스크림을 먹고 배가 아플까봐 걱정이 되었습니다. 이번 가족 원탁 하브루타 덕분에 우리 가족 모두가 만족하는 음식으로 야식을 먹어 기쁩니다. 이상입니다.

사회자 초등 6년 딸

우리 가족 원탁 하브루타를 통해 살펴본 것처럼 오늘 가족 하브루타의 결정 내용은 오늘 야식으로 엄마께서 처음 의견을 바꾸신 대로 옥수수 스프를 먹기로 했습니다. 이상으로 가족 하브루타를 마치겠습니다. 이번 가족 원탁 하브루타에 적극적으로 참여해 주셔서 감사합니다. 이상입니다.

사례 5.
1:1 하브루타

주제 : 약속을 잘 지키지 않은 중학교 2학년 딸과 엄마

가정에서 공식적으로 자리를 마련해서 하브루타를 하는 경우는 1주일이나 2주일에 한 번 정도 할 수 있습니다. 대부분의 경우 엄마나 아빠, 아들이나 딸이 교차해서 1:1로 하브루타를 하는 경우가 99%로 많습니다. 특히 방 정리나 공부 계획, 컴퓨터 게임, 스마트폰 이용, 용돈 사용 등과 같은 주제로 하브루타를 하게 됩니다. 약속을 잘 지키지 않는 중학교 2학년 딸과 엄마와의 하브루타 사례를 통해 1:1 하브루타 하는 방법을 알아보았습니다.

가족 1:1 하브루타 주제 : 약속을 잘 지키지 않는 중학교 2학년 딸과 엄마
가족 하브루타 주체 : 엄마, 중학교 2학년 딸

'약속을 잘 지키지 않는 중학교 2학년 딸과 엄마'와 같은 주제를 놓고 대화하는 한 가정의 가상 대화 현장을 찾아가 보겠습니다.

엄마
야, 그렇게 방 정리~~, 방 정리~~, 노래를 불렀는데. 또 이렇게 방이 엉망이니? 도대체 얼마나 더 이야기해야 하니? 응. 참나, 알아들을만한 나이인데. 정말 힘들다.

중등 2년 딸
엄마, 미안해요. 약속을 지키려고 노력했는데 방 정리하지 못하는 게 습관이 되었나봐요. 지금 바로 할게요.

엄마
미안하다고 해서 마음이 좀 풀리는데. 몇 분이면 될 것을 그렇게 청소를 안 하니? 앞으로 잘 해라. 응. 알았지?

중등 2년 딸
제 방은 제가 알아서 할 텐데. 엄마가 짜증내면 더 하기 싫어요.

엄마
알았어. 엄마도 짜증을 안 내도록 할 테니까. 너도 가능한 네 방 정리 정돈 좀 잘 하도록 하자. 알았지? 정말 다시는 이런 상황이 없었으면 좋겠어.

중등 2년 딸
알았어요.

▶ '약속을 잘 지키지 않는 중학교 2학년 딸과 엄마'와 같은 주제로 다음과 같이 1:1 하브루타 사례를 소개 해 봅니다.

단계별 1:1 하브루타 내용

엄마
우리 딸이 학교에 갔다 오면 자신의 방을 정리해 놓고 활동하기로 약속했지?

중2년 딸
엄마와 그렇게 약속했는데, 학교에 갔다 오면 피곤하기도 하고 학원 가느라 바빠서인지 제 방 정리가 잘 안돼요. 죄송해요.

엄마
자기 방 정리에 대한 것은 약속을 하기 전에 여러 차례 엄마가 도와주기도 했고 네가 잘 하겠다는 약속을 단단히 했지 않았니?

중2년 딸
제 방 정리는 엄마가 보기에는 사소하고 가볍게 여길 수 있지만 제 입장에서는 방 정리하기가 매우 힘들어요.

엄마
물론 우리 딸이 얼마나 바쁘게 생활하는지도 알고 그 약속을 지키기 위해서 많은 노력을 기울인다는 것도 잘 알지. 하지만 엄마 생각에 우리 딸을 위해서 함께 생각해 봐야 할 것이 많아.

중2년 딸
어떤 말씀이지요?

엄마

사소한 약속을 어기는 사람이 큰 약속을 어긴다는 것이지. 약속을 자주 어기는 사람은 사회생활에서도 신뢰를 잃어서 좋은 평가를 받을 수 없을 거야.

중2년 딸

그런 점은 저도 충분히 알고 있는데, 잘 안 지켜져서 고민이 많아요. 어떻게 해야 할지 모르겠어요.

엄마

미국의 부모들은 아이들이 약속을 지키지 않으면 아이들이 절대 같은 일을 되풀이하지 않도록 무섭게 벌을 준다는 구나.

중2년 딸

그럼. 엄마. 제가 잘 지키지 않는 약속의 정도에 따라 벌칙을 정할까요? 그렇게 되면 벌을 안 받기 위해서도 제가 약속을 잘 지킬 수 있을 것 같아요.

엄마

야, 정말 좋은 생각이다. 그리고 엄마도 한 가지 제안해 볼까?

중2년 딸

뭔데요?

엄마

반대로 우리 딸이 약속을 잘 지킬 경우 그에 대해 보상을 해 주고 싶어.

중2년 딸

먼저 제가 약속을 제대로 지키지 않았을 경우 벌칙을 정해 봐요.

엄마

미국에서는 약속을 제대로 지키지 않으면 용돈을 줄이거나, 학교가 끝나고 집에 돌아오면 외출을 일주일 혹은 한 달간 못하거나, 하루 종일 목욕탕에 가두거나, 밥을 주지 않는 벌칙이 있다고 들었어. 만약 네 방 정리정돈을 제대로 하지 못했을 경우 어떤 벌칙을 정해볼까?

중2년 딸

저에게 부득이한 사정이 있을 경우 엄마에게 미리 말씀을 드리고 그럴 때면 죄송하지만 엄마가 제 방 정리 좀 해주셨으면 좋겠어요. 부탁드려도 될까요?

엄마

그럼. 그런 상황이라면 내가 기꺼이 들어 줄게.

중2년 딸

제 생각에는 제 방 정리정돈을 제가 하기 싫어하지만 집안에는 도움이 되는 일들을 벌칙으로 정했으면 좋겠어요.

엄마

그런 일들에는 어떤 것들이 있을까?

중2년 딸

휴일에 거실과 방을 청소기로 돌리고 물걸레로 닦기는 어떨까요?

엄마

그것 아주 맘에 쏙 드는구나. 그런데 벌칙에 대한 약속을 지키지 않았을 때는 어떻게 하지?

중2년 딸
아~ 참. 그럴 수도 있겠네요. 그러면 이렇게 말로 할 것만이 아니라 휴대폰에 녹음도 해놓고 문서로 작성해서 어디에다 붙여 놓아야겠어요.

엄마
그리고 약속 지키기를 3회 어겼을 경우 더욱 심한 벌칙을 정하는 거야. 우리 딸이 약속을 지키는 습관을 기르고 자신의 생활을 주체적으로 하며 시간을 잘 관리하는 생활이 되도록 했으면 좋겠어.

중2년 딸
만약 제가 3회째 약속을 어겼을 경우에는 저도 놀라울 정도로 혹독한 벌칙을 정해야겠어요.

엄마
그런데, 약속이 지키기 너무 어렵거나 불가능하면 안 돼. 지키기 쉽고 지키면 너에게 도움이 되는 것으로 정해야지. 그렇지?

중2년 딸
약속은 저와 의논해서 정하고 제가 엄마에게 부탁할 것은 부탁해서 부담을 줄일게요. 약속한 것을 세 번 어겼을 경우 제가 좋아하는 휴대폰을 일주일 동안 엄마에게 보관하도록 하고 사용하지 않을게요.

엄마
고맙다. 이렇게 대화를 하고 나니까 속이 다 시원하구나. 앞으로는 마구 소리를 지르면서 혼내고 나서 혼자 마음 아파할 필요 없겠네. 함께 정한 규칙과 벌칙을 시행하도록 서로 이해하고 공감할 수 있어서 좋다.

중2년 딸
그래요. 엄마와 정한 약속들은 제가 해야 할 최소한의 것들이라고 생

각할게요. 그런 만큼 엄마와 한 약속을 꼭 지키기 위해 최대한 노력할게
요. 만약 안 지키면 정해진 벌칙을 기꺼이 실천하고요. 벌칙도 다 제가 잘
되라고 정한 것이니까요.

하브루타는 제 4차 산업혁명 시대의 변화에 현명하게 적응하는 인성과 실력을 키워준다.

18세기 프랑스 계몽주의 철학자인 볼테르는 '답변에 의해 사람을 판단하지 말고, 질문에 의해서 사람을 판단하라'고 했습니다. 토의 및 논쟁 하브루타는 가족들끼리 주제에 대해 질문하고 답변하는 힘을 키워줍니다. 특히 논쟁 하브루타의 반론 단계에서는 '질문의 힘'이 얼마나 중요한지를 깨닫고 좋은 질문을 하는 요령을 익히며 많은 대화에서 합당한 질문을 하는 능력이 향상됩니다.

유대인 교육방법인 하브루타에는 많은 종류와 형식이 있지만 일차적으로는 자기 내면과의 대화 과정이 있어야하고 그 다음에는 가까운 누군가와 일대일 단짝 토론과 가족끼리 대화의 과정을 거치는 것이 바람직합니다. 이 교육방식은 각자의 생활 현장에서 특정한 주제, 현상에 대해 끝없이 질문하고 대화하고 토론하는 공부 방법입니다. 물론 유대인이 전통적으로 추구해온 하브루타는 교육적 의미와 효과도 크고 배울 점이 많습니다. 하지만 세상에는 하브루타만 존재하는 것은 아닙니다. 하브루타에서 배울 것은 배우고, 우리가 새롭게 개발하거나 창조할 수 있는 다양한 방법들을 만들어내는 것 또한 하브루타의 정신입니다.

많은 국가들의 대학생들이 가진 꿈은 공무원과 같이 안정된 직업이나 정년이 없이 돈을 많이 버는 의사나 변호사와 자격증을 가진 직업입니다. 그런데 놀랍게도 유대인 대학생들은 80%가 창업을 희망한다고 합니다. 사고력과 창의력을 심어주는 교육 풍토가 한몫을 했습니다. 전 세계인들에게 널리 알려진 영화 감독 스티븐 스필버그, 미래 학자 앨빈 토플러, 과학자 앨버트 아인슈타인, 발명가 토머스 에디슨, 심리학자 지그문트 프로이트, 퓰리처 상을 만들게 된 주인공 조셉 퓰리처, 가난한 유대인 이민 가정에서 태어나서 CNN의 대표 앵커가 된 래리 킹 등이 유대인의 하브루타를 통해서 만들어진 사람들입니다.

하브루타 역시 어떤 소재가 있으면 질문을 만드는데서 출발합니다. 하브루타는 자신이 옳다는 것을 증명하기 위해 의견을 뒷받침하는 증거를 수집하고 호소력 있는 말솜씨로 청중들을 설득시키기 위해 많은 노력을 기울입니다. 이러한 환경에서 자라난 유대인들은 법정에서도 변론을 잘하기로 유명합니다. 그래서 미국에서는 '재판에서 이기려면 유대인 변호사를 구하라'라는 말이 있을 정도입니다.

하브루타의 개념은 사물과 현상을 보는 한 가지 옳은 방법보다 수많은 관점이 존재한다는 것에 기초합니다. 하브루타는 논쟁식 공부의 장점을 따르고 가정에서는 가족을 가르쳐야 한다는 의무감이 생겨나며 가르치기 위해 스스로 공부하게 해줍니다. 또한 주제에 대해 이해하려는 동기를 불러일으키게 됩니다.

앞으로 가족 하브루타를 통해 공부하는 방법을 바꾸어야 합니다.

소통과 질문, 토론을 하는 공부는 문화와 미래를 창대하게 만듭니다. 본질적으로 다른 생각, 새로운 생각을 요구하며 스스로 자료를 찾고 고민하며 부모님이나 선생님, 친구들에게 질문하며 준비하는 태도를 키워내야 합니다. 더 좋은 질문은 더 좋은 해답을 얻어냅니다. 일상생활의 사소한 것에서도 대화와 토론을 즐기면서 현재의 삶에 적용하는 방법을 도출하며 정리된 생각을 실천에 옮기게 됩니다.

18년째 토의 하브루타와 논쟁 하브루타에 대한 연구를 해 오면서 우리 사회와 가족구성원들이 대화를 해야 한다는 필요성을 강력하게 깨닫고 있는 것을 확인했습니다. 하지만 생활이 너무도 분주하고 경쟁에 쫓기면서 입시공부를 해야 하는 상황 때문에 어렵습니다. 나이가 많거나 공부를 한 시간이 많을수록 누구나 말을 자유롭게 사용할 수 있지만, 많은 경우 상대와 '서로의 마음이 통하는 대화'나 '내가 꼭 하고 싶은 대화'에서 벗어나서 서로에게 오해를 불러일으키는 대화 상황을 종종 목격합니다. 우리의 속담 중에 '말 한 마디로 천 냥 빚 갚는다'는 말처럼 우리들은 옛날부터 말과 생각을 소중하게 여기면서 사람과의 관계를 만들어 왔고 말을 하는 사람의 입장을 진정으로 헤아리는 풍습이 있어왔습니다. 우리 사회는 1960년대의 경제적인 가난으로부터 벗어나서 기적처럼 고도의 경제성장을 일구어냈지만 그 높이만큼 대화의 수준이나 깊이도 성장했는지는 장담할 수 없습니다.

가족들끼리 논쟁 하브루타를 하는 과정에서 일어나는 치열한 논쟁이 서로의 감정을 다치게 하는 말싸움이 되어서는 안 됩니다. 반대의견을 용인할 줄 아는 사고방식을 토대로 문제를 더욱 깊이 들여다보려는 열정을 가져야 합니다. 뿐만 아니라 다양한 주제를 가지고 하브루타를 하는 가운데 자신의 생각과 태도를 근본적으로 돌아보고 때로는 바꾸는 용기가 생겨나길 바랍니다.

논쟁 하브루타는 토의 하브루타와 달리 반드시 승패가 있습니다. 상대측을 논리적으로 설득해서 승리하는 것이 논쟁 하브루타를 하는 목적입니다. 논쟁 하브루타는 일종의 경쟁이기 때문에 긴장감을 조성하고 승부욕을 자극하기도 합니다. 이러한 측면만 보면 논쟁 하브루타가 정말 부담스럽게 느껴집니다. 그런데 관점을 바꾸면 달라집니다. 철저하게 상대측의 의견을 존중하면서 치열한 논리 싸움을 벌이기 때문입니다. 그러한 과정에서 진실을 탐구하는 기회를 넓히고 문제를 깊이 있게 이해할 수 있게 해 줍니다. 서로를 미워하거나 무시하는 낮은 수준의 감정에서 벗어나 '각자의 의견'과 '사람'을 구별해서 생각하는 태도를 키워나가는 가족 하브루타 문화를 만들어가야 합니다.

하브루타는 두뇌를 격동시키는 교육입니다. 하브루타를 하면 심장 박동수가 빨라지고 주의 집중력이 현저하게 증가합니다. 하브루타는 확실히 생각의 힘을 키워주고 두뇌를 활발하게 움직이게 하는 방법입니다.

하브루타를 통해 길러지는 최고봉은 바로 올바른 가치탐구능력입니다. 우리가 지켜야 할 가치와 권리가 무엇인가를 탐구하는 것입니다. '우리는 언제까지 다른 사람이 정해놓은 이상에 다다르지 못한 자기 자신을 한탄하고 어리석은 가해자로 살아갈 것인가?'를 고민하고 해결해야 합니다. 이것을 달성하기 위한 수단으로 사물이나 현상을 두루 살필 줄 아는 비판적 사고력, 창의적 문제해결력, 자신 있는 발표력과 같은 요인들이 존재합니다.

책을 포함한 각종 정보나 지식이 물고기라면 하브루타는 낚시법입니다. 낚시하는 솜씨가 아무리 뛰어나더라도 물고기가 없으면 의미가 없습니다. 따라서 하브루타를 하기 앞서서 다양한 분야에 걸친 독서가 이루어져야 하고 하브루타를 통해서 독서 속의 지식과 지혜를 더 깊고 넓게 만들어 가야 합니다.

이 책을 읽으면서 '무슨 가족들이 다들 그렇게 유식하고 똑똑한 거야', '가족들끼리 화도 내지 않고 성인군자처럼 다른 사람의 의견을 존중하는 거야', '너무 이상적인 가족들의 모습만을 나타냈어' 등과 같은 생각을 가질 수 있을 것입니다. 그런데 '하브루타의 수준은 자료와 정보의 수준을 넘지 못한다'라는 말이 있습니다. 논쟁 하브루타나 토의 하브루타를 하기 최소한 1주일이나 2주일 전에 주제를 서로 알고 정성껏 자신의 주장을 뒷받침할 자료들을 준비합니다. 이 책에 있는 하브루타는 준비된 상태에서 이루어진 것이고 매우 이상적인 것입니다. 이 점을 양해해 주시길 바랍니다.

여러 가지 상황에서 서로의 입장과 의견을 존중하고 이해하면서 하브루타를 즐기는 가정의 모습을 그려봅니다. 어머니가 아이를 임신했을 때 이야기를 들려주는 가정, 자녀가 잠들기 전에 어머니가 동화 구연하듯이 하브루타 내용을 들려주는 가정, 자녀들이 돌아다니며 스스로 묻고 답하며 중얼거리는 가정, 자녀들과 부모님들이 역할을 나누어 짝을 짓고 서로 하브루타를 하는 가정, 식사를 할 때나 텔레비전을 시청할 때 하브루타를 하는 가정, 여행하는 차내에서 하브루타를 하는 가정이 늘어나길 바랍니다.

'만남은 교육에 앞선다'라는 말이 있습니다. 교육이 이루어지기 이전에 올바른 만남이 있어야 제대로 된 교육이 이루어진다는 뜻이 아닐까 생각해 봅니다. 가족은 이 사회 속에서 첫 만남입니다. 가족 토의 하브루타와 가족 논쟁 하브루타를 충분히 익혀서 가족들 모두가 협력적 인성과 창의융합적인 실력을 요구하는 4차 산업혁명시대에서 선도적인 역할을 해내길 바랍니다.

가족 하브루타로부터 촉발된 따뜻한 관계가 사회로 확장되어 가능한 많은 사람들이 가치를 공유하는 시대를 향해서 나아가길 기대합니다. 이 책이 그러한 목표에 조금이나마 도움을 줄 수 있기를 바랍니다.

참고문헌

프롤로그
1. 샘 리스 지음. 정미나 옮김(2015). 레토릭. 서울: 청어람미디어. 6~85
2. 전성수(2015). 부모라면 유대인처럼 하브루타로 교육하라. 경기: 위즈덤하우스. 22~25
3. 클라우스 슈밥 지음, 송경진 옮김(2016). 클라우스 슈밥의 제4차 산업혁명. 서울: 새로운 현재. 25~26.
4. 한국융합인재교육원(2015). 두런두런 인성이야기. 서울: 씨앤톡. 9~14
5. 한석환(2015). 아리스토텔레스 수사학 연구. 경기: 서광사. 88~95

1부 가족 독서 하브루타 성공을 위한 10가지 디딤돌
1. 강치원(2013). 토론의 힘. 경기: 느낌이 있는 책. 201~210
2. 강학중(2013). 가족수업. 경기: 김영사. 97~99
3. 김영훈(2012). 아이의 공부두뇌. 서울: 베가북스.
4. 김용규(2014). 설득의 논리학. 서울: (주) 웅진씽크빅. 251~252
5. 김주환(2011). 교실토론의 방법. 서울: 우리학교. 135~150
6. 김주환(2011). 회복탄력성. 경기 위즈덤하우스. 150~151
7. 대니얼 휴즈, 노경선 대표 번역(2015). 애착 중심 가족치료. 서울: 눈 출판 그룹.
8. 다카하시 아이코 지음. 박현석 옮김(2005). 행복한 가정에는 뭔가 다른 가족대화법이 있다.
    서울: 미래북 109~112.
9. 리처드 템플러저, 이문희 옮김(2013). 부모잠언. 서울: 세종서적. 125~127
10. 박태영(2015). 가정이 웃어야 나라가 웃는다. 서울: 연인M&B.
11. 신의진(2015). 현명한 부모가 꼭 알아야 할 대화법. 서울: 걷는 나무 110~118
12. 여희숙(2011). 토론하는 교실. 경기: 파란자전거. 87~98
13. 이화여대 사회복지학과(2000). 가족치료 총론. 서울: 동인. 454~463
14. 전성수・양동일(2016). 질문하는 공부법 하브루타. 서울: 라이온북스. 234~235
15. 정문성(2011). 토의・토론 수업방법 46. 경기: 교육과학사. 67~72
16. 정문성・황연성(2013). 수업이 바뀐다. 아이들이 주도하는 토의・토론수업. 서울: 테크빌닷컴 61~65
17. 최규련(2012). 가족 대화법. 서울: 도서출판 신정. 119~126
18. 최인수(2011). 창의성의 발견. 서울: 쌤앤파커스.
19. 최훈(2015). 변호사 논증법. 서울: 웅진지식하우스. 50~54
20. 캐빈 리먼 지음. 이진희 옮김(2010).자녀교육, 심리학에게 길을 묻다. 경기: 느낌이 있는 책. 198~200
21. 폴 액스텔 지음. 유혜경 옮김(2014). 아이와 대화하고 있나요? 경기: 니케북스. 92~98, 215~216
22. 프레데릭 코크만, 프랑스 부모들은 권위적으로 양육한다. 이성엽 옮김(2014). 경기: 맑은숲. 214~224
23. 한국행동요법학회(2003). 행동요법. 서울: 양서원. 695~739

2부 가족 독서 하브루타에서 엄마, 아빠, 자녀의 역할
1. 김영수(2005). 명문가의 자식교육. 서울: 아이필드. 26~394
2. 김준봉(2013). 미국 대통령을 말하다. 경기: 한국학술정보. 413~423
3. 돈 쿠퍼라이더 돌 외 3인 지음, 엄명용・이영석 옮김(2011). 행복한 가족을 위한 대화.
    서울: ORP Press. 35, 71, 91,137
4. 로버트 프레스먼・스테파니 도넌드슨-프레스먼・레베카 잭슨. 숙제의 힘. 경기: 다산에듀. 69~312

5. 송하일(2013). 토의를 품은 토론. 서울: 금풍문화사. 108~115

6. 슈몰리 보테악 지음. 정수지 옮김(2014). 유태인 가족 대화. 서울: 알에이치코리아 100~103

7. 오오마에 마사오미 지음, 장백일 옮김(2004). 케네디가의 인간학. 서울: 청년정신

8. 오카다 아키토 지음 장은주 옮김(2015). 옥스포드 공부법. 경기: 위즈덤하우스.129~130

9. 우경임.이경주(2015). 성장에 익숙한 삶과 결별하라. 서울: 글담. 62~67

10. 이대희(2013). 유대인식 탈무드식 자녀교육법. 서울: 베이직북스. 278~281

11. 전성수. 양동일(2016). 질문하는 공부법 하브루타. 서울: 라이온북스. 112~123

12. 앞의 책. 158~159

13. 전성수(2015). 부모라면 유대인처럼 하브루타로 교육하라. 경기: 위즈덤하우스. 35~44

14. 전혜성(2009). 엘리트보다는 사람이 되어라. 서울: 중앙북스. 79~85

15. 전혜성(2006). 섬기는 부모가 자녀를 큰사람으로 키운다. 서울: 랜덤하우스. 173~175

16. 정은교(2015). 교과서 밖에서 배우는 고전공부. 서울: 살림터. 245~246

17. 진탕 지음. 곽선미 옮김(2008). 평범한 아버지들의 위대한 자녀교육. 서울: 북스토리. 149~154

18. 크리슈나 크리팔나니 지음. 김양식 옮김(1996). R. 타고르의 생애와 사상. 서울: 세창출판사. 14~26

19. 최효찬(2006). 세계 명문가의 자녀교육. 서울: 위즈덤하우스. 31~33

20. 앞의 책. 47~62, 73~89, 205~218

21. 후쿠다 세이지 지음 박재원.윤지은 옮김(2011). 핀란드 교실혁명. 서울: 비아북. 216~235

3부 서로 다른 입장에서 문제를 해결하는 가족 논쟁 하브루타

1. 강치원(2013). 토론의 힘. 경기: 느낌이 있는 책. 201~210

2. 구근희(2014). 잘되는 집은 아빠가 다르다. 서울: 미래엔

3. 권도형 · 김경돈 · 김태훈 · 유지원(2010). 영어토론의 달인들. 서울: 다산북스. 126~129

4. 김마리아 · 목효정 · 이재연(2016). 독서수업, 교실을 바꾸다. 이비락. 263

5. 김성현(2013). 책 읽는 아이, 토론하는 우리집. 서울: 미래지식

6. 유동걸(2012). 토론의 전사 2. 서울: 해냄에듀. 238~264

7. 이대희(2013). 유대인식 탈무드식 자녀교육법. 서울: 베이직북스. 278~281

8. 이정숙(2011). 부모와 자녀가 꼭 알아야 할 대화법. 서울: 나무생각. 82~85

9. 이정옥(2012). 토론의 전략. 서울: 문학과 지성사. 47~81

10. 최훈(2015). 논리는 나의 힘. 서울: 우리학교. 38~48

11. 최훈(2015). 변호사 논증법. 서울: 웅진지식하우스. 22~54

12. 황연성(2011). 신나는 디베이트. 서울: 이비락. 64~230

13. 황연성(2013). 토론학습 1교시. 서울: 이비락. 38~153

4부 서로 다른 입장에서 문제를 해결하는 가족 논쟁 하브루타 실제 사례

1. 독서평설(2016). 2016년 1월~12월호. 신나는 토론 맛있는 공부. 서울: 지학사

2. 로버트 코마이어 저 안인희 역(2004). 초콜릿 전쟁. 서울: 비룡소.

3. 송하일(2013). 토의를 품은 토론. 서울: 금풍문화사. 178~181

4. 유제분(2007). 영미 청소년문학과 비평, 그리고 영어교육: 로버트 코미어의 『초콜릿 전쟁』 과 에스 이 힌튼의 『소외자』에 나타난 '성인되기'와 '애브젝션'. 영미문학교육 제11집 2호. 65~83

5부 협력하여 문제를 해결하는 가족 토의 하브루타

1. 강치원(2013). 토론의 힘. 경기: 느낌이 있는 책. 201~210
2. 구근희(2014). 잘되는 집은 아빠가 다르다. 서울: 미래엔
3. 김성현(2013). 책 읽는 아이, 토론하는 우리집. 서울: 미래지식
4. 로버트 프레스먼 외 2인(2015). 숙제의 힘. 경기: 다산에듀. 241~248
5. 박기복(2011). 토론하는 거실, 글쓰기 식탁. 서울. 행복한미래. 28~31
6. 앞의 책. 50~58
7. 신의진(2015). 현명한 부모가 꼭 알아야 할 대화법. 서울: 걷는 나무. 275~284
8. 유동걸(2012). 토론의 전사 2. 서울: 해냄 에듀. 122~135
9. EBS 다큐프라임 84회, 6부 부모로 살아간다는 것.
10. 이정숙(2008). 자녀의 성공지수를 높여주는 부모의 대화법. 서울: 나무생각 39~42
11. 이정숙(2011). 부모와 자녀가 꼭 알아야 할 대화법. 서울: 나무생각. 197~200
12. 이정옥(2012). 토론의 전략. 서울: 문학과 지성사. 205~210
13. 임영주(2014). 엄마라서 행복해, 내 아이라서 고마워. 서울: 깊은 나무 222~235
14. 한국융합인재교육원(2015). 두런두런 인성이야기. 서울: 씨앤톡. 69~70
15. 황연성(2011). 신나는 디베이트. 서울: 이비락. 64~230
16. 황연성(2013). 토론학습 1교시 서울: 이비락. 38~153

6부 협력하여 문제를 해결하는 가족 토의 하브루타 실제 사례

1. 독서평설(2016). 2016년 4월호. 신나는 토론 맛있는 공부. 서울: 지학사
2. 알피 콘 지음. 이영노 옮김(2009). 경쟁에 반대한다. 경기: 산눈 259~269
3. 위기철(2012). 무기 팔지 마세요. 경기: 청년사. 11~222
4. 이지성·황희철(2015). 하루관리. 경기: 문학동네 123~129
5. 장하성(2014). 한국 자본주의. 경기: 헤이북스. 478~488

에필로그

1. 다카하시 아이코 지음. 박현석 옮김(2005). 행복한 가정에는 뭔가 다른 가족대화법이 있다.
   서울: 미래북. 253~255.
3. 한국교원연수원(2016). 질문하고 토론하는 하브루타의 기적 실전편 1강~5강.

〈부록 1〉 가족 논쟁 하브루타 사회자 멘트

논제 :

☞ 분위기 조성
자, 모두 논쟁 하브루타를 할 때 좋아지는 점들이 담겨있는 노래를 박수와 함께 노래를 부르시겠습니다.

☞ 논제제시
오늘은 '   '라는 논제를 가지고 논쟁 하브루타를 시작하겠습니다.

☞ 주의점 발표
오늘 논쟁 하브루타를 할 때 지켜야할 점들에는 어떤 것들이 있는지 발표해 보겠습니다.

☞ 각 측 인사말
그러면 각 측의 인사말을 듣겠습니다.
먼저 찬성 측부터 발표해 주세요.
찬성 측, 반대 측, 판정인의 순으로 인사말을 하고 인사말이 끝나면 박수를 보낸다.

☞ 입론(주장 펼치기)
먼저 찬성 측부터 입론을 듣겠습니다. 여러 명이 힘을 합쳐서 발표를 하고 자료를 제시해도 괜찮습니다. 규정시간은 각 측 5분입니다.
이어서 반대 측에서 입론을 말씀해주십시오. 시간은 역시 5분입니다.

☞ 작전타임(반론협의)
이제 1분간 협의시간을 갖겠습니다. 입론에서 하브루타를 했던 내용들을 중심으로 반론을 준비해주시기 바랍니다. 자 1분이 되었습니다. 자리로 돌아와 앉아주시기 바랍니다.

☞ 반론

자, 이제는 상대측에게 질문을 하면서 주장을 펼치는 반론시간입니다. 상대측의 입론을 듣고 오류나 의문점, 불합리한 점을 지적하는 시간입니다.

먼저, 반대 측 주도로 반론을 해 주시겠습니다. 시간을 5분입니다. 시작해 주세요.

다음은 찬성 측에서 주도권을 갖고 반론을 하겠습니다. 역시 시간은 5분입니다. 시작해 주세요.

☞ 작전타임(최종변론협의)

최종변론을 위한 협의를 1분 동안 갖겠습니다. 반론을 통해 검증된 사실을 참작하여 입론을 다시 생각해 주시기 바랍니다. 자 1분이 되었습니다. 자리로 돌아와 앉아주시기 바랍니다.

☞ 최종변론

먼저 찬성 측의 최종변론을 듣겠습니다. 시간은 3분입니다. 시작해 주세요.

이어서 반대 측의 최종변론을 듣겠습니다. 역시 3분입니다. 시작해 주세요.

☞ 판정 결과발표

판정인이 논쟁 하브루타의 과정과 결론에 대해 논평과 함께 판정을 해 주겠습니다.

☞ 끝인사

승패에 관계없이 오늘의 논쟁 하브루타를 위해 열심히 준비하고, 끝까지 이성을 잃지 않고 진지하게 참여한 모두에게 격려의 박수를 보냅니다. 이 모든 노력이 여러분 각자에게 정말로 좋은 경험이 될 것입니다. 끝까지 최선을 다한 상대팀에게 격려의 박수로써 오늘 논쟁 하브루타를 모두 마치겠습니다.

일동 모두 박수를 보낸다. 이어서 토론자에 참여한 사람들끼리 악수를 한다.

〈부록 2〉 가족 논쟁 하브루타 메모 자료

논제 :		
논쟁 하브루타 한 날		월 일 요일

단계	찬성 측	
	주장	근거(자료나 사례)
	1.	1.
	2.	2.
	3.	3.
입론 주장 펼치기	반대 측	
	1.	1.
	2.	2.
	3.	3.

반론 **질문** **및** **답변**	**반대 측**
	※ 상대측의 오류내용에 대한 질문, 상대측의 예상 질문 및 답변 준비
	찬성 측
	※ 상대측의 오류내용에 대한 질문, 상대측의 예상 질문 및 답변 준비

단계	찬성 측	반대 측
최종 변론 주장 다지기		
단계	(승, 패) 혹은 점수( )점	(승, 패) 혹은 점수( )점
새롭게 알게된 점 및 느낌, 다짐		

〈부록 3〉 가족 원탁 하브루타 사회자 멘트

원탁 하브루타 참가자 여러분 반갑습니다. 우리 모두 인사를 나누고 박수로 시작하겠습니다. 이번 원탁 하브루타 사회를 맡은 ○○○입니다.

지금부터 간단하게 본인소개를 하도록 하겠습니다. 소개할 때 다른 가족들이 유인물에 이름을 적을 수 있도록 명료하게 토의 하브루타에 임하는 소감을 1분 이내로 말씀해 주시기 바랍니다. 그럼 사회자의 오른쪽 참가자부터 시계 반대방향으로 소개 부탁드립니다.

토의 하브루타 참가 가족들이 돌아가면서 자기소개를 한다.
분위기를 최대한 편안하고 자연스럽게 해 준다.

예, 소개 잘 들었습니다. 토의 하브루타에 참가한 가족들의 소감을 들어보니 오늘 하브루타가 아주 재미있고 유익할 것으로 기대됩니다.

오늘 토의 하브루타 주제는 '   '입니다. 오늘 토의 하브루타 주제에 대한 참가자들의 입장과 견해, 근거를 밝히는 것으로 1차 발언을 시작합니다. 어느 참가자가 먼저 시작하시겠습니까?

참가자 전원이 돌아가면서 준비해온 입론을 발표형식으로 진행한다. 토의 참가자들은 유인물에 각 참가자의 핵심 주장을 단어 중심으로 요약 기록한다. 시간을 적절하게 지키는지 판단하고, 다음 참가자를 지명, 추천을 준비하면서 큰 차원의 2차 발언의 방향을 고민 혹은 고려한다.

○○○입니다 참가자의 의견을 잘 들었습니다. 다음은 누가 발언 하겠습니까?

손을 들거나 발표하고자 하는 표정이 있으면 '○○○ 참가자'라고 이름을 불러 지명을 하고, 간혹 10초 이내 신청자가 없으면 바로 전에 발언한 참가자에게 지명권을 준다. 같은 방식으로 전원의 의견을 듣도록 노력한다.

예, 1차 발언 잘 들었습니다. 예상대로 다양한 의견이 나왔습니다 내용을 종합하여 전체적인 흐름을 제시한 후 다시 2차 발언을 위한 안내를 한다.

2차 발언을 시작하기 전에 1분 정도 숙의시간을 갖겠습니다. 1차 발언에서 들었던 내용들을 중심으로 질문이나 반론을 준비하는 시간입니다. 자. 숙의시간 1분을 드리겠습니다.

숙의시간 1분이 지났습니다(1분이 흐른 후).

2차 발언은 1차 발언의 내용 가운데 본인의 견해와 가장 다른 사람을 지명해가면서 질문과 대답을 하는 것입니다. 원탁 하브루타는 2:2, 3:3 하브루타가 아니고 일대다 혹은 다대다 하브루타입니다. 전체가 같이 하브루타를 하는 내용이면서도 자신의 주장을 더욱 깊게 하면서 다른 하브루타 참가자의 주장을 반박하거나 혹은 근거의 문제점을 질문하는 것입니다. 내 발언의 상대자는 한 사람일 수도 있고 둘 이상일 수도 있습니다. 2분이라는 주어진 시간 내에서 적절하게 발언을 하면 됩니다. 2차 발언은 누가 먼저 시작하시겠습니까?

하브루타 참가자들은 2차 발언을 시작한다.

○○○참가자 의견을 잘 들었습니다. 2차 발언은 질문에 대한 즉문즉답이 아니라 자기 발언 기회가 왔을 때, 대답이나 질문을 할 수 있습니다. 다음은 누가 발언하실까요?

이런 식으로 하브루타 참가자들은 2차 발언을 마친다.

이상으로 2차 발언을 마쳤습니다. 3차 발언은 2차 발언의 연장선에서 진행됩니다. 2차 발언에서 시간에 쫓겨 미처 하지 못한 말이나, 발언을 일찍 해서 반론이나 답변을 할 수 없었던 내용, 혹은 2차 발언을 들으면서 새롭게 떠오른 생각 등을 말씀해 주시면 됩니다. 자, 3차 발언은 누가 먼저 이야기 하실까요?

하브루타 참가자들은 3차 발언을 마친다. 중간에 사회자는 다음 참가자를 자연스럽게 호명하고 하브루타의 흐름이 끊기지 않도록 한다.

예, 이상으로 3차 발언까지 잘 들었습니다. 자기주장을 논리적으로 잘 펼치면서도 상대방의 주장에 대한 문제제기와 질문, 반박 등이 인상적이었습니다. 모든 참가자들이 깊이 있게 준비를 해서 내용이 매우 풍부하고 재미있는 하브루타가 진행되었습니다.

자, 3차에 걸친 열띤 하브루타를 잘 들었고, 마지막 1분 정리발언을 듣겠습니다. 정리발언은 1차부터 3차 발언을 보충해서 정리하면 됩니다. 누가 먼저 해 주시겠습니까?

하브루타 참가자들 돌아가면서 정리발언을 1분씩 한다.

예, 잘 들었습니다. 이상으로 정리발언까지 다 들어보았습니다. 수고하신 참가자 여러분들을 위해 서로 따뜻한 격려의 박수를 보내주시기 바랍니다.

하브루타 참가자들을 박수를 보낸다.

하브루타를 시작할 때, 하브루타에 임하는 소감을 말씀하셨는데, 이번에는 하브루타를 마친 뒤의 소감입니다. 자신의 하브루타 발표 내용이나 전체 하브루타의 흐름 등에 대한 평도 좋고, 인상적인 참가자에 대한 비평이나 기억에 남는 하브루타 명언 등을 소개해 주셔도 좋습니다.

하브루타 참가자들 돌아가면서 소감을 발표한다.

예, 잘 들었습니다. 서로를 배려하면서 최선을 다했다는 말, 특히 배우려는 자세와 자기를 돌아보는 계기가 되었다는 말들이 하브루타의 의미를 돌아보게 합니다. 서로에게 수고의 박수를 보내주시기 바랍니다. 이상으로 원탁 하브루타를 마치겠습니다.

하브루타 참가자들은 박수를 하고 서로 웃으면서 악수를 한다.

〈부록 4〉 가족 원탁 하브루타 메모 자료

논제 :		
원탁 하브루타 한 날		월 일 요일
단계 참가자	※ 1차 발언 - 각자 2분씩 - 논쟁 하브루타의 입론에 해당 : 논제에 대한 참가자의 주장과 근거를 밝힌다.	
단계 참가자	※ 2차 발언 - 각자 2분씩, 논쟁 하브루타의 반론에 해당 - 1차 발언에서 들은 내용 가운데 자신과 견해가 가장 다른 사람을 지칭하여 반론이나 반론성 질문을 던진다. 그 대상은 한 사람이 될 수도 있고 여러 사람이 될 수도 있다.	

단계 참가자	※ 3차 발언 - 각자 2분씩, 논쟁 하브루타의 반론에 해당 - 2차 발언의 질의응답 과정이 연장된다. 답변 필요를 느끼거나 다시 재반론이 필요할 때 그 상대에게 자기 의견을 제시한다.
단계 참가자	※ 정리 발언-각자 1분씩, 논쟁 하브루타의 최종변론에 해당 - 1차에서 3차 발언까지 말하고 들었던 내용들을 종합해 자신의 주장을 정리한다.

토론의 전사 6 - 가족 독서 하브루타

초판 1쇄 2017년 12월 15일 발행

지은이 ㅣ 황연성
펴낸이 ㅣ 유덕열

기획 및 편집 ㅣ 유덕열, 박세희

펴낸곳 ㅣ 한결하늘
출판등록 ㅣ 제2015-000012호
주소 ㅣ 경기도 안산시 단원구 선삼로4길 11 (101호)
전화 ㅣ (031) 8044-2869 **팩스** ㅣ (031) 8084-2860
이메일 ㅣ ydyull@hanmail.net

ISBN 979-11-88342-03-7

잘못 만들어진 책은 바꾸어 드립니다.
값은 뒤표지에 있습니다.

이 도서의 국립중앙도서관 출판예정도서목록(CIP)은 서지정보유통지원시스템 홈페이지
(http://seoji.nl.go.kr)와 국가자료공동목록시스템(http://www.nl.go.kr/kolisnet)에서
이용하실 수 있습니다.(CIP제어번호: CIP2017031451)